대마와 대마초

대마와 대마초
신의 선물인가 악마의 풀인가

지은이   노의현
초판 펴낸날 2021년 1월 1일
3쇄   2022년 10월 30일

편집   옥지인
디자인   소나무와 민들레

펴낸곳   소동
펴낸이   김남기

등록   2002년 1월 14일(제19-0170)
주소   경기도 파주시 돌곶이길 178-23
전화   031·955·6202 070·7796·6202
팩스   031·955·6206
홈페이지   http://www.sodongbook.com
전자우편   sodongbook@naver.com

ISBN   978-89-94750-71-2(03300)

대마와 대마초

신의 선물인가 악마의 풀인가

노의현

Cannabis sativa L.

소동

대마 농장 © Nastasic

저자의 글

검은 황금의 시대가 가고 녹색 황금의 시대가 오고 있다

대마가 인류의 역사 속으로 들어온 지 일만 년이 되었다. 대마는 인류가 최초로 재배한 작물이다. 식품으로 사용된 역사는 6,000년이고 의약으로 사용된 지는 5,000년이나 된다. 이미 80년 전에 대마로 만들 수 있는 제품 수는 2만 5,000가지에 이르렀다고 한다. 오늘날에는 5만 가지의 제품을 만들어낼 수 있다.

대마의 씨와 기름은 지구상 식품 중에서 가장 완벽한 식품이다. 그뿐 아니라 대마기름으로는 식품과 화장품, 페인트는 물론이고 석유 연료를 대체할 친환경 연료도 만들 수 있다. 대마 섬유로 만들 수 있는 제품 또한 직물로부터 건축자재, 플라스틱 대체용품에 이르기까지 무궁무진하다. 또한 대마잎과 암꽃송이를 활용하면 현대 의학으로는 치료할 수 없는 여러 질병의 치료에 새로운 돌파구를 찾아낼 수 있다. 이렇게 활용도가 높으면서 동시에 아열대에서 아한대에 이르기까지 광범위한 지역에서 재배할 수 있는 작물은 오직 대마뿐이다.

유장한 역사를 갖고 있는 대마는 최근 약 80년 사이 '지옥에 뿌리

6

를 둔 사악한 풀'이라는 오명을 얻고 혐오식물처럼 배척당해 왔다. 천연자원으로서 대마가 지닌 무한한 잠재력은 부정당하고 그 자리를 석유와 석탄에 기반을 둔 독성 자원이 차지했다. 석유 개발업자, 종이 생산업자, 석유와 석탄을 기반으로 한 화학 제품업자들은 한 세기 가까이 엄청난 부를 축적했다. 사리사욕을 위해 공공이익이 침해받은 대표적 사례다.

한때 검은 황금black gold라 불리던 석탄과 석유 덕분에 인류 역시 온갖 편익을 누려 왔다. 그러나 인류가 누려 왔던 그 황홀한 편익은 마침내 지구 온난화와 기후변화, 환경오염, 생물의 멸종과 생태계 파괴라는 돌이킬 수 없는 대가를 치르고 있다. 오늘을 사는 우리도 고통받고 있지만 우리의 후손은 더욱 크나큰 공포와 재앙에 직면할 위기에 놓여 있다. 대마는 석유와 농약 등 독성 물질로 더럽혀진 지구를 정화하고, 지구의 허파인 숲을 황폐화시키며 생물자원과 생태계를 파괴하는 나무 베기를 멈추게 할 수 있다.

다행스럽게도 대마가 다시 부활하기 시작했다. 세계의 뜻있는 과학자들의 연구와 도전적인 농민들의 실천에 힘입어 '새로운 황금', 녹색 황금green gold으로 촉망받으며 신산업의 총아로 떠오르고 있는 것이다.

이제 우리도 대마 산업을 육성하여 농업의 도약을 꾀해야 한다. 단순히 식량 공급원에 머물 것이 아니라 에너지원으로, 주택이나 자동차 부품 공급 등 산업화와 연계된 산업자원으로 농업을 전환해야 한다. 중국, 캐나다, 미국 등은 이미 대마 산업 관련법을 제정하여 대마 산업을 활성화하고 있다.

미국에서는 2018년 12월 개정된 농업법을 통해 산업용 대마를 일반 농산물처럼 자유롭게 재배할 수 있도록 허용했다. 산업용 대마의 추출물도 스케줄Ⅰ Schedule one(208쪽 참고)에서 해제하여 약품이나 식품으로 사용할 수 있도록 했다. 의료용 대마초 사용을 합법화하거나 오락용 대마초까지도 합법화하는 주도 늘어나고 있다. 우루과이와 캐나다는 나라 전체가 산업용, 의료용은 물론 오락용으로도 대마 사용을 합법화했다.

우리나라만이 잘못된 정보로 인해 대마와 대마초에 대해 무조건 규제와 통제, 처벌로만 일관하는 상태를 벗어나지 못하고 있다. 현재 우리나라의 대마 재배는 일부 지역에서만, 그것도 노인·여성 농업인에 의해 명맥을 이어가고 있을 뿐이다. 특별한 조치를 취하지 않는다면 이 땅에서 대마가 사라질 위기에 처해 있다. 이제 우리나라도 대마초와 산업용 대마를 구분하는 법을 만들고, 대마 산업 촉진법을 제정하여 새로운 산업의 기틀을 닦아야 한다. 쌀 과잉 생산에 대응해 추진하고 있는 생산 조정제의 대체 작물로는 대마가 가장 적합하다.

우리나라에서 발간된 대마나 대마초에 대한 책과 자료는 아직 손가락으로 꼽을 수 있을 정도다. 관련 논문이나 자료 또한 많지 않다. 미국에서는 수많은 대마 관련 책이 출판되고 있고 논문이나 자료도 헤아릴 수 없이 많다. 대마 관련 웹사이트나 대마와 대마초 옹호 단체의 홈페이지는 열거할 수 없을 정도이다.

이 책은 부족한 점이 많아 내놓자니 부끄러움이 앞선다. 다만 이 책을 읽는 분들이 대마와 대마초에 대한 오도된 정보에서 벗어나 조금은 올바른 인식을 갖는 계기가 되기를 바라는 마음으로 부끄러움을 무릅쓰고자 한다. 좀 더 욕심을 낸다면 대마 관련법이 재조명되고 대마가 신산업의 길을 열어 농민들의 소득 작물로 자리잡으며 국민 건강에 기여하는 계기가 되면 좋겠다. 나아가 대마가 이 땅의 환경을 보존하고 개선하는 마중물이 되는 데 기여한다면 고맙기 짝이 없겠다.

많은 자료와 고언을 보태 주신 중원대학교 김두년 총장에게 특별히 감사드린다. 글 쓰는 훈련을 제대로 받은 바 없이 열정만으로 무모하게 시도했다. 당연히 정제되지 못하고 투박하기 짝이 없다. 문장을 보지 말고 내용을 보기를 부탁드린다. 글을 다듬고 편집에 헌신하신 소동출판사에게도 각별히 감사드린다.

노의현

차례

제1장 하늘이 내린 기적의 식물

CANNABIS
SATIVA.

Hemp.

16세기 약초학 책의 대마 그림(채색)

대마, 논란의 중심에 서다

대마초의 등장과 사라진 노래들

1972년 10월 17일 19시, 박정희 정권은 전국에 비상계엄을 선포하고 국회를 해산하는 등 헌법의 일부 기능을 정지시킨다. 이어 12월 27일 유신헌법을 공포함으로써 유신체제가 확립되었다. 삼권분립 원칙이 부정되고 국민의 기본권은 억압당했다. 정부를 비판하거나 반대하는 일체의 행위가 금지당했고, 헌법을 비판하는 언론사들이 폐쇄되기도 했다. 이에 대학가를 중심으로 시국선언과 동맹휴학, 농성과 시위 등 저항의 움직임이 번져 나가기 시작했다.

이러한 시국에서 군사정권이 국민의 항거를 억누르기 위해 실시한 기본 정책은 긴급조치 선포를 통한 정치적 억압이다. 제9호까지 발령된 긴급조치를 통해 유신정권은 국민의 정치 활동을 금지하고 위반시 군사재판에 넘겼다.

동시에 유신정권은 문화정책을 통해 비판의 목소리를 억누르기도 했다. 각종 공연물, 음반에 대한 탄압의 신호탄은 1975년 6월 5일 발표된 '공연정화 대책'이었다. 젊은이들의 자유분방함과 패기에 위협을 느낀 정권이 통기타와 장발로 표상되던 청년문화에 재갈을 물리기 시작한 것이다. 이해 12월까지 무려 227곡의 가요가 금지곡으로 지정되었다. 1975년 크리스마스 전날에는 금지곡이 수록된 음반을 제작, 배포했다는 이유로 전체 음반사 열 군데 중 일곱 군데가 영업정지를 당하게 된다. 〈거짓말이야〉〈왜 불러〉〈고래사냥〉〈아침 이슬〉등 당대 최고의 인기곡들이 금지곡 목록에 올라 시중에서 퇴출당했다. 사회질서를 어지럽히며 국민정신을 이완시키는 퇴폐풍조를 추방한다는 명목이었다.

이처럼 암담한 정국이 이어지던 가운데 1975년 12월 4일, 각종 유력 일간신문에 가수들의 구속을 알리는 기사가 앞다투어 실리기 시작했다. 대마초를 피웠다는 이유로 12월 3일 윤형주, 이장희, 이종용 등 통기타 가수 세 명이 구속된 데 이어 12월 5일에는 김추자, 신중현이 구속되었고, 12월 6일에는 정훈희, 장현, 손학래, 임창제, 박인수, 김정호 등이 수배되었다. 이른바 대마초 파동의 시작이었다. 1976년 1월 20일까지 대마초 흡연 혐의로 체포된 가수, 배우, 연주자 등은 모두 54명에 달했다.

당시까지 인체에 유해하다는 주장이나 흡연이 위법행위가 될 수 있다는 사실이 거의 알려져 있지 않던 대마초는 이렇게 갑자기 불온·퇴폐풍조의 대명사로 지목받아 사회에서 추방당하기 시작했다. 체포된 연예인들은 대마초를 피운 다른 연예인을 말하라고 고문을 받기도 하고, 가수 신중현의 경우 정신병원에 감금당하기까지 했다고 한다. 이와 동시에 우리나라 대중문화의 토양은 몹시 피폐해졌다. 대마초 파동으로 입건된 가수, 연예인들은 이후 활동정지 처분을 받아 무대에 설 수 없게 되었기 때문이다. 대마초 파동이 휩쓸고 지나간 후, 방송국에서는 틀어줄 음반도 내보낼 가수도 찾기 힘든 지경이 되었다고 한다. 〈가수 고갈 - 중량급 태반 사라져〉라는 한 일간신문의 기사 제목이 이 당시 상황을 잘 보여 준다. 그리고 젊은 음악이 사라진 빈자리는 이미 유행에 뒤처진 음악, 트로트가 돌아와 차지했다.

당시만 해도 '삼'이라는 이름으로 훨씬 널리 알려져 있던 식물의 또 다른 이름 '대마'는 이렇듯 요란한 충격을 던지며 한국사회의 전면에 등장했다.

천혜의 식물인가 악마의 풀인가

인류의 역사에서 가장 오래되고 친숙한 작물을 꼽자면 그것은 단연코 대마가 될 것이다. 문명의 발상지인 메소포타미아에서 대마를 재배하기 시작한 이후, 대마는 사람이 사는 곳이라면 동서양을 불문하고 어디에서나 재배되었고 어느 작물보다도 활용도가 높았다.

대마는 인류 최초의 직물로, 밧줄과 그물로, 식량과 기름으로, 인쇄에 필요한 종이로, 어두움을 밝히는 램프의 기름으로, 각종 질병을 치료하는 치료제로, 종교 제의의 도구로, 건축 재료와 페인트나 니스로, 미술가들의 그림을 그리는 캔버스로, 바이오 연료로, 의약품으로, 오늘에 이르기까지 세계 전역에 걸쳐 아주 다양한 용도로 활용되어 왔다. 대마 이외에 이렇게 광범위하게 재배되고 용처가 다양한 작물은 없다.

대마는 역사가 오랜 만큼이나 수많은 이야기에 얽혀 들었다. 나라 간 전쟁의 원인이 되기도 했고, 음모의 희생양이 되기도 했다. 폭넓은 유용성 덕분에 '천사의 풀'이라는 찬사를 받았는가 하면 반대로 '악마의 풀'로 낙인찍히기도 했다.

'악마의 풀'이라는 오명을 얻게 된 것은 20세기 들어 미국에서 실시한 정책 때문이다. '마리화나세금법'을 시행하기 위해 대마를 저주받은 풀로 낙인찍고 대마초를 사용한 사람들을 사회에서 격리했던 것이다. 그러나 마리화나세금법은, 뒤에서 자세히 살펴보겠지만, 경제 권력자의 탐욕과 정치 권력자의 음모가 야합한 결과였다.

우리나라에서 '대마'라는 이름이 처음 유명해지던 상황도 미국과 비슷했다. 대마초 파동이라는 된서리를 맞은 연예인들에게 적용된 죄목은 1970년 제정된 '습관성 의약품 관리법' 위반이었다. 문제는 당시 대마초 흡연이 위법행위가 될 수 있다는 사실이 거의 알려져 있지 않았다는 점이다. 그 무렵 '해피스모크'라는 이름으로 알려져 있던 대마초는 1960년대 말부터 미군부대에서 흘러나와 주변의 유흥업소를 중심으로 퍼지기 시작했다. '신중현과 더맨'의 보컬리스트였던 박광수 씨의 증언에 따르면, 가수나 연예인들 사이에서 확산되고 있던 '해피스모크'는 숨어서 피우는 물건도 아니었으며 어쩌다 경찰에 연행된다 해도 별달리 문제 삼지 않고 훈방했다고 한다.

게다가 당시 정부는, 대마초가 국민건강에 어떤 악영향을 미친 다든지 사회에 어떤 위해요소가 될 수 있다고 단 한마디 언급하거나 설명한 적이 없다. 본보기 삼아 강력한 처벌을 앞세운 다음에 1976년 4월에야 뒤늦게 '대마 관리법'을 제정했을 뿐이다. 이런 정황을 볼 때 대마초 파동은 연예인을 희생양 삼은 유신정권의 위기돌파용 기획이었음이 분명하다.

최초의 대마초 파동 이후 지금까지, 연예인들의 대마초 사건은 정치권의 정국 전환용 도구로 주기적으로 동원되었다. 가수 조용필, 그룹 '부활'의 김태원, 가수 이승철, 전인권, 김현식, 신해철 등에 이어 2000년대 들어서는 가수 강산에, 싸이, 그룹 '빅뱅'의 지드래곤과 탑 등 최고의 인기를 누리던 연예인들이 대마초 단속에 적발되었고 이들 중 대부분은 일정 기간 활동을 중단해야 했다. 쏟아지는 대중의 비난 앞에서 자숙하는 모습을 보여야 했기 때문이다.

이런 여건 속에서 2004년 10월, 대마초는 새로운 화제로 대중의 이목을 끌었다. 대마초 흡연 혐의로 여러 차례 적발되어 벌금형 등을 선고받은 일이 있는 배우 김부선이 '마약류 관리에 관한 법률'의 대마초 관련 규정에 대해 위헌법률심판을 제청한 것이다. 해당 규정은 개인의 행복추구권을 침해하는 내용이며, 대마초에 대한 정책은 세계적 추세에 발맞추어 비범죄화 또는 합법화로 전환해야 한다는 것이 김부선의 주장이었다. 이에 가수 신해철, 영화배우 박찬욱 등을 포함한 113인의 문화예술인이 지지를 표명하기도 했다.

위헌법률심판 제청이 기각되자 김부선은 다시 헌법소원을 청구

했지만 역시 기각당했다(270쪽 참고). 그러나 이 사건을 계기로 우리 나라에서도 대마초 비범죄화 또는 합법화를 둘러싼 논쟁이 본격적으로 수면 위로 떠오르게 된다.

미국뿐만 아니라 우리나라에서도, 대마초는 부도덕과 타락의 온상이라는 비난을 통해 대중에게 알려졌다. 타당한 근거를 제시하며 설득하거나 토론하는 과정이 없었다는 점도 비슷하다. 그러나 김부선이 언급한 대로, 최근 들어 미국을 비롯한 세계 여러 나라들은 대마초 금지 정책을 완화하고 있는 추세이다. 대마초의 위험이 지나치게 과장되어 알려졌고, 오랜 역사 동안 활용해 온 효능을 인정할 필요가 있다는 이유 때문이다.

지구상 어느 식물도 대마처럼 논란의 중심에 섰던 식물은 없다. 대마는 과연 하늘이 내려준 기적의 선물일까 아니면 저주받은 악마의 풀일까? 일만 년 동안 인류와 함께해 온 대마의 역사를 살펴보는 것으로 이 질문의 답을 찾아나서 보기로 하자.

인류와 함께한 일만 년의 대마 역사

대마라는 이름의 유래

오늘날 세계가 공통으로 사용하는 대마의 학명은 칸나비스 사티바 엘Cannabis sativa L이다. 통상 칸나비스라고 부른다. 이 이름은 그리스어

kanabis, 라틴어 cannabis에 그 근원을 두고 있다. 그러나 그리스와 고대 로마에 앞서 스키타이인(고대 이란인), 트라키아인들도 대마 씨를 사용했고 그들이 부르던 이름이 cannabis였던 만큼 대마 학명의 어원을 이들에서 찾는 것이 일반적인 학설이었다. 그러나 폴란드의 언어학자 술라 베네^{Sula Benet}는 히브리인의 조상인 셈족의 언어에서 그 기원을 찾기도 한다.

대마의 순수한 우리말은 삼이다. 그냥 마라고 부르기도 한다. 우리나라 한의학에서는 대마 씨를 약재로 쓸 때는 마인^{麻仁}, 화마인^{火麻仁}, 대마인, 대마자^{大麻子}, 역삼 씨 등 다양한 이름으로 부르기도 한다. 대마초(마리화나)가 마약 취급을 받기 전 대마로 베옷이나 밧줄, 기타 생활에 필요한 물건을 만들어 쓰던 당시에는 삼이나 삼베가 가장 일반적으로 쓰이던 단어였다. 그러나 최근에는 삼보다는 대마라는 이름을 더 많이 사용하고 있다. 특히 젊은 세대들은 삼이나 삼베라는 단어가 무슨 뜻인지 잘 모르고 있는 형편이다. 삼이라는 식물을 본적도 없거니와 생활 속에서도 그 이름을 사용할 일이 거의 없기 때문이다.

삼이라는 고유의 단어가 잊혀 가는 이유로는 첫째로 삼 재배가 극도로 줄어들고 일반 생활용품 중에서도 삼으로 만든 제품이 거의 사라지고 있다는 점과, 둘째로 행정적으로나 법률적인 용어로도 삼이 아닌 대마라는 말을 사용한다는 점을 들 수 있다. 대마 관련 법 제정 이후 대마초 사건이 종종 보도되면서, 일반인들은 삼이라는 단어보다는 대마라는 말을 상대적으로 친숙하다 여기게 된 것이다. 이 책

에서도 특별한 경우가 아니면 삼보다는 대마라는 이름을 사용하고
자 한다. 대마라는 식물명은 한중일 삼국에서 공통으로 쓰는 말이기
도 하다. 다만 최근 중국에서는 한마漢麻라는 단어를 주로 쓰는 경향
이다.

　사실 대마大麻라는 이름은 중국에서 유래했다. 중국에서는 이미
천여 년 전부터 대마라는 단어를 사용해 왔다. 그 전에는 통상 '마'라
고 불렸는데 아마, 저마, 황마 등 삼 과의 다른 식물과 차별화하기 위
해 '대'자를 붙여 대마라고 부르게 되었다고 한다. 이처럼 여러 종류
의 마 중에서도 으뜸가는 마라는 뜻의 이름이 붙게 된 이유는 아마
도, 키도 작으며 용도 또한 제한적인 다른 마 종류와 달리, 대마는 키
가 훨씬 크고 아주 다양한 용도로 사용되기 때문이 아닐까 싶다.

대마 재배의 시작

미국의 과학자 칼 세이건Carl Sagan, 1934~1996은 《에덴의 용 – 인간 지
성의 기원을 찾아서》에서, 인류의 선조가 대마를 재배하면서 문명이
시작되었을 것이라는 학설을 제기했다. 원시시대의 수렵·채취 생활
양식을 고수하던 중앙아프리카의 피그미족은 농작물을 심거나 재배
하지 않는데, 단 한 가지 예외가 대마였다고 한다. 피그미족은 종
교 의례에 대마초를 사용하는데, 이를 제조하기 위해 유일하게 씨 뿌
리고 재배한 식물이 대마였다는 것이다. 세이건은 석기시대 사람들
도 이와 비슷한 생활을 했을지 모른다고 추정한다. 대마·대마초가
농경생활의 출발점이요 인류문명의 시발점이었으리라는 가설을 제

기한 것이다.

남아메리카에서 8,000년 전 최초로 재배한 작물 역시 식용 작물이 아니라 담배였다. 그리고 고고학자들은 수렵과 채취생활을 하던 시기에 인류가 목적을 갖고 재배한 작물로는 그 밖의 지역에서도 담배보다 대마가 앞선다는 데에 견해를 같이 한다. 대마와 담배의 예에서 보듯이, 인류가 처음으로 작물을 재배한 목적은 식량보다는 머리가 몽롱해지는 효과를 얻는 데 있었던 것으로 보인다.

인류가 처음 대마를 재배한 목적은 제의용이었으리라는 가설이 있기는 하지만, 세월이 흐르면서 대마 활용법은 매우 다양하고 풍부해졌다. 시대와 지역에 따라 무수하게 분화된 대마의 용도와 재배 목적을 범주별로 나누어 보자면 다음 다섯 가지로 정리할 수 있다. 첫째는 대마 줄기에서 섬유를 뽑기 위해, 둘째, 씨와 기름을 얻기 위해, 셋째로는 치료와 예방 등 의료용으로, 넷째로 도취(몽롱함)를 즐기기 위해, 마지막으로 그 신비한 현상을 이용한 제의용이다.

원산지는 중앙아시아, 첫 재배지는 메소포타미아

대마의 원산지는 통상 중앙아시아라고 알려져 왔다. 그러나 대마를 처음 재배하기 시작한 곳은 인류문명의 4대 발생지 중 하나인 메소포타미아 지역이다. 메소포타미아(오늘날의 이라크)는 유프라테스 강과 티그리스 강 사이의 지역으로서, 특히 농업이 최초로 시작된 곳으로 알려져 있다. 이 지역 최초의 재배 작물 중 하나가 대마이다. 대마를 재배하기 시작한 시기는 구석기 또는 신석기 시대인 기원전

8,000년경으로 추정하고 있다.

최초의 대마 재배 목적은 칼 세이건의 가설대로 제의용이었을지도 모르지만 메소포타미아에서 대마를 재배한 주목적은 섬유나 식량을 얻기 위한 것이었다. 지중해 지역에 확산된 아마보다도 대마를 먼저 재배했을 뿐 아니라 인도가 원산지인 목화는 대마보다 수천년 후에나 인류 생활 속에 등장하는 것으로 보아, 대마가 인류 최초의 재배 작물임은 분명해 보인다.

자연에서 채취한 것인지 재배한 대마 줄기를 사용한 것인지는 알 수 없지만 대마를 사용한 흔적이 남아 있는 가장 오래된 역사 자료는 약 일만 년 전의 유적이다. 대만에서 발굴한 토기에서, 대마 줄기 위에 토기를 굴려 문양을 낸 흔적을 발견한 것이다. 그 밖에도 고대 무덤 등 여러 유물에서 발견된 흔적을 통해, 중국에서는 이미 선사시대부터 대마를 사용하거나 재배했음을 알 수 있다. 기원전 4,000~6,000년에는 대마 씨를 식용한 증거 또한 여럿 있다. 이런 자료를 통해 볼 때 중국에서 대마는 농업시대 초기의 식량 자원이었음을 알 수 있다.

중국의 대마 재배와 활용

의료용 대마의 시작

대마가 의료용으로 사용된 역사 또한 장구하다. 그 가운데서도 중국은 신화시대 이야기에서부터 관련 내용을 찾아볼 수 있는 만큼, 인류 역사상 최초로 대마를 의료에 사용한 지역이라고 보아도 무방할 듯하다.

　중국의 전설 속 인물 신농씨神農氏가 저술했다고 전해지는《본초경本草經》을 살펴보면 고대 중국 일반인들의 대마 활용법을 알 수 있다. 예를 들면 암대마는 음의 성질이 있기 때문에 여성들의 질병에 좋으며 특히 류머티즘, 각기병, 말라리아, 변비, 얼빠진 상태, 생리통에 좋다고 한다. 또한 직물, 그물, 깔개 등을 만들기 위한 섬유와, 요리에 필요한 기름의 재료가 된다는 내용도 나온다. 현전하는《본초경》은 구전되던 내용을 후대인 1~2세기경에 이르러 기록한 것이라고 하는데, 대마의 1,001가지 쓰임새가 기록되어 있다. 신농씨는 대마 잎으로 차를 끓여 마신 최초의 인물이라 알려져 있기도 하다.

　한편으로, 고대 중국에서는 대마에서 추출한 수지resin 에 술을 섞어서 진통제를 만들었다는 이야기도 전해진다. 2세기경의 전설적 명의 화타는 신체를 가르거나 잘라내어 병든 장기를 수술한, 외과수술의 시조始祖로 알려져 있는데, 이때 수술에 따르는 극심한 통증을 완화하기 위하여 마비산麻沸散이라는 마취제를 제조해 사용했다는 것이다. 서양의학보다 거의 2,000년이나 앞선, 인류 역사 최초의 마취제 사용이라 할 수 있다. 대마 잎과 암꽃봉오리에 들어 있는 진통, 진정 성분은 오늘날에도 통증 치료에 사용되고 있다.

　의학적 용도 이외에도 중국은 오래전부터 대마가 불러일으키는 도취high 효과에 대해서도 잘 알고 있었던 것 같다.《본초경》에 "과도하게 먹으면 귀신이 보인다" "오랫동안 섭취하면 귀신과 대화가 가능하고 몸이 가벼워진다"는 내용이 있고, 남북조 시대인 5세기경의

《명의필록名醫必錄》에는 "주술사들이 인삼과 함께 먹으면 미래를 예측할 수도 있다"는 말이 나온다. 도취 상태에서 일어나는 환각 현상을 설명함이리라.

대마 섬유를 활용한 인류 최초의 종이

종이는 문자인쇄술과 더불어 인류의 정신문화를 발전시킨 핵심 문물 중 하나이다. 이러한 종이를 최초로 발명한 국가도 중국이다. 이집트에서 기원전 2500년경부터 종이의 전신이라 할 수 있는 파피루스를 사용했지만 현대의 제지술로 이어지지는 못했다.

글씨를 쓸 수 있는 종이는 105년에 환관 신분이던 채륜蔡倫이 처음 만들었다. 당시 중국에서는 대나무를 쪼갠 조각(죽간竹簡)이나 나무 조각(목간木簡)에 글씨를 써서 기록을 남겼는데, 기록의 양이 많아지면 보관하거나 운반하기 여간 힘든 일이 아니었다. 여기서 진전한 방법이 비단에 글씨를 쓰는 것이었다. 그러나 비단 값은 너무나 비쌌다.

이런 상황에서 후한시대에 채륜이 대마와 닥나무 껍질을 잘게 부수어 물통에 넣고 물위에 떠오르는 섬유를 틀에 넣었다가 말려 종이를 만들게 된다. 바로 '채후지蔡侯紙'다. 채후 즉 채륜이 만든 종이라는 뜻이다. 채륜은 종이의 발명자라기보다는 문자를 기록할 수 있는 종이를 처음 개발한 사람이라고 해야 옳다. 글씨를 쓸 수 있는 종이의 개발은 오늘날의 컴퓨터와 같은 혁신이었다. 채륜은 후에 고급 관리가 되었지만 정쟁에 휘말리며 스스로 독약을 마시고 생을 마감

한다.

　나무 펄프를 이용한 종이 제조기술은 1840년 독일인 켈러 Friedrich Gottlob Keller, 1816~1895가 처음 발명했다. 이후 19세기 후반부터는 서서히 나무 펄프를 이용한 종이 생산이 늘어가고 20세기 들어서는 크게 확산된다. 여기에 더하여 1937년 미국에서 대마가 불법화되고 세계적으로 확산되면서 대마 종이는 점차 자취를 감추게 된다.

대마는 중요한 식용 작물

대마는 춘추전국시대를 지나 한나라에 이르기까지 고대 중국의 중요한 식량 작물이었다. 성한成漢 시대에는 보리, 쌀, 밀, 콩에 이어 중국의 5대 주요 식량 작물 중 하나에 오르기까지 했다. 대마는 천년 이상을 주요 식량 작물의 지위에 있다가 10세기에 이르러 다른 작물로 대체된다. 기원전 11~6세기 중국의 문학과 사회 풍속을 묘사한 책 《찬가집讚歌輯》에 "농민들은 9월이 되면 대마 씨를 먹는다"는 기록이 남아 있다.

인도, 중동, 아프리카의 대마 역사

대마초를 제의용으로 사용한 인도

종교 목적으로 대마를 가장 먼저 사용한 곳은 인도 지역이다. 힌두교 최고의 신 시바Shiva와 대마초의 일종인 방bhang은 분리해서 생각할 수 없을 정도로 밀접한 관계를 맺고 있다. 대마초와 우유 등이 혼합된 음료인 방을 마시는 것이 시바 신과 교감하는 행위라고 간주하는 종교적 문화가 있는 것이다.

　인도에서는 전쟁에 임하는 전사들의 긴장감을 완화하기 위하여 전쟁 전에 방을 마시도록 하는 관례가 있었다. 시바 신이 용기를 북돋아 준다고 믿는 일종의 의례이다. 뿐만 아니라 다양한 병의 치료에 대마를 사용한 역사 또한 중국에 버금갈 정도로 길다.

　덥고 건조한 기후대인 인도의 대마에는 온대 지역에 걸쳐 있는 중국의 대마보다 도취 성분이 많다.

중동 지역의 오랜 대마 재배 역사

기원전 2,700년 무렵이 되면 대부분의 아시아 지역뿐만 아니라 중동 지역에서도 직물, 밧줄, 의약품 원료와 식용으로 대마를 재배하기에 이른다.

　오락용으로 대마를 사용한 역사 또한 오래되었다. 6세기경의 중동 지역을 주요 배경으로 한 《천일야화》에는 해시시를 피우고 잠들어 꿈속에서 소녀를 팔에 안고 있었던 거지 이야기와 해시시를 피운 어부와 판사의 일화가 등장한다. 당시 중동 지역에서는 고급 대마초의 일종인 해시시가 일반화되었음을 엿볼 수 있다. 사실 오늘날도 아프가니스탄 등 중동 지역 국가가 해시시 등 대마초의 주요 생산과 공급을 담당하고 있다.

피라미드 건설에 이용된 대마

아프리카 지역에서 대마를 최초로 사용한 나라는 이집트이다. 기원전 3,000년 무렵에 밧줄 제조에 대마 섬유를 사용했다. 대마 밧줄은 피라미드를 건설하기 위해 거대한 돌을 운반하는 데도 사용되었지만 채석장에서 바위를 쪼개는 데에도 사용되었다. 바위의 갈라진 틈에 바싹 마른 대마 섬유를 욱여넣은 후 물을 부으면 섬유가 부풀게 되고 결국 바위가 쪼개진다. 기원전 1600년경 제작된 이집트 파피루스에는 대마를 의료용으로 사용했다는 기록과, 신과 소통하기 위한 제의에 대마초 향을 피웠다는 기록이 남아 있다. 또한 편두통과 위경련에 진통·진정제로, 또는 배뇨작용을 원활히 하기 위해 대마를 사용했다는 기원전 300년경의 기록도 남아 있다.

유럽의 대마 활용과 전파

체력 증강을 위해 대마 음료를 마신 그리스

고대 그리스에서 아테네 시민들은 저녁 식사 뒤 소화를 돕고 헛배 부름을 방지하기 위해 대마 씨에서 추출한 즙을 마셨다고 한다. 다른 한편으로 그리스의 운동선수들은 체력 증강을 위해 대마 음료를 마셨다고 한다. 대마 씨는 사실 필수 지방산과 필수 아미노산을 포함하는 영양의 보고로 알려져 있다.

당시 각종 경기에 출전하는 선수들이 우수한 성적을 내기 위해 흥분제 약초는 물론 근육 강화 약물까지도 복용하는 일은 흔했다고 한다. 약물을 복용해서라도 좋은 결과를 얻고자 하는 욕망이 현대에 들어 나타난 것은 아닌 모양이다.

로마 제국은 대마 섬유를 가장 많이 소비했다

고대 로마 제국은 대마 섬유를 가장 많이 소비했고 소비량의 대부분은 바빌론으로부터 수입하였다. 또한 로마인들에게는 대마가 주된 농작물은 아니었지만 대마 씨는 일상적인 음식의 하나였다. 79년 베수비오 화산 폭발로 매몰된 폼페이의 유물에서는 탄화된 대마 씨가 발견된 바 있다.

유럽 전역으로 전파된 대마

기원전 6~3세기 무렵, 스키타이인들이 아시아의 대마를 그리스, 러시아를 거쳐 유럽으로 전파했다. 기마민족으로 알려진 스키타이인의 기동성이 유럽 각지로 대마 관련 지식과 문화를 실어 나르는 데 크게 기여했다. 한편으로 아랍인들은 스페인과 지중해 항구국가들에 대마를 전파하기도 했다.

대마는 또한 바이킹족의 도전적인 항해에서도 큰 역할을 했다. 배의 밧줄, 돛, 그물, 낚싯줄을 모두 대마 섬유로 만들어 사용했던 것이다. 다른 섬유로 만든 밧줄은 염분에 약하기 때문에 바다에서 오래 사용하지 못한다. 장거리 항해에는 내염성이 강한 대마 섬유로 만든 밧줄이 필수품이었다. 콜럼버스의 신대륙 발견도 대마 밧줄이 있었기에 가능했다는 점을 간과해서는 안 된다. 북아메리카 지역에서는 프랑스 식물학자가 1606년에 처음으로 대마를 재배하기 시작했다.

대마가 사람의 손을 통해서만 세계 각지로 퍼져 나간 것은 아니다. 새들의 이동에 따라, 배설물에 섞여 나온 소화되지 않은 대마 씨가 다른 지역에서 발아함으로써 대마 자생 지역이 확산되었다는 주장도 있다. 영양분이 많은 대마 씨는 새들이 즐기는 먹이로서, 지금도 유럽에서는 대마 씨를 닭을 포함한 조류의 주요 사료로 쓴다. 대마 씨를 먹고 자란 새는 깃털이 반들반들 윤이 나며 더 건강하고 알을 잘 낳는다고 한다.

우리나라의 대마 역사와 현황

고조선시대부터 함께한 대마

우리의 선조들이 최초로 설립한 나라 고조선에서 이미 대마 섬유를 사용한 흔적이 있다. 마사麻紗를 감은 뼈바늘, 마끈과 마직물이 발견된 것이다. 실을 뽑을 때 사용하는 도구인 가락바퀴(방추차紡錘車)는 이른 시기 유물로는 신석기시대 것부터, 청동기시대 유물은 전국에 걸쳐서 발견되었다고 한다. 중앙아시아가 원산지인 대마가 중국을 거쳐 일찌감치 우리의 선조에게까지 전래되었음을 알 수 있다.

삼국시대에 들어서는 누에치기와 길쌈이 성행하였다. 신라에서는 길쌈놀이가 국가적인 행사로 발전하였으며 경덕여왕 18년에는 삼베를 관장하는 마리전麻履典이라는 부서도 있었다. 통일신라시대에는 신분에 따라 서로 다른 직물을 썼을 만큼 직물 제조기술이 발달했는데 왕족이나 귀족은 비단이나 모시직물을, 서민층은 대마직물을 사용하였다. 신라의 유리왕 시대에는 안동 지역에서 부녀자들을 대상으로 삼 삼기 대회도 열었다고 한다. 신라의 마지막 왕 경순왕의 아들은 신라의 멸망을 한탄하며 서민 의복인 마의麻衣를 걸치고 개골산(금강산)으로 들어가 행방을 감추었다고 해서, 후세 사람들은 그를 가리켜 마의태자麻衣太子라고 부른다. 고구려 묘에서도 염색된 베가 출토되었고, 신라시대의 경주 천마총에서도 대마직물이 발견된 바 있다.

이후 고려시대와 조선시대를 거치면서도 대마로 만든 직물은 의생활을 주도하여 왔다. 마포, 포, 백마포, 흑마포, 정포正布 등의 이름으로 기록이 남아 있다. 이 당시에는 대마를 전국적으로 재배하면서 마포로 국가에 공납을 바치거나 상거래의 교환수단으로 이용하기도 하였다. 고려시대 목화가 도입되고 조선시대 세종 때부터 목화 재배가 대대적으로 확산되면서 무명, 광목, 옥양목 등 면섬유가 의생활을 주도하게 된 후에도 대마포는 여전히 우리 선조들의 의생활에서 중요한 역할을 맡아 왔다. 배내옷(특히 여름철), 백일옷, 삼베 요와 베 이불, 삼베 베개, 수의 등 한마디로 '요람에서 무덤까지' 우리 조상들의 삶 속에 대마포가 녹아 있었다. 서민들의 여름철 옷인 베잠방이, 베치마와 베적삼은 대마포로 만든 일상복이다. "콩 밭 매는 아낙네야 베적삼이 흠뻑 젖는다." 베옷의 일상을 노래에 담은 비교적 최근의 곡이다.

이제까지 살펴보았다시피 우리나라에서 대마를 재배한 목적은 거의 직물 원료로 사용하는 것이었다. 대마초(마리화나)로 이용한 사례는 찾아보기 어렵다. 종교 의례에 사용한 사례도 마찬가지다. 대마 씨를 식용했다거나 대마 씨에서 기름을 짜내어 사용했다는 예 역시 극히 드물다. 대마의 다양한 기능에 비해 과거 우리나라에서는 극히 제한적인 용도로만 사용해 온 셈이다.

1970년대 급격히 줄어든 대마 재배

한반도에서 대마를 재배한 면적에 대한 오랜 과거의 기록은 확인하기 어렵다. 근세에 들어와 우리나라가 대마를 재배한 기록을 보면 1926년에 17,900헥타르, 1943년에는 역사상 가장 넓은 면적인 22,990헥타르, 1958년에는 9,475헥타르, 1963년에는 6,700헥타르였다. 1943년에 특히 재배 면적이 넓었던 것은 제2차 세계대전 중이라 일본군이 군수물자로 대마 섬유가 많이 필요했기 때문이다. 대마 섬유는 가장 강하고 질긴 섬유이기에 군화끈, 낙하산줄 등 전쟁용품으로 요긴하게 사용되었다.

1970년대에 들어 우리나라의 대마 재배 면적은 급격하게 줄기 시작한다. 1971년의 3,114헥타르를 끝으로 우리나라의 대마 재배는 급격한 사양길로 접어들어, 불과 5년 후인 1976년도에 이르러서는 458헥타르로 줄어든다. '마약류 관리에 관한 법률'이 제정되면서 대마를 재배하고자 하는 자는 건강진단서를 첨부한 허가신청서를 제출하여 심사를 받도록 하는 제도가 시행되었기 때문이다. 재배 과정에서도 조사를 받고 필요한 보고를 해야만 한다. 이 때문에 농민들은 엄격한 통제를 감수하며 굳이 대마를 재배하는 일이 실효성이 떨어진다고 느꼈을 것이다.

대마를 재배하고 수확한 후의 복잡한 수작업 과정은 힘든 노동력을 필요로 하지만 가격은 그만큼 충분히 보상이 되지 않는 편이다. 그렇지만 소비자 편에서는 오히려 마 섬유가 매우 비싸다고 생각하고 있다. 더군다나 면 제품이나 폴리에스터 제품 등의 다양한 합성 제품이 쏟아져 나오면서 대마 제품은 더욱 인기를 잃어 갔다. 이에 더하여 중국산 저가 대마의 원부자재가 다량 수입되면서 시장경쟁력을 잃어간 것도 중요한 원인이라고 할 수 있겠다. 이후 대마 재배 면적은 빙하가 녹아내리듯 계속 줄어들기만 했다. 대마 재배 허가권을 갖고 있는 식품의약품안전처에 따르면 대마 재배 면적은 2013년에 13.5헥타르, 2015년에 약 14헥타르였다. 그야말로 명맥만 유지하고 있는 상황이다.

2016년도에 이르면 대마를 재배하는 시군 단위 지역은 삼척, 정선, 당진, 안동, 보성 등 전국에서도 열 군데를 넘지 않게 되기에 이른다. 참여 농가 수는 삼척 13농가, 정선 4농가, 당진 32농가, 안동 14농가, 보성 5농가 등 70여 농가에 불과하다. 돌실나이로 명성을 날리던 곡성은 재배를 중단한 지 여러 해가 되었다. 수년 전만 해도 대마를 재배하던 전남의 주요 지역도 마찬가지다. 과거 대마포 유통량의 50퍼센트를 담당하던 보성은 군 예산으로 종자대를 보조하고 있지만 재배 면적이 줄어들기는 마찬가지라고 한다.

그렇다 해서 희망의 불씨가 완전히 사라진 것은 아니다. 보성에서는 이찬식 씨가 25년에 걸쳐 삼베 살리기에 매진하면서 대마 종이와 전통적인 대마 제품을 비록 소량이지만 계속 생산하고 있다. 당진

시는 지역 특화사업으로 대마 체험행사를 개최하면서 우리나라 저마약성 품종인 '청삼' 품종을 이용하여 소비자 참여 행사를 실시하기도 했으며, 일부 업체는 대마 씨 기름, 샴푸, 비누 등 대마 가공 제품을 생산, 판매하고 있다. 비교적 규모가 있는 업체들은 중국으로부터 대마 원재료를 수입하여 가공 판매하기도 한다.

지역별 브랜드가 있는 대마포

우리나라에서 생산되는 대마포는 대마의 껍질을 처리하는 방법에 따라 생냉이, 익냉이, 무삼으로 나뉜다. 이러한 구분은 곧 품질의 등급을 나타내기도 한다. 생냉이란 먼저 겉껍질을 벗긴 후 가늘게 찢은 삼 올을 일일이 손으로 잇는 과정을 거쳐 만든 삼포를 말한다. 올의 끝과 끝을 이을 때 무릎에 대고 비벼야 하기 때문에 무릎에 피멍이 들 정도로 힘든 노동이 따른다. 가늘고 고운 대마를 원료로 사용하며, 빳빳하면서 매끄럽고 통풍성이 좋은 고급 대마포를 생산할 수 있다. 안동 지역에서 생산되는 안동포가 생냉이로 가장 고급품이다. 폭당 9~12새[3]升의 세포細布로 임금이나 고위 관직의 벼슬아치들이 입었다.

안동 이외의 지역에서 만드는 삼포는 대부분 익냉이다. 익냉이란 삼실을 삼을 때 손으로 비비지 않고 물레로 자아서 잿물에 넣고 삶은 다음 외피를 벗겨내서 만든 삼베다. 생냉이보다 공정이 용이하고 상대적으로 노동력이 덜 들어간다고 할 수 있다. 그렇지만 섬유가 질기다. 보통 선비들이 입던 두루마기용인 중포中布는 폭당 6~7새로

익냉이가 대부분이다.

무삼은 가장 거친 삼이다. 대마 겉껍질을 훑지 않고 째서 물레에 자아 잿물에 익힌 다음 빨래방망이로 두들겨 겉껍질을 벗기는 과정을 거친다. 일상복으로 질기면서도 값이 저렴한 삼베를 필요로 하는 서민층의 욕구에 부응하는 직물이다. 폭당 4~5새로 농포農布라고 불렀으며, 주로 서민들의 옷감이나 수의 또는 상복용으로 사용되었다.

대마포는 품질에 따라 구분하기도 했지만 산지의 지명을 따라 북포(함북산), 영포(경북산), 강포(강원산), 보성포(보성산) 등으로 달리 부르기도 했다. 영포 중에서는 특히 안동산이 유명하여 안동포라고 별도로 부르기도 한다. 안동이 삼포로 유명한 것은 생냉이로 생산하기 때문이다.

특히 안동에서 생냉이라는 고급품을 많이 생산한 것은, 다른 지역보다 유교사상이 강하고 양반 행세를 하는 이들이 많아 고급 도포가 그 지역 남성들의 필수품이었던 점이 큰 이유가 아닐까 한다. 한때 안동 지역으로 시집오는 새색시는 예단 품목으로 안동포로 지은 시아버지의 도포를 지참하였다고 한다.

안동포에 뒤지지 않는 성가를 누려온 삼베로 곡성의 '돌실나이'도 빼놓을 수 없다. '돌실'은 곡성군 석곡면의 옛 이름이다. '나이'는 '베를 짜다' 또는 '길쌈'의 옛 표현인 '베를 나다'에서 유래한다. 돌실나이로는 세포로부터 중포, 농포까지도 제작되었는데 세포가 유명하다.

마지막으로 염색에 따라 언청포, 청포, 홍포, 흑포 등으로 삼베를 구분하기도 했다. 현재 국내에서 제조되고 있는 대마포는 주로 수의나 상포喪布에 사용되고 있고 기타 용도는 미미한 실정이다.

최근에는 중국에서 수입한 대마 원료로 만든 현대감각에 맞는 옷이나 테이블보, 조각보, 실내장식용품, 벽지, 이불 등이 있고 액세서리 등을 니트 제품으로 만들어 팔기도 한다. 틈새시장을 파고드는 전략으로 앞으로의 대마 가공 산업을 모색할 때 주목해 볼 대목이다.

대마를 활용한 민속 사례

삼베를 짤 때는 대마의 줄기섬유인 인피섬유를 이용한다. 그런데 인피섬유를 벗겨내고 남은 대마의 속대(겨릅)도 활용도가 높다. 여기서는 대마 속대를 생활 속에서 활용한 사례를 중심으로 기타 대마를 활용한 민속 사례들을 살펴보고자 한다.

겨릅을 활용한 사례

•전통 가옥의 지붕 재료

강원도 산간 지역 가운데 삼을 재배하던 지역, 특히 삼척에서는 전통 가옥을 지을 때 겨릅으로 이엉을 엮어 지붕을 올렸다. 보통 짚으로 이엉을 엮어 얹으면 1~2년에 한 번씩 새로이 얹어야 하는데 겨릅을 사용하면 7년을 유지할 수 있다. 겨릅의 항균·항독성 때문에 곰팡이가 생기지 않아 잘 썩지 않기 때문이다. 뿐만 아니라 겨릅의 속 대궁이 비어 있기 때문에 단열재 구실을 해서 겨울에는 따뜻하고 여름에는 시원하다고 한다. 짚으로 엮은 이엉보다 모양 또한 아름답다. 지금도 정선 아라리촌에 가면 겨릅을 엮어 지붕을 얹은 초정草亭을 볼 수 있다.

• 전통 가옥의 벽체로 활용

전통 가옥의 벽체를 세울 때는 먼저 힘살을 고정시킨 다음 그 지역에서 많이 생산되는 재료로 외를 엮었다. 보통 수수깡을 사용했고 대나무나 싸리나무 등도 사용했다. 대마가 많이 생산되는 지역에서는 겨릅을 엮어 사용하기도 했다.

• 횃불싸움의 화를 만드는 재료로 활용

횃불싸움은 정월대보름에 횃불을 무기로 이웃마을과 싸움을 하던 민속놀이의 일종이다. 아이들은 대보름을 앞두고 횃불싸움에 쓸 화를 만드는데, 이때 못 쓰게 된 빗자루 또는 겨릅대에 짚을 둘러 감거나 쑥대를 묶어 만든다.

• 밀양 백중놀이와 겨릅대

백중은 음력 7월 15일이다. 모내기 일을 끝내고 가을 추수를 앞둔 때로, 잠시 농사일을 멈추고 잔치와 놀이판을 벌였다. 경남 밀양 지방을 중심으로 전승되어 온 밀양 백중놀이는 앞놀음, 놀음마당, 신풀이의 세 마당으로 짜여 있다. 그 중 첫째마당인 앞놀음은 농신제로, 놀이판 한가운데에 농신대를 세우고 모인 사람들이 둥그렇게 둘러서서 세 번 절하고 풍년을 비는 마당이다. 이때 농신대를 만드는 재료로 겨릅대를 썼다.

농신대는 겨릅대 360개를 크게 네 부분으로 묶고 위에서부터 새끼줄 열두 개를 늘어뜨린 모양인데, 농신대의 네 묶음은 사계절을, 새끼줄 열두 개는 일 년 열두 달을, 겨릅대 360개는 한해의 매일을 상징한다고 한다. 현재도 농신대는 겨릅으로 만들어 사용하고 있다.

• 호박순치기

여름 삼복중에 호박이 크고 많이 달리도록 호박 넝쿨의 순을 치는 것을 호박순치기라 한다. 청양, 구례에서는 겨릅대를 사용해서 호박순을 쳤다. 겨릅대는 쉽게 부러지기 때문에 호박에 상처를 주지 않는다.

의료용으로 대마를 사용한 예

• 마자인 처방

《동의보감》과 《식료찬요食療撰要》[4]에 대마 종자인 '마자인'을 처방한 내용이 기록되어 있다. 변비, 구토증세, 소갈증(당뇨병), 임질, 음경통증 등의 증상에, 또는 여성의 출산 후 어혈을 풀고 소변을 잘 나오게 하는 이뇨제로 처방한다고 기록되어 있다.

• 민간요법

대마 씨를 갈아 삼베 주머니에 넣은 후 닭과 같이 삶아 먹으면 관절염에 효과가 있다는 풍속이 있었다. 담이 걸리면 대마 씨를 삶아 먹으면 좋다고 했고, 배가 아플 때는 대마 잎을 삶아 먹으면 효과가 있다고 사용한 예도 있다. 발에 무좀이 있을 경우에는 대마 잎을 삶은 물에 발을 담그면 효험이 있다고 했다. 또한 대마의 항균·항독성을 이용하여 등창이나 상처에 삼베를 덥거나 삼베 부스러기를 붙이기도 했다. 대마를 많이 재배하는 지역에서 제한적으로 발견되는 사례들이다.

그 밖의 대마 활용 사례

대마 섬유에는 항균, 항독, 통풍, 수분 흡수와 방출 등의 뛰어난 기능이 있다. 우리 조상들은 대마의 특성을 생활 속에 다양하게 활용했다.

- 임산부가 해산할 때 힘을 주기 위해 손에 쥐는 줄을 삼줄 또는 삼신 끈이라고 하는 데 남편이 왼새끼를 꼬아두었다가 산실에 밧줄로 매어놓는다. 삼줄은 질기기도 하거니와 항균, 항독, 탈취, 방충 기능이 있기에 산모와 신생아를 보호하는 기능도 했다.
- 부엌에서 사용하던 행주는 삼베였다. 삼베 행주는 여름철에도 쉰내가 나지 않는다. 생선을 말릴 때나 밥상을 덮어 놓을 때는 삼베 보자기를 사용했다. 된장을 담근 후에도 장독 속에 숯을 넣고 삼베로 독을 덮었다.
- 여름철 삼복 무더위를 이기기 위하여 통풍이 잘 되는 삼베 이불과 모기장을 사용했고, 모깃불을 태울 때는 대마 잎을 태웠다.
- 비닐 끈이 나오기 전에는 덕장에서 명태를 꿰거나 바닷가에서 오징어를 말리기 위해 꿰는 끈으로도 사용했다.

대마와 관련된 우리 민속

지난날 대마를 많이 심던 지역에서는 여인들이 삼베길쌈에서 벗어날 수가 없었다. 따라서 삼베길쌈에는 여인들의 애환이 녹아 있게 마련이다. 애환의 흔적은 세시풍속, 속담, 수수께끼, 민속놀이 등에 다양하게 남아 있다. 삼베길쌈을 할 때 부르는 노래를 길쌈노래 또는 삼 삼는 소리라고 한다. 지역에 따라 베틀노래, 물레노래, 베 나는 소리라고도 한다. 그 중 삼 삼는 소리 두 편과, 대마와 관계된 속담 등을 살펴보자.

삼 삼는 소리 1

정선읍네 두 질쌈에
야산도메 광솔불에
동지섣달 긴긴밤에
삼안 삼은
한발하고도 반발일레
그거사 네 일이라고
몸살 앓고도 대살 앓나
《삼척의 삼베문화》에서)

삼 삼는 소리 2

청도 밀양 진삼거리

외롤상 높은 징개

물명산 관솔까지

울 아버지 불 밝히고

우리 오빠 관절 깨고

우리 엄마 삼을 째고

우리 올케 밤참하고

석달 열흘 삼은 삼이

꽃당시기 반당시기

아가 아가 시누아가

그 비 해녀 뭣 할라노

나도 시집가여

시아버님 도복할라네

(《한국민요대전》에서. 영천 지방 노래)

속담

• 봉생마중불부직蓬生麻中不扶直: 대마는 곧고 매우 크게 자란다. 이런 삼
  밭에서 쑥대가 나면 그 쑥대도 곧게 자라게 된다. 즉 좋은 친구를 만나
  면 그 친구도 덩달아서 훌륭하게 된다는 의미이다.

- 쾌도난마快刀亂麻: 잘 드는 칼로 마구 헝클어진 삼 가닥을 자른다는 뜻이다. 어지럽게 뒤얽힌 사물을 명쾌하게 처리함을 이를 때 사용한다. 삼실 가닥이 헝클어지면 그 끝을 찾기가 어려워 차라리 삼실을 잘라 내고 다시 말아 사용한 데서 나온 말이다.
- 삼단 같은 머리: 머리숱이 많고 잘 빗은 처자의 긴 머리카락을 가리키는 말로, 삼을 잘 골라 단을 쌓아 놓은 모양에서 기인한다.
- 베고의(잠방이)에 방귀 나가듯: 베는 섬유조직이 성글기 때문에 그 사이로 방귀가 소리 없이 나가기가 쉽다. 보이지도 않게 물건이 없어짐을 비유한다.

속언과 수수께끼

- 길쌈은 배우면 업이 되고 못 배우면 복이 된다: 배워 놓으면 허구한 날 길쌈을 해야 해서 힘들기만 하니, 차라리 배우지 않는 편이 편하다는 말이다.
- 젊어서는 털이 안 나고 늙어서는 털이 나는 것은?
  답: 삼베옷. 삼베옷은 처음에는 깨끗하지만 오래 입어 헤어지면 보풀이 일어 털이 난 것처럼 되니까.

제2장 인류의 정신문화와 대마

'방'을 쉬고 있는
인도의 성자들

환각성 식물 연구로 평생을 보낸 미국의 민속식물학자 리처드 에번스 슐츠Richard Evans Schultes, 1915~2001는 대마에 대하여 다음과 같이 추론했다. "최초의 인류는 각종 식물의 잎과 열매를 씹거나 먹어 보는 사이 대마의 잎과 열매, 꽃봉오리도 먹어 보게 된다. 대마 잎을 먹어 본 사람들은 자신도 모르게 일어나는 행복감, 도취감, 환각을 체험하면서 다른 식물의 잎이나 열매를 먹었을 때와는 전혀 다른 경험을 통해 점차 다른 세계, 종교적인 인식, 신이라는 관념을 갖게 되었을 것이다. 결국 이 식물을 신이 내려준 특별한 선물로 인식하고 영적인 세계와 교류하는 신성한 매개체로 여겼던 경험이 오늘날의 문화나 종교 속에도 남아 있게 되었다."[6]

인류가 대마를 처음 사용한 목적이 종교와 관계있다는 주장이다. 사실 1만여 년 전부터 오늘날에 이르기까지 대마는 인류의 토착 종교에 꾸준하게 영향을 미쳐왔다. 대표적인 나라가 인도, 고대 중동, 이집트 등이다. 이들 나라의 공통점은 햇빛이 강하여 뜨겁고 건조한 기후대라는 점이다. 반면 유럽에서 토착종교에 대마를 제의용으로 사용한 경우는 찾아보기 어렵다.

유럽이나 온대성 기후 지역에서 '대마초' 문화가 확산되기 시작한 것은 19세기에 이르러서다. 유럽에서 도취용 대마를 가장 먼저 사용한 나라는 프랑스로 여겨진다. 나폴레옹이 이집트를 침공 했을 때 원주민들이 대마초를 사용하는 것을 보고, 귀국하는 병사들이 대마초를 가져와 사용한 것이 유럽에 대마초가 확산된 계기였다.

유럽에 유입된 대마초 문화의 특징은, 종교 제의에 사용한 이집트 등지와 달리, 유흥과 도취 자체가 목적이었다는 점이다. 밧줄 등을 생산하기 위한 원료로 사용하던 유럽산 대마는 도취와 유흥 목적에 적합하지 않았기에 인도, 중동, 멕시코 등에서 생산된 대마초를 사용했다.

여기에서는 대마가 어떻게 인류의 정신문화나 종교와 연계되어 왔는지를 살펴보고자 한다. 이 과정에서 토착종교와 대마가 관계 맺는 과정에 지역별 기후 조건이 어떤 영향을 미쳤는지도 대략 드러날 것으로 보인다.

힌두교(인도)에서의 대마

인도의 오랜 문화와 습관, 생활과 종교에는 대마 · 대마초가 깊이 녹아들어 있다. 특히 전통 종교인 힌두교는 대마초를 빼놓고는 이야기하기 어려울 정도이다. 인도에서 종교와 연관된 대마초의 역사는 기원전으로까지 거슬러 올라가, 힌두교의 경전인 베다에서도 대마 이야기를 찾아볼 수 있다.

하루는 시바 신이 가족과 다툰 후 집을 나와 혼자서 들판을 거닐고 있었다. 타는 듯한 태양열에 지쳐 그늘을 간절하게 찾던 중 발견한 것이 키가 크고 잎이 무성한 대마였다. 시바는 대마 그늘에서 쉬었다. 그러다가 대마 잎을 따서 씹어 보았는데 그 잎이 생기를 북돋우어 주는 것을 알게 되었다. 이후 시바 신은 대마를 가장 좋아하는 음식으로 선택하게 되었다고 한다. 시바 신은 힌두교에서 가장 중요한 세 신들 중 하나이다.

인도에서는 파괴의 신 시바를 '방의 신The Lord of Bhang'이라고 부르기도 한다. 방은 말린 대마 잎을 우유, 설탕, 향료나 아몬드 등 견과류와 함께 갈아서 만든 음료인데, 알코올 음료를 금지하는 힌두교 문화에서는 전통 행사에서 알코올 대신 방을 제공한다. 특히 결혼식에서는 반드시 방을 제공해야 한다는 인식이 1940년대까지만 해도 일반적이었다. 방을 마심으로써 신랑 신부가 떠돌아다니는 악으로부터 보호받는다고 믿었기 때문이다. 또한 손님이 방문하면 방을 대접하는 것이 예의였으며, 그렇지 않으면 인색하거나 비우호적인 사람으로 멸시의 대상이 되기도 했다.

인도를 식민통치하게 되었을 때 영국은 인도 전역에서 대마초를 광범위하게 사용하고 있음을 알고 놀랐다. 잎을 말려 피우는 용도로만 알고 있던 대마를 원료로 인도인들은 방이라는 음료를 만들어 마시기도 했던 것이다. 1890년대 후반 영국 정부는 인도 정부로

하여금 대마초에 관한 대규모 위원회를 조직토록 한다. 대마의 재배, 가공, 거래, 사회적·도덕적 영향 등을 광범위하게 조사하는 것이 위원회의 목적이었으며, 경우에 따라서는 대마초 사용의 금지까지도 불사할 예정이었다. 그러나 농민에서부터 정신과 의사에 이르기까지 1,000명이 넘는 사람들과 인터뷰하며 체계적으로 조사한 끝에 위원회는 금지의 정당성을 찾을 수 없다는 결론을 내리기에 이른다.

대마초와 방이 인도인의 신체나 정신 건강에 그리 우려할 만한 악영향을 미치지 않는다는 이유였다. 오히려 이를 금지할 경우 알코올 사용자가 늘어 더 나쁜 결과를 낳을 수 있다는 지적도 있었다. 대마초(방)의 사용은 힌두교라는 종교에 뿌리를 둔 아주 오래된 인도의 문화이기 때문에, 이를 금지할 경우 힌두교 지도자들로부터의 격렬한 원성과 민족적 분노가 터져 나올 수 있다는 점도 고려했다.

현재 인도의 법률은 대마초의 재배나 사용을 금지하고 있다. 유엔 협약을 준수하기 위해서다. 그러나 피우는 대마초인 간자^{ganja}나 해시시는 인도 내 어디서나 금지하지만 방의 금지 여부는 지역에 따라 다르다. 시바 신과 연관된 사당이 있는 인도 북부 지역이나 네팔에서는 방을 정부의 허가하에 상점, 음식점, 거리에서 비교적 자유롭게 판매하고 있다. 연중 어느 때나 판매하지만 특히 시바 신의 생일과 봄 축제인 홀리^{Holi} 기간에는 평상시보다 네 배 이상 팔린다고 한다. 그러나 시바 신전과 먼 인도 남부에서는 규제가 심하여 방을 제조하거나 섭취할 경우 체포될 수도 있다.

방은 통상 대마의 말린 잎 가루를 함유한 음료를 일컫지만 오늘날에는 과자 형태로 만들어 판매하기도 한다. 또한 지역에 따라서는 대마 자체를 방이라고 부르는 곳도 있다. 인도 반도의 뱅골^{Bengal}이라는 지명은 '방의 땅^{Bhang Land}'이라는 뜻이다. 인도의 방 문화권에 속해 있다가 파키스탄으로부터 독립한 방글라데시^{Bangladesh}의 나라 이름 역시 '방의 땅 사람들'을 뜻한다.

방이 인도와 인근 지역의 문화에 이렇게 뿌리를 깊게 내린 이유는, 시바 신과 영적으로 교류할 수 있도록 도와 주는 신성한 물질이라는 믿음 때문이다. 또한 방을 섭취하면 죄에서 자유로워진다고 한다. 인도 대마의약협회의 캠벨^{J. M. Campbell}은 '방을 마시는 자는 시바 신을 마시는 것이다'라고 했다. 기독교의 성찬식에서 포도주를 예수 그리스도의 피에 비유하는 것과 같은 맥락이다. 인도에서는 방을 '기쁨을 주는 자' '천상의 안내자' '가난한 자들의 천국' '슬픔의 위로자'라고 부르기도 한다.

술의 종류가 다양하듯이 방의 조제 방법과 원료도 다양하다. 다만 말린 대마 잎은 반드시 들어간다. 고급 방은 말린 대마 잎과 양귀비 씨, 후추, 생강, 카라웨이, 정향, 계피, 인삼, 오이 씨, 아몬드, 육두구, 장미꽃봉오리, 설탕, 우유 등을 일정한 비율에 따라 혼합하여 끓여서 만든다. 그러나 가난한 사람들은 대마초의 말린 잎과 꽃봉오리에 우유 또는 물과 설탕을 주재료로 그 밖에 비교적 값싼 재료들을 혼합하여 만든다. 방을 섭취함으로써 느끼는 도취감의 강도와 지속성은 대마에 함유된 테트라하이드로칸나비놀^{tetrahydrocannabinol, THC}이라는 도취 성분의 농도 또는 양에 따라 결정되는데, 음식점에서 방을 주문할 때 원하는 농도를 지정할 수도 있다.

종교지도자들은 공식적으로는 부인하고 있지만 인도의 많은 수도사들은 그 밖에도 간자와 차라스charas라고 하는 또 다른 형태의 대마초를 사용하는 것으로 알려져 왔다. 간자는 대마 줄기의 꼭대기 쪽 잎과 암대마의 수정되지 않은 꽃봉오리를 말려서 조제한다. 주로 담배처럼 피우지만 경우에 따라 차처럼 물에 우려내어 마시기도 한다. 간자는 도취 성분이 높기 때문에 고급 대마초로 분류된다. 차라스는 대마 줄기 꼭대기의 완전히 펴지지 않은 잎과 수정되지 않은 암꽃송이에서 수지를 추출해서 만든다. 이들 세 종류 중에서 도취 효과가 가장 강한 대마초는 차라스이고 다음으로 간자, 마지막으로 방의 순서다.

대마초 문화가 이처럼 인도에 널리 확산된 데에는 기후가 중요한 요인으로 작용했을 것이다. 인도의 덥고 건조한 기후에서는 야생 대마를 접하기도 쉬웠을 뿐 아니라 일 년 내내 재배할 수도 있었다. 이런 환경에서 생장한 인도 대마는 도취 성분인 THC 함량이 매우 높다.

불교와 대마

불교는 개인의 영성 고양을 목표로 하는 종교이다. 생로병사의 고뇌, 고뇌를 일으키는 탐욕, 탐욕의 끈을 내려놓고자 하는 마음 훈련과 명상 등이 불교를 구성하는 주요 내용이다. 신을 숭배하지 않는 불교에서 가장 근본이 되는 계율은 5계五戒로서, 개인의 수행과 관련된 내용이다.

첫째, 살아 있는 생명을 함부로 죽이면 안 된다, 둘째, 주지 않는 남의 물건을 훔치면 안 된다, 셋째, 향락적(성관계 포함) 비행을 저질러서는 안 된다, 넷째, 거짓말을 하면 안 된다, 다섯째, 술을 마시면 안 된다는 것이 오계의 내용이다. 특히 마약과 알코올은 사람의 마음 상태를 어지럽히고 이로 말미암아 앞의 네 가지 계율도 어길 수 있기 때문에 다섯 번째 계율은 매우 중요하다.

불교의 경전에 대마초를 직접 언급한 내용은 없다. 그렇지만 다섯 번째 계율에서 금지하는 술에는 마약이나 도취제가 포함된다는 것이 일반적인 해석이다. 술을 금지하는 이유가 생각과 행동을 올바르게 유지하기 어렵게 만든다는 것인데 마약 역시 마찬가지 결과를 낳기 때문이다. 예외적으로 티베트의 히말라야를 근거지로 하는 탄트라 종파에서는 오히려 깊은 명상과 깨달음을 위한 수단으로서 대마초가 중요한 역할을 한다고 알려져 있다. 아마도 인도 힌두교의 영향을 많이 받았기 때문일 것이다.

그러나 불교에서도 치료 목적과 식용으로 대마를 활용하는 일은 금지하지 않는다고 해석한다. 미국의 잡지《애틀랜틱The Atlantic》에 따르면 2013년 달라이 라마는 멕시코에서의 한 인터뷰에서 "유흥을 위해 대마초를 사용하는 것은 반대하지만 개인의 정신적 또는 신체적 건강에 도움이 된다면 관용해야 한다"고 언급한 바 있다. 또한 라마교(티베트 불교)의 전승에는 부처가 깨달음에 이를 때까지 6년간은 하루에 오직 대마 씨 한 알씩만을 섭취하였다는 이야기도 있다고 한다.[8] 이러한 전승으로 인해 대마 씨만을 섭취하며 금식하는 고행자도 있었다는 것이다. 이를 통해 대마 씨는 도취 성분을 함유하지 않을 뿐만 아니라 완벽에 가까운 영양식품이라는 사실 또한 알 수 있다.

도교와 대마

중국은 대마 관련 역사가 가장 오래된 나라다. 기원전 6,000년경에 이미 대마 씨를 식용했으며 기원전 2,700년경에는 다양한 질병 치료에 대마를 사용했다. 그 밖에도 밧줄, 의복, 종이를 만드는 등 일상생활에서는 대마를 매우 다양하게 활용했지만 정신문화나 종교 제의 용으로 사용한 예는 빈약한 편이다.

　기원전 5세기경 중국 도교道教의 도사들은 대마초를 인삼과 함께 사용하면 미래를 점칠 수 있는 예지능력이 생긴다고 생각했다. 대마초 사용에 따르는 도취 효과를 토착 샤머니즘과 결부시킨 결과인 듯하다. 1세기까지 도교의 추종자들은 향로에 대마 꽃송이를 태워 향을 피우기도 했는데 이러한 행위를 통해 명상하는 동안 정신적 고양을 경험 했을 것이라고 한다. 중국에서 대마를 종교 제의에 사용한 사례는 이 밖에는 찾아보기 어렵다.

중국에서 널리 사용된 도취 약물은 대마초가 아니라 양귀비에서 수지를 추출해 만든 아편이었다. 대마초의 도취 성분이 열대 지역에 비해 떨어지는 것이 주요 이유였을 것이다. 그러나 다른 한편으로 유교에서 그 이유를 찾는 사람도 있다. 유교는 종교라기보다는 사회적, 정치적 덕행을 추구하는 사상체계이다. 대마초의 도취 작용 때문에 공간과 시간상의 혼란을 느낀다거나, 히죽히죽 웃거나 말이 많아지는 등의 이상한 행위는 유교가 추구하는 덕목과 어긋난다. 이와 달리 중독 등 부작용이 많음에도 불구하고 표면적 현상으로는 타인에게 혐오감이나 불쾌감을 주지 않는다는 점에서, 유교 문화권에서는 대마초보다는 아편에 오히려 거부감을 덜 느꼈다는 것이다. 그 때문인지 중국에서는 한때 아편이 만연한 결과 영국과 '아편전쟁'을 벌이기까지 했다.

신토와 대마

제2차 세계대전 패전 당시까지 일본에서 대마는 주식인 쌀과 함께 아주 중요한 농작물로서 생활문화에서 중요한 위치를 차지하고 있었다. 종전 후 일본에 진주한 연합군 사령관 맥아더는 일본 도처에서 재배되고 있는 대마를 보고 깜짝 놀랐다. 미국에서는 이미 대마 재배가 불법화된 시절이었기 때문이다. 따라서 1948년 연합군은 '대마통제법'을 제정하여 대마의 재배를 금지하기에 이른다.

그러나 당시 일본에는 유흥을 위한 대마초 문화는 없었다. 생활용품이나 군수품을 만드는 등 산업용으로 대마를 사용했을 뿐이다. 특히 전쟁 기간 동안에는 일본 본토는 물론 일본이 점령했던 필리핀 등 동남아 지역에서 생산되는 대마나 마닐라삼까지 원료로 동원해서 군복, 밧줄, 군모의 안감, 군화 끈, 낙하산줄 등 군수물자를 제작했던 것이다. 그러나 미군의 대마통제법 발포에 따라 대마 재배가 어렵게 되자 대마 섬유는 사라지고 나일론 등 합성섬유 제품이 그 자리를 대체하게 된다.

일본의 토착종교인 신토神道에서는 전통적으로 대마를 제의용으로 다양하게 사용하여 왔다. 그러나 신토에서 사용하는 대마는 다른 문화권에서 대마초의 도취 성분을 활용한 것과는 아주 다르다. 대마 섬유로 만든 종이나 직물 또는 대마 잎을 사용하며, 대마 잎을 사용할 경우에도 섭취하지는 않기 때문이다.

신토의 사제는 대마 섬유로 만든 사제복을 입는데, 히로히토 천황이 세상을 떠나고 아키히토 천황이 새로 왕위에 오를 때 도쿠시마현의 농부들이 대마 섬유로 사제복을 만들어 헌납한 바 있다. 다신교인 신토에서 천황은 살아 있는 신으로 추앙받는 동시에 최고 사제로 간주되기 때문이다.

신토에서는 대마가 순결과 정화를 상징한다고 보기 때문에 정화의식을 통해 악령을 내쫓는 도구로 대마를 사용하기도 한다. 사제는 '고헤이御幣'라고 하는 짧은 막대기 한쪽 끝에 염색하지 않은 대마 섬유로 만든 끈을 매어서 이를 사람의 머리 위에서 흔든다. 그러면 그 사람 안에 있는 악령이 쫓겨난다는 것이다.

또한 일본의 신사나 사찰에서는 종을 매다는 두툼한 새끼줄, 짧은 커튼 등의 도구를 대마로 만들어 제의에 쓰고 있는데, 이 중 대마로 만든 커튼이 머리에 스치고 지나가면 몸에 있는 악령들이 달아난다고 한다. 정화 막祓의 역할이므로 원래는 반드시 대마 섬유로만 만들어야 했지만 대마를 자유롭게 재배할 수 없는 오늘날은 황마나 짚으로 대체되었고, 새끼줄에 끼우는 종이는 대마 종이 대신에 일본 전통 종이인 와시和紙를 사용한다고 한다.

때로는 신사 입구의 도리이鳥居, 신목神木이나 바위에 새끼줄을 걸고 새끼줄 사이에 흰 종이를 꽂아두기도 하는데 이를 일컬어 '시메나와注連繩'라고 부른다. 일종의 금줄로서, 시메나와의 안쪽은 신성한 장소로 신이 점유하고 있는 지역이고 밖은 인간의 영역이다. 이 시메나와도 대마로 만드는 것이 오랜 관례였지만 이 역시 이제는 와시를 사용하는 것이 일반적이다.

일본 전통사회에서는 제사 지내는 방을 정화하는 데도 대마를 사용했다. 방문 앞에서 대마 잎을 태우면 방이 정화되고 죽은 영혼이 돌아온다는 것이다. 새로 결혼하는 신부는 성실, 순결, 충성을 상징하는, 염색이나 채색을 하지 않은 대마 피류으로 옷을 지어 입었다. 여성은 자기의 색깔을 갖기보다 남편의 색깔에 맞추어야 한다는 의미이다.

일본에는 장거리 여행에 앞서 또는 여행 중에, 안전한 여행을 기원하며 신에게 절하고 제물을 바치는 풍속이 있었다. 이때 바치는 제물은 대체로 쌀과 대마 잎이다. 여행자는 여행하는 동안 신사를 만날 때마다 이렇게 쌀과 대마 잎을 바치곤 했다. 그러나 대마 관련 규제가 우리나라와 같이 매우 엄격한 오늘날의 일본에서는 대마 잎을 몸에 지니고 가다가 체포되면 5년 정도의 감옥살이를 해야 한다.

일본의 전통 스포츠인 스모 경기에서도 대마를 사용한다. 스모 시합 전에 도효±俵(흙으로 만든 씨름판)에서 의식을 치르는데, 이때 요코즈나(스모 챔피언)는 허리에 약 1킬로그램이나 나가는 밧줄에 대마 종이를 끼워 넣은 벨트를 찬다. 이 벨트 또한 시메나와라고 부른다. 이 의식에는 스모 씨름판을 정화하고 사악한 귀신을 쫓아낸다는 의미가 있다. 그 밖에도 일본의 지역마다 벌어지는 축제(오마츠리)에서도 대마 섬유로 만든 밧줄로 무거운 마차를 끌곤 했다.

그러나 대마를 이용하는 일본의 다양한 전통문화도 1948년 이후 유지된 대마 규제 정책 때문에 대부분 사라져 가고 있다.

고대 스키타이인과 대마

스키타이인은 기원전 7세기에서 기원후 1세기까지 오늘날의 이란 지역을 중심으로 활동한 민족으로 유럽, 지중해, 중앙아시아, 러시아에 걸쳐 광범위하게 정착했다. 최초의 기마민족으로 알려진 스키타이인은 말 타기와 마차 사용에 아주 능했으며 일상생활과 종교 활동에서 대마를 사용했다. 대부분의 학자들은 말을 이용한 기동성이 대마에 관한 그들의 지식과 문화를 고대 세계에 퍼뜨리는 데 결정적인 역할을 했다고 본다.

스키타이인은 기원전 1500년경에 대마를 재배하기 시작했다고 알려져 있다. 영어로 대형 낫을 사이드^{scythe}라고 하는데 스키타이^{Scythia}에서 유래한 말이다. 고대 스키타이인이 대마를 수확할 때 자루가 길고 날이 약간 휘어진 큰 낫을 사용했기 때문이다. 기원전 700년경의 유물로 추정되는 스키타이 귀족의 무덤에서 대마 씨가 발견되기도 했다.

그리스의 역사가인 헤로도토스의 저서 《역사》에는 대마를 활용한 스키타이인의 풍속을 묘사한 기록이 들어 있다. "그들은 긴 막대기 세 개를 서로 맞대어 세운 다음에 양가죽으로 덮어 천막을 만든다. 그리고 그 천막 안에 접시를 놓고 그 위에 빨갛게 달군 돌을 놓는다. 이들은 이 천막 안으로 들어가 빨갛게 달군 돌 위에 대마 씨를 뿌린다. 그러면 그리스식의 증기탕에서 나오는 증기보다 더 강한 증기가 발산되고 천막 안에서 이 증기를 마신 스키타이인들은 점차 즐거움에 취해 소리를 지르기 시작한다. 대마 씨를 더 많이 넣을수록 저들의 도취 상태도 심해져 춤을 추고 노래를 부른다."⁹

여기서 대마 씨는 아마도 대마 씨가 포함된 말린 대마 꽃봉오리였을 것이다. 왜냐하면 대마 씨만으로는 도취상태에 이를 수 없기 때문이다. 이러한 의식은 스키타이인이 신과 교류하는 수단이었으며, 지도자의 장례식에서는 죽은 자에게 경의를 표하는 방법이기도 했다. 덥고 건조한 지역에 살면서 목욕을 자주 할 수 없었던 스키타이인에게 이 의례는 옷과 몸을 소독하고 정화하는 역할도 겸하였을 것이라 여겨진다.

조로아스터교와 대마

조로아스터교는 기원전 500년 무렵부터 이후 1,000여 년 동안 세계에서 가장 강력한 종교였다. 기독교의 《신약성서》에는 예수 탄생 당시 '동방박사'가 방문하여 경배하고 황금과 유향과 몰약을 선물했다는 내용이 있다. 이 동방박사가 바로 페르시아에서 온 조로아스터교의 사제들이었으리라는 추측에 많은 사람들이 동의한다.

　조로아스터교 의례에서는 '하오마haoma'라는 우유와 혼합한 도취제를 마셨는데, 이 하오마가 바로 대마라고 한다. 조로아스터교의 경전인 《아베스타Avesta》에 따르면 하오마는 키가 크고 향기가 있으며 녹색을 띤 황금색 식물인데 잎과 줄기가 있고 잡초처럼 잘 자라며 치료 효과가 있다고 했다. 이 식물은 부작용이 없으며 인지능력과 관능을 자극한다고도 했다. 조로아스터교 문헌에는 또 망mang이라는 음료가 등장하는데 인도의 방이 아닐까 추정된다.

　하오마는 한때 《아베스타》 등 조로아스터교의 문헌에서 매우 중요하게 취급되었는데 어느 때부터인가 공식적인 문헌에서 사라지고 '마황'이 그 자리를 대신 차지했다고 한다. 하오마가 너무 일반화되자 조로아스터교의 창시자 자라투스트라가 조제 원료를 변경하였다고도 한다.

오늘날 조로아스터교의 중심 종파에서는 의식용으로 마황만을 사용한다. 다만 배교자로 낙인찍힌 일부 종파에서만 여전히 대마를 사용하고 있다. 마황麻黃은 건조한 지역에서 자생하거나 재배하는 일종의 떨기나무로서 오늘날에도 약재로 사용한다.

226년에 사산조 페르시아에서 국교로 인정되었고 인도나 이집트에까지 영향을 끼쳤던 조로아스터교는 7세기 들어 페르시아 지역을 침공한 무슬림으로부터 박해를 받으면서 쇠락의 길을 걷게 된다. 현재는 주로 인도에, 일부는 이란에, 총 12만에서 15만에 이르는 신도가 있는 것으로 파악되고 있다. 새로운 교도를 받아들이지 않고 폐쇄적이기 때문에 조로아스터교인 수는 계속 감소하고 있는 실정이다.

이슬람교와 대마

이슬람의 경전《쿠란》에서는 술은 엄격하게 금지하고 있지만 대마초에 대해서는 전혀 언급하지 않는다. 이 때문에 이슬람 문화권에서는 나라와 지역에 따라 또는 시대에 따라 대마초를 대하는 입장이 다르다. 어떤 무슬림은 술을 금한 무함마드가 대마초에 대해서는 언급하지 않았기 때문에 대마초를 오락용으로 사용해도 문제가 없다고 주장하는 반면, 다른 이들은 대마초에 도취 성분이 있으므로 오락용으로서는 금지하는 것이 마땅하다고 주장한다. 다만 치료용으로 사용하는 것은 적정한 의사의 처방이 따른다면 허용해야 한다는 것이 일반적인 견해이다.

대마초의 오락용 사용에 대해서 서로 의견과 주장이 분분한 이유 중의 하나로, 이슬람 지역이 광대하고 역사와 문화가 서로 다르다는 점을 들 수 있다. 또한 언어마저 같지 않다. 중동 지역인 이란은 이슬람 국가이지만 아랍어가 아닌 고유의 이란어를 사용한다. 반면 중동에서 멀리 떨어져 아프리카 지역에 위치한 이슬람국가 모로코는 아랍어를 쓰는 아랍 국가이다.

또한 중동에 있는 여러 나라에는 무함마드가 이슬람을 창시하기 전부터 종족별 문화와 법률체계가 있었던 경우가 많다. 이 때문에 중앙 정부의 대마초 관련법보다 부족법이 우선하는 경우도 있다. 이와 같이 지리적 문화적 차이에 따라 대마초 정책이 다르기도 하지만 때로는 지도자의 의지에 따라 정책이 달라지기도 한다. 터키가 대표적인 경우라고 할 수 있다.

터키는 유럽과 아시아를 연결하는 관문 역할을 하는 지역에 위치하고 있다. 역사적으로 그리스, 로마, 비잔틴 제국, 오스만트루크 등이 터키 지역을 지배했다. 그동안 아편, 술, 대마초는 대체로 기호품으로 용인해 왔으며, 이슬람교를 바탕으로 한 오스만 제국 시대에는 대마초를 아주 일반적으로 사용하기도 했다. 터키의 대마초 문화는 기원전 1000년부터 이어져 왔고 기원전 100년경에는 치료용으로 대마초를 사용하는 교범도 있었을 정도이다. 특히 술탄 무라드^{Murad}

4세(1612~1640)는 커피, 담배, 술은 엄격하게 금했지만 대마초와 아편은 전혀 문제 삼지 않았다. 사용자의 건강이나 종교적인 신념 때문이 아니라, 커피숍이나 술집에 모여서 자기를 비방하거나 반란을 꾀할까 두려워 술 등을 금지한 것이기 때문이다. 이러한 터키에서도 19세기 들어 대마초는 금지 대상이 된다.

이란의 경우도 비슷하다. 대마의 원산지 중앙아시아에 위치한 이란 지역에 기원전 7세기경부터 살았던 스키타이인은 대마초를 유흥, 치료, 영적인 목적으로 사용했고 가는 곳마다 대마초 문화를 전파하기도 했다. 이렇게 볼 때 이란은 사실상 대마와 대마초에 관한 한 종주국이라고 할 수 있다. 그러나 현재의 이란에서 대마초는 다른 마약과 마찬가지로 엄격한 규제와 처벌의 대상이다. 마찬가지로 오늘날 대부분의 이슬람 종교지도자와 학자들은 아편, 헤로인, 모르핀 등의 마약과 마찬가지로 대마초도 하람¹⁰haram의 대상이라 본다. 정신을 혼미하게 하고 신체에 나쁜 영향을 준다고 해서 오락용 사용을 금지하는 것이다.

그렇지만 이슬람교의 종파 중 하나인 수피^{Sufi}파는 반대로 대마초를 신성시한다. 형식을 배격하고 개인 내면의 신과 만나기를 추구하는 수피파는 의식을 고양시키고 알라에 대한 감사의 마음을 표하기 위해 대마초를 사용했다. 1000년경에는 대마 암꽃봉오리를 손으로 비벼 차라스(대마초 수지)를 추출하는 기술을 개발하기도 했다. 이러한 수피파의 문화는 이슬람을 종교로 받아들이기 전부터 존재해왔던 대마초 문화를 수용한 것으로 볼 수 있다. 수피파의 영향을 많이 받은 이슬람 지역인 아프가니스탄, 파키스탄, 카슈미르, 네팔 등에서는 오늘날에도 차라스를 사용하며, 특히 파키스탄 등의 수피파 사원에서는 종교 의례에서 대마초를 공공연히 사용한다.

현재 이란, 사우디아라비아, 아랍에미리트는 대마초 사용을 매우 엄격하게 처벌하는 대표적인 이슬람국가이다. 반면 아프리카에 위치하고 있는 모로코와 중동에 있는 아프가니스탄에는 대마초 문화가 존속하고 있다. 모로코와 아프가니스탄은 종교적으로는 대마초 사용을 금지하지만 세계적으로 해시시를 가장 많이 생산하고 수출하는 대표적인 국가이기도 하다.

기독교와 대마

기독교의 경전인 《성경》에서도 대마나 대마초를 직접 언급하지는 않는다. 특정한 식물에 대해 금지하거나 사용을 규제하는 내용도 없다. 모든 식물은 신의 창조물이며 인간은 신을 대신하여 천지만물을 다스리고 관리하도록 위임받았을 뿐이라는 것이 《성경》의 정신이다.[11]

이렇게 본다면 지상의 어느 식물 하나 버릴 것이 없다. 더군다나 특정 식물을 불법화한다는 것은 신의 권위에 대한 도전이라 할 수 있다. 대마라고 예외일 수 없다. 어떻게 해야 악용하지 않고 선용할 수 있는가 방법을 찾아야 한다는 문제일 뿐이다.

그렇다면 식용이나 섬유의 원료로 대마를 활용하는 것이 아니라 환락을 위해 대마초를 피우는 행위는 기독교 신앙의 관점에서 어떻게 판단할 수 있을까? 이 질문에 답하기 위해서는《성경》에 나오는 세 가지 내용을 기준으로 들 수 있다. 첫째, 무엇에도 얽매여서는 안 된다. 둘째, 나와 남에게 유익한 행위를 해야 한다. 셋째, 몸의 건강을 유지하는 것이 신에게 영광을 돌리는 길이다.[12]

　　대마초는 담배보다 약하다고 하지만 어느 정도 중독성이 있다. 담배뿐만 아니라 대마초 흡연도 건강에 도움이 되지 않을 뿐만 아니라 누구에게도 유익하지 않다. 폐나 심장에 해가 될 수 있고 기타 건전한 판단과 행동에 장애를 유발할 수 있다는 점을 고려한다면《성경》정신으로 볼 때 유흥을 위한 대마초 흡연은 삼가야 할 행위이다.

　　현전하는《성경》에 대마나 대마초에 대한 언급이 없는 이유를 번역상의 오류에서 찾는 학자도 있다. 원래 종교 행위에서 대마·대마초를 사용했지만 히브리어《성경》을 번역하는 과정에서 대마를 다른 식물로 잘못 옮겼다는 주장이다.

　　가장 오래된 히브리어 원전들을 근거로 연구한 폴란드의 어원학자 슐라 베넷Sula Benet, 1903~1982은, 그리스어에서 라틴어로 전해져 현재 대마를 일컫는 세계적 공통어로까지 이어진 'cannabis'라는 낱말은, 스키타이어에 기원을 두고 있다는 이제까지의 통념과는 달리 히브리어와 같은 셈족의 언어에 그 뿌리를 두고 있다고 주장한다.[13] 웹스터[14]Noah Webster, 1758~1843가 편찬한《히브리어 사전New World Hebrew Dictionary》에 실린 대마를 뜻하는 히브리어 'kannabos'는 'cannabis'

와 거의 같은 형태라는 것이다.

《구약성서》의 〈출애굽기〉 30장을 보면 회막과 그 안에 있는 모든 기구를 성스럽게 하기 위하여 특별히 만든 거룩한 기름을 바르라고 신이 모세에게 명령하는 장면이 나온다. 그 기름을 만드는 원료는 몰약, 육계, 창포, 계피, 올리브기름이다. 이 중 몰약, 육계, 계피, 올리브기름은 20여 종의 영어《성경》이나 10여 종에 이르는 한국어《성경》에서 모두 같은 말로 번역하지만 오직 한 가지 창포만은 번역본에 따라 다른 이름으로 등장한다. 다시 말하면 네 가지 원료는 무엇인지 정확히 알 수 있지만 일반적으로 '창포calamus'로 번역된 원료가 무엇인지에 대해서는 아직 의문이 남아 있는 상태다.

대부분의 한국어《성경》에서 '창포'로 번역하고(일부 번역본은 '향기로운 갈대' 또는 '향초 줄거리' 등으로 옮기기도 한다) 영어《성경》에서도 일반적으로 'calamus'라 번역하는 단어에 해당하는 고대 히브리어는 kaneh-bosm이다. 베네는 대마를 뜻하는 히브리어 kanna-bos의 고대어가 바로 kaneh-bosm일 것이라고 추정한다.

기원전 3세기경 알렉산드로스 왕이 학자 70명에게 70일 동안 히브리어《구약성서》를 그리스어로 번역하라고 명령한 일이 있다. 이 과정에서 히브리어의 kaneh-bosm을 calamus로 오역하였고 그 후 각국어로 번역할 때도 오역된 단어를 그대로 사용하였다는 것이다. 다시 말해 일반적으로 '창포'로 번역하지만 어떤 원료인지 아무도 확실히는 모르는 다섯 번째 향료는 다름 아닌 대마라는 것이다.

대마의 암꽃송이에는 칸나비노이드cannabinoid[15] 외에도 방향물질인 테르펜[16]terpene이 120종이나 들어 있다. 이런 성분을 이용해 아시리아, 바벨론 등의 고대 국가에서 대마를 분향의 원료로 사용한 예도 있으며, 오늘날에도 대마의 수정되지 않은 암꽃송이에서 추출한 오일cannabis sativa essential oil을 향료 제품으로 판매하고 있다. 이 같은 사실을 참고할 때, 《성경》에 나오는 향유의 원료로 대마를 사용했으리라는 추측도 나름 설득력이 있다. 1980년경 예루살렘에 있는 히브리대학교의 어원학자들도 cannabis로 번역해야할 것을 calamus로 잘못 번역하였다고 주장한 바 있다.[17]

모세 당시에 사용한 원료가 창포인지 대마인지는 아직은 명확히 풀리지 않은 수수께끼이다. 다만 신약 시대 이후로는 기독교에서 대마초를 사용한 근거는 없다. 현재 개신교에서는 앞에서 살펴본 《성경》정신에 따라 술, 담배, 대마초, 기타 마약류 사용을 일반적으로 금하고 있다. 가톨릭에서는 술과 담배를 금하지 않고 일반적 윤리와 규범에 맡기고 있다.

라스타파리 교파와 대마

라스타파리Rastafari 운동은 1930년대 자메이카 빈민가에서 시작된 신흥종교이자 백인과 중산층에 대한 저항운동이다. 이 운동의 추종자들은 흑인이 오래전 하나님께 죄를 저지른 결과 자메이카 등으로 추방되었으며, 백인 성경학자나 선교사들이 원래 흑인인 아담과 예수를 백인으로 왜곡하였다고 주장한다. 따라서 흑인의 우월성을 주장하며 아프리카로 귀환하기를 소망한다.《성경》에서 교리와 종교 의례를 차용해 왔으므로 정통 기독교의 입장에서 볼 때는 이단이라고할 수 있고 일반인들은 기독교의 아류 종파로 볼 수도 있다.

라스타파리안들에게는 그들만의 라이프스타일이 있다. 첫째, 종교행위로서 대마초를 사용하고 술과 다른 마약은 금기시한다. 두 번째로 레게머리(머리를 여러 가닥의 로프 모양으로 땋아 내린 머리)를한다. 세 번째로는 육식을 멀리하고 채식생활을 하는 것이 특징이다. 레게머리와 라스타파리 운동을 세계적으로 알린 인물로 레게 뮤지션 밥 말리Robert Nesta "Bob" Marley, 1945~1981가 있다.

이 가운데 첫 번째 특징과 관련해서 이들에게는 대마초를 사용하는 두 가지 의식이 있다. 첫째는 리즈닝Reasoning이라고 불리는 소규모의 비공식 모임이다. 한 사람이 파이프에 담긴 간자, 즉 대마초에 불을 붙인 후 짧게 기도하고 찬송하면서 의식을 시작한다. 이때나머지 멤버들은 머리를 숙이고 같이 기도한다. 기도가 끝나면 참석한 모든 멤버들이 대마초 파이프를 돌려가면서 피운다. 그리고 토론한다. 그들은 이러한 행위를 통해 몸과 정신이 정화되고 신에게 더욱 가까이 간다고 믿는다. 이들에게 대마초는 자아와 우주와 신을이해하기 위한 중요한 매개체이다.

둘째, 더 규모가 큰 공식적인 의식으로 그라운데이션Groundation 또는 빈기Binghi라고 불리는 '거룩한 날'이 있다. 이때는 춤과 노래를곁들인 잔치를 하며 간자를 피우는데 보통 며칠간 지속된다.

그러나 라스타파리 교파에서는 종교 의식 때 이외의, 유흥이나 도취를 목적으로 대마초를 사용하는 일은 엄격하게 금지한다. 또한 현대의학에 대해서도 회의적으로 보는 대신 감기, 몸살, 열병, 위장병 등에 진통제로 대마초를 사용한다.

종교용으로 대마초를 사용하는 관습 때문에 라스타파리 교파는 대마초의 재배나 이용을 금지하는 대부분의 나라에서 갈등과 충돌을 일으켜 왔다. 미국 등 여러 나라에서 법적인 문제가 제기되고 재판이 열리기도 했다. 이 운동의 추종자는 수십만에서 100만 명에까지 이른다고 하며 자메이카를 중심으로 보츠와나, 콩고, 영국, 미국, 일본 등 10여 개국의 흑인들 중심으로 구성되어 있다. 미국에서는 공식적으로 에티오피아 시온 콥트 교회라는 이름으로 종교활동을 하고 있다.

아프리카 토착 종교와 대마

아프리카 대륙에서는 오래전부터 대마초를 광범위하게 사용하여 왔다. 백인들이 처음 아프리카 지역에 들어갔을 때 놀란 일 중 하나가 대마초 사용이 아프리카인 일상의 한 부분이었다는 점이다.

아프리카 지역에서도 대마초는 종교 의식의 필수품이다. 인도나 중동 지역과 마찬가지로 건조하고 더운 기후에 힘입어 종교 제의에서 대마초를 피웠던 것이다. 아프리카에서는 대마초를 다가^{dagga}

라고 부르는데, 일단의 토속 종교에서는 대마가 신들이 인간에게 보내준 '거룩한 식물'이라고 말하기도 한다.

남부와 중앙아프리카에서는 삶의 모든 상처를 치유해 주는 신비스러운 풀로서 또는 평화와 우정의 상징으로서 대마를 중요시하여 왔다. 동아프리카, 특히 빅토리아 호수 근처에서는 현재도 대마초를 피우는 토속 종교집단이 존재하는 것으로 알려져 있다.

제3장 대마 식물지

19세기 스웨덴 백과사전에 나오는 대마 (Cannnabis Satiba) 그림
a 수컷 b 암컷 c 수꽃 d 암꽃 e 털 f 열매 g 꼬투리 열매(포엽)

대마의 분류

마의 종류

대마에 해당하는 영어 단어는 hemp이다. 그런데 영어에는 대마처럼 섬유용으로 쓰이기는 하지만 식물 분류상으로는 전혀 다른 식물인데도 hemp라는 말이 들어가는 이름이 붙은 경우가 많다. 중세 유럽에서는 섬유용 식물을 통상 hemp라고 불렀기 때문이다.

　이후 유럽인들은 세계 곳곳으로 세력을 확장하면서 가는 곳마다 섬유용 식물에 hemp라는 이름을 붙여 불렀다. 몇 가지 예를 들면 마닐라삼Manila hemp, 사이잘삼Sisal hemp, 뉴질랜드삼New Zealand hemp, 선햄프Sunn hemp, 인디언삼Indian hemp 등이다.

　예를 들면 필리핀이 원산지인 마닐라삼은 파초과에 속한다. 대마가 일년생 식물인 데 비해 마닐라삼은 다년생 식물로서 모양도 대마와는 전혀 다르게 바나나처럼 생겼다. 또한 대마는 줄기에서 섬유를 채취하는 데 비해 마닐라삼은 잎에서 섬유를 채취한다. 물에 아주 강해 주로 선박용 로프를 만들 때 사용한다. 이 때문에 오는 혼란을 피하기 위해 오늘날 우리가 일반적으로 사용하는 대마를 'true hemp'라고 불러 구별하는 사람도 있다.

우리나라에서도 대마를 삼, 삼베, 마라고 통상 일컬어 왔지만 '마'라는 말이 들어가는 식물명이 세 가지 정도가 더 있다. 황마黃麻, jute, 아마亞麻, flax, 저마苧麻, ramie 등이다. 이들은 섬유를 만드는 식물이라는 공통점이 있을 뿐 생산되는 지역이나 생김새, 용도가 서로 다르며, 또 대마와는 확연히 구별된다. 이 중 저마라는 말은 주로 문장에서만 쓰고 일반적으로는 모시 또는 모시풀이라는 이름으로 부른다. 여기서 우리에게 비교적 많이 알려진 마의 종류별 특성을 간단히 살펴보자.

황마

황마는 황색 꽃이 피는 삼이라는 뜻이다. 주산지는 인도와 파키스탄이었지만 1971년 동파키스탄이 방글라데시로 독립하면서 지금은 방글라데시가 황마 생산의 대부분을 차지하고 있다. 일부 남아프리카, 멕시코, 중국, 대만 등지에서도 생산되지만 미미한 수준이다. 주로 곡물이나 설탕, 커피 원두, 목화 등을 포장하는 포대로 사용되고 있고, 황마로 만든 실은 포장용 끈, 다이너마이트 도화선에 사용되기도 한다. 우리나라에서는 재배하지 않는다.

아마

아마는 서구에서 오래전부터 사용해 온 섬유 소재이다. 가장 오래된 아마 섬유는 스위스의 어느 호수에서 발견되었는데 기원전 1만년 이전의 것으로 추정하고 있다. 기원전 3,000년에서 기원전 2,500년경에는 이집트에서도 재배했다고 하며, 미라를 싸는 데 사용된 아마 직물이 발굴되고 있다.

원산지는 소아시아이며 유럽에 전파되어 벨기에와 독일, 프랑스, 아일랜드가 아마 생산의 중심지가 되었고 벨기에산이 가장 품질이 좋다고 알려져 있다. 오늘날의 주산지는 러시아로서 전 세계 아마 생산량의 60~70퍼센트를 차지한다. 아마 섬유를 원료로 짠 직물을 리넨linen이라고 부른다. 《신약성서》에서 예수의 시신을 둘렀다고 나오는 천이 바로 리넨이다.

아마 섬유는 장력이 세고 수분 흡수와 발산이 빠르다. 고급스러운 광택이 있으며 열전도가 잘 되는 등의 장점이 많다. 유럽의 상류 사회를 중심으로 고정 수요층이 있어 상업적으로도 성장세가 꾸준히 이어지고 있다. 아마 씨는 식용으로도 우수한 가치를 지니고 있어 기름이나 식품 첨가제로도 유용하게 사용되기도 한다.

저마

전 세계 저마의 대부분은 중국에서 생산된다. 이 때문에 차이나그래스China grass라고 부르기도 한다. 일본, 인도, 우리나라 등에서도 재배하기는 하지만 생산량은 미미하다. 섬유가 가늘고 순백색이며 광택이 많아서 가는 실을 뽑기에 적합하다. 질기면서도 피부에 잘 달라붙지 않고 청량감이 좋아 견마(비단 같은 삼베)라고 부르기도 한다. 우리나라에서는 서산·한산 모시가 유명하다. 수공으로 실을 자아 제품을 만들기 때문에 가격은 고가이다. 여름 옷감으로 모시만 한 천연 직물은 찾아보기 어렵다.

대마

가장 오래된 작물 중의 하나로서 다른 섬유 작물과 달리 아한대로부터 아열대에 이르기까지 광범위한 지역에 걸쳐 생육하고 있다. 비교적 토양 조건을 가리지 않고 재배된다. 따라서 수많은 작물 중에서도 거의 유일하게 세계 전역에 분포하는 작물이다. 제초제나 살충제, 살균제 없이도 쉽게 재배할 수 있으며, 생육기간 역시 짧아서 섬유 원료로 사용할 경우 90~100일 정도 걸린다. 직물류, 식품류, 의료용, 종이, 화장품, 자동차 연료와 건축자재 등에 폭넓게 쓸 수 있어 활용 범위가 가장 큰 작물이다.

대마의 식물학적 분류

식물학적으로 대마는 쌍떡잎식물〉이판화식물〉쐐기풀 목〉삼 과에 속하는 한해살이풀이다. 한때는 뽕나무 과에 포함시켜 놓은 적도 있었다. 원산지는 중앙아시아로 알려져 있으며 세계의 전역에 걸쳐 분포한다.

　'칸나비스 사티바 엘Cannabis sativa L.'이라는 학명으로 통칭하고 있

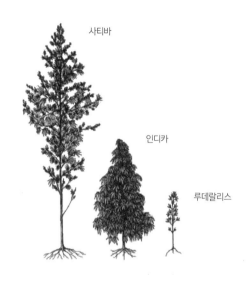

사티바

인디카

루데랄리스

대마(Cannabis sativa L.)의 종류

는 대마는 세부적으로는 칸나비스 사티바Cannabis sativa와 칸나비스 인
디카Cannabis indica 그리고 칸나비스 루데랄리스Cannabis ruderalis라는 서
로 다른 세 가지 종류로 나눌 수 있다. 서로 이종교배異種交配가 용이
한 대표적 식물로서, 종에 따라 키, 강인성 정도, 함유한 화학성분도
서로 다르다.

　사티바 종은 주로 온대 지방에 분포하고 있으며 키가 크게 자란
다. 잎은 뾰족한 편이다. 인디카 종은 이름이 시사하듯 인도, 중동,
아프리카 등 덥고 건조한 지역에 분포되어 있다. 키는 사티바 종보다
작고 잎은 비교적 넓은 편이다. 특히 대마가 마약으로 낙인찍히게 만
든 향정신성 성분 THC 함량이 사티바 종보다 많다. 주로 중앙아시아

에서 야생하는 루데랄리스 종은 키는 작지만 아주 강인하다. 러시아의 혹독한 겨울에도 살아남을 정도이다. THC는 거의 포함하고 있지 않다. 모든 대마 종은 적응력이 대단히 강하기 때문에 열대, 온대, 아한대에 이르기까지 재배할 수 있다.

식물을 분류할 때 종의 하위 분류 개념이 아종, 변종, 품종이다. 아종은 동일 종이기는 하지만 지역 분포나 형태가 다른 집단을 말한다. 인디카 종이 여기에 속한다. 변종은 장소 등 환경의 차이가 대대로 축적되면서 유전적으로 달라진 집단을 가리킨다. 루데랄리스 종이 여기 속한다. 품종이란 특정 목적을 위해, 즉 섬유 용도로, 종자 용도로, 또는 THC 함량을 높이거나 낮추기 위하는 등의 목적에 부합시키기 위하여 인위적으로 개량하여 일정한 절차와 심의를 거쳐 등록하고 관리하는 것을 말한다. 이렇게 개량된 대마의 품종은 헤아릴 수 없이 많다.

특히 산업 용도로 가장 많은 품종을 개발해 낸 나라는 프랑스이다. THC 함량이 0.2퍼센트에서 거의 0퍼센트에 가깝게 이르기까지 다양한 품종을 개발하여 대마 종자 수출을 가장 많이 하고 있다. 그 밖에 뒤늦게 시작했지만 자체적으로 산업용 대마 품종을 다수 개발한 나라로 캐나다, 중국, 소련 등이 있다.

산업용 대마를 인정하지 않는 우리나라에서는 대부분은 재래 품종을 사용하고 있으며 유일한 개발 품종으로 THC 함량을 0.34퍼센트까지 낮춘 '청삼'이 있다. 미국이 주도하고 유엔이 대마 재배 규제를 강화한 이래 세계적으로 대마를 재배하고 있는 나라는 30개

국가에 불과하다. 한국은 다행히 법적으로 대마를 재배할 수는 있으나, '마약류 관리에 관한 법률'에 의거하여 마약류로 분류되기 때문에 재배나 유통, 사용 등에 규제가 아주 심한 편이고 품종 개발 면에서도 대마를 재배하는 나라들 중에서는 가장 뒤떨어진 나라라고 할 수 있다.

반면 대마초를 비교적 자유롭게 사용하고 있는 유럽이나 미국에서는 THC 함량이 아주 높은 고급 마리화나용 품종이나, 마리화나의 향을 좋게 하는 품종 등이 속속 개발되고 음성적으로 거래가 이루어지기도 한다. 공식 기구가 아니라 개인이나 단체에서 은밀하게 개발하는 이러한 품종이 수백 가지에 이른다.

대마의 성상과 부위별 모양

대마의 성상

대마는 키가 크고 꼿꼿하게 자라는 1년생 식물이다. 지역과 환경, 품종, 토양 조건, 일장[日長] 조건, 재배기술에 따라 많은 차이가 있지만 우리나라에서는 3~4미터까지, 지역에 따라서는 6미터까지도 자란다. 섬유 원료로 재배할 경우에는 줄기를 최대한 곧게 해서 높이 자라도록 키우지만, 대마초용으로 재배할 경우 가지와 잎을 많이 얻기 위해 가지치기를 최소화하므로 1미터 내외로 키가 작다. 3월 하순에서 4월 상순경에 파종하는 데 파종 후 3~7일이 지나면 발아하기 시

작한다. 생육 초기에는 성장속도가 더디지만 생육 중기에는 하루 7
센티미터나 자란다.

낮의 길이와 대마 성장의 관계에는 양면성이 있다. 파종 후 두세
달의 영양생장[19] 기간에는 낮 시간의 길이가 밤 시간보다 길어야 왕성
하게 생육한다. 반면 그 후로는 낮 시간이 밤 시간보다 짧아야 생식
생장을 잘 하여 꽃 피우고 열매 맺기 좋다. 따라서 섬유 원료나 다른
산업용으로 재배할 경우에는 일장 영향이 크게 중요하지 않지만, 대
마초용이나 종자를 생산하기 위해 재배한다면 하지를 기준으로 파
종시기를 잘 선택해야 한다. 대개는 암그루와 수그루가 독립된 자웅
이주이지만 혹간 한 그루에 암꽃과 수꽃이 같이 피는 경우가 있기도
하다.

대마 줄기

대마의 지상부에서 줄기가 차지하는 비율은 60~70퍼센트에 이른
다. 대마를 듬성듬성 심으면 줄기의 밑에서부터 가지를 뻗지만 촘촘
하게 심으면 줄기의 꼭대기 부위에만 가지가 약간 나온다. 이러한 성
질 때문에 섬유용으로 대마를 재배할 경우에는 촘촘하게 파종하는
데 이때 줄기의 직경은 6~20밀리미터 정도이다. 대마초용이나 종자
용으로 재배할 때는 주당 간격을 상당히 띄워 심는데 이때 대마 줄기
의 직경은 3~6센티미터나 된다.

섬유용으로 빽빽하게 심을 경우 암그루는 생식생장기에 접어들
면 성장을 멈추지만 수그루는 개화기까지 계속 성장한다. 꽃가루의

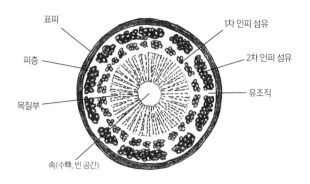

대마의 줄기 단면

날림을 좋게 하고 암그루에 대한 수분(꽃가루받이)작용을 용이하게
하기 위해서다.

대마 줄기의 표면은 세포를 보호하고 증발작용을 할 수 있도록
얇은 표피로 이루어져 있으며 골이 나 있다. 그 아래 피층皮層은 섬유
가 없는 얇은 세포층이며 여러 겹의 엽록소로 구성되어 있다. 그 다
음 층은 1차, 2차 인피부靭皮部와 유조직柔組織 섬유세포로 구성된다.

그 다음이 형성층形成層인데, 이 층을 경계로 바깥쪽이 인피섬유
조직, 안쪽이 식물체의 많은 부분을 차지하며 통상 속대라고 부르는
목질부로 나뉜다. 대마의 속대를 순수한 우리말로는 겨릅이라고 부
르며 방언으로 저릅이라고 말하기도 한다. 한자로는 마골麻骨이라고
한다. 대마 줄기에서 산업용으로 사용하는 부위는 형성층을 사이에
둔 인피섬유와 속대이다.

인피섬유의 평균 길이는 1.5~5.5센티미터고 평균 굵기는 18~25미크론이다. 섬유 길이가 다른 어느 식물체보다도 길기 때문에 섬유 원료로 매우 중시되며, 특히 고급 종이나 특수 종이는 대마 섬유를 가공하여 제조한다. 인피섬유의 인장강도는 수확 시기와 섬유를 분리해 내는 방법에 따라 차이를 보이지만, 대체로 593.92~1,073.72kg/N/G로 다른 천연섬유보다 강하다. 수확 시기와 섬유를 분리해 내는 방법에 따라 많은 차이를 보인다.

속대의 섬유 길이는 0.5밀리미터를 넘지 않는다. 따라서 속대는 제지 원료로는 중저가 종이 제조에만 사용되지만 대마 플라스틱, 건축자재 등 그 밖의 용도는 수만 가지나 된다.

대마 줄기는 셀룰로오스, 리그닌, 펙틴을 함유하고 있다. 인피섬유 속에는 다량의 셀룰로오스가 들어 있고 리그닌은 적으며, 속대에는 헤미셀룰로오스와 리그닌이 많고 셀룰로오스는 적게 들어 있다.

대마 줄기의 제일 안쪽은 빈 공간으로서 수髓라고 부른다. 중공中空이라고도 한다. 대마를 섬유 원료로 일찍 수확하면 수의 부피가 크고, 종자용으로 오래 재배해서 수확하면 목질부가 확대되어 수가 차지하는 공간은 줄어든다.

대마잎

펼친 손바닥 모양의 대마 잎은 잎자루가 길고 잎몸은 5~7개로 갈라져 있다. 잎몸 갈래는 폭이 좁고 끝이 뾰족하며 가장자리가 톱니모양이다. 위쪽 잎은 진녹색이며 아래로 내려갈수록 옅은 녹색을 띤다.

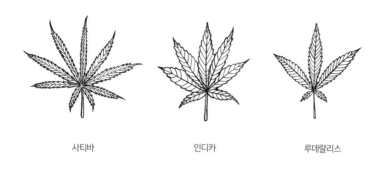

사티바   인디카   루데랄리스

대마 종류에 따른 잎의 모양

손가락 모양의 잎사귀 가운데 것이 5~15센티미터까지 자라고 폭은 1~3센티미터 정도이다. THC 성분이 많은 인디카 종의 잎은 비교적 넓은 편이며 상대적으로 THC 성분이 적은 사티바 종의 잎은 뾰족한 편이다.

영양생장기에는 대마 줄기에 있는 마디 사이가 20~40센티미터로 길어 잎이 드물게 나지만 생식생장기에는 마디 사이가 짧아진다. 특히 암그루의 경우는 마디 사이가 극도로 짧아져 0.5센티미터 이내로 되기 때문에 잎도 촘촘하게 발생한다.

대마꽃과 수정 과정

대마 암그루와 수그루는 모두 꽃을 피우는 데 꽃의 형태는 다르다. 수그루의 꽃은 비교적 긴 꽃자루에 성글게 달리며 가지와 곁가지가 있는 형태이다. 엽액에서 나온 꽃자루에 꽃이 달리는데 다섯 개의 꽃받침과 다섯 개의 수술로 구성된다. 수술은 가는 필라멘트 모양으로 위로 뻗어 있다.

암그루의 꽃은 꽃자루 없이 줄기 끝의 아주 작은 잎 사이에 촘촘히 맺힌다. 씨방은 한 개의 꽃받침에 싸여 있고 암술대가 둘로 갈라져 꽃받침 밖으로 나와 있다. 암그루의 꽃은 눈에 쉽게 띄지 않고 수그루의 꽃은 잘 보이기 때문에 수그루를 '꽃피는 대마'라고 부르기도 한다. 암수의 꽃 피는 시기도 서로 달라서 수그루의 꽃이 한 달 정도 먼저 핀다.

수정 시기가 되면 수대마 꽃에 있는 수술에서 수백만 개의 꽃가루가 나와 바람을 타고 날리다가 암그루 꽃의 암술에 붙게 된다. 꽃가루가 암술에서 접합을 마치면 암꽃은 기다란 관을 내어 씨방에 집어넣는다. 수정이 끝나면 암술은 곧 시들어 버리고 씨방은 부풀기 시작한다. 수정 과정에 걸리는 시간은 대개 15~20분 정도다. 수정이 성공하기 위해서는 온습도가 적당해야 한다.

꽃가루를 뿜어낸 수그루는 잎이 떨어지고 곧 말라죽기 시작한다. 그러나 암그루는 수정 후에도 2개월 정도를 더 살면서 열매를 맺는다. 암그루에 씨앗이 맺히기 시작하기까지 걸리는 시간은 수정 후 15~35일 정도이다.

대마의 THC 성분은 암대마의 줄기 끝에 달린 잎, 특히 암꽃송이에 집중되어 있다. 그런데 수정을 온전히 끝낸 암대마는 모든 영양 성분과 에너지를 종자 형성에 집중하게 된다. 따라서 수정이 이루어진 암대마에는 THC 성분이 높지 않다. 이러한 생리 현상 때문에 THC 성분이 높은 마리화나인 신세밀라²²sinsemilla를 만들기 위해서는 암대마가 수정되지 않도록 조처한다. 대마의 수명은 수대마가 4개월 내외, 암대마는 6개월 내외가 된다.

대마 종자

잘 익은 씨앗은 회색, 갈색 또는 암갈색을 띤다. 크기는 세로길이가 2~6밀리미터, 가로길이가 2~4밀리미터가 된다. 잘 수정된 대마에서는 수천 개의 종자를 수확할 수 있다. 종자의 모양은 계란형이며 세로로 두 줄의 골이 있다. 무게와 크기는 유럽 종이 대체로 작고 가벼우며 중국 종이나 우리나라 종은 비교적 무겁고 크다. 따라서 유럽 종은 섬유용으로 좋고, 우리나라 종은 씨앗으로 사용하기에 유리하다. 즉, 종자를 먹거나 종자에서 기름을 짤 경우에는 아시아 쪽의 종자가 유리하다고 할 수 있다. 그러나 유전공학과 기술의 발달로 용도별로 여러 품종을 개발하고 있기 때문에 산지별 종자 비교는 앞으로는 의미가 없어지리라 생각된다.

대마의 뿌리

대마 뿌리의 모양과 크기는 아주 다양하다. 배胚에서 주근主根이 나오고 주근에서 측근側根이 나와서 전체 뿌리를 형성하지만 개체별로 최종 모양과 크기는 많은 차이를 보인다. 토양 상태, 화학적 특성, 재배 조건, 재배 기간 등이 다르기 때문이다.

토질 등 토양 조건이 좋은 유럽에서는 주근은 2미터 이상까지 곧게 자라고 측근은 60~80센티미터까지 옆으로 뻗어나 식물체를

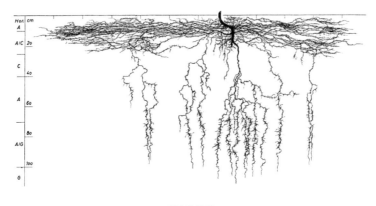

대마의 뿌리

지지한다. 유럽에 비해 대마 생육환경이 좋지 않은 우리나라에서는 주근이 대개는 30센티미터 이내로 자란다. 드물게 1미터 이내까지 자라는 경우도 있다. 뿌리가 전체에서 차지하는 비율은 8~15퍼센트 정도다. 땅속 깊이 뻗어 자라면서 토양 속에 공기와 수분을 공급하고, 수명을 다한 후에는 유기물을 공급하는 역할을 하여 토양의 비옥도를 높여주므로 다음 작물 생산에 유리하다. 실제로 대마를 앞그루로 해서 재배하는 다른 작물은 생산량이 증대된다고 한다.

대마의 부위별 장점과 활용

대마를 재배하는 목적은 주로 섬유, 기름, 잎과 꽃송이(수지)라는 세 가지 소산을 얻는 데 있다. 주목할 만한 사실은 각종 가공 제품의 원료로서 용처가 늘어남에 따라, 과거에는 부산물로 취급받았던 줄기 속대의 활용도가 근래에 들어서는 오히려 가장 높아졌다는 점이다.

대마 줄기의 겉껍질

대마 줄기로 만든 섬유에는 무수한 장점이 있다. 겉껍질의 인피섬유가 지닌 특징 때문이다. 이 장점을 살려 대마 산업을 활성화하면 다양하고 질 좋은 상품을 만들어낼 수 있다.

대마 줄기로 만든 직물은 면과 비교해도 수분 흡수력과 배출력이 스무 배나 뛰어나므로 여성 생리대 등 위생용품, 어린이옷, 등산복 등 스포츠 의류에 적합하다. 또한 섬유의 길이가 천연 섬유 중 가장 길고 가장 강하다. 면과 비교해도 두 배로 길다. 이 때문에 최고급 섬유나 고급 종이의 원료로 사용된다.

면과 비교해서 들 수 있는 또 하나의 장점은 환경에 유익하다는 점이다. 면화(목화) 재배는 토양과 환경에 많은 문제를 일으킨다. 농산물 중 농약을 가장 많이 사용하는 작물이고, 물 사용 요구 또한 큰 작물이다. 면직물을 마 섬유로 대체한다면 면화 재배 면적을 줄일 수 있고 환경 개선에도 이바지할 수 있다.

이렇게 볼 때 대마 인피섬유의 장점을 살려 다양한 제품을 개발한다면 면 제품을 완전히 대체할 수도 있다. 그러나 실생활의 편리성과 질감을 고려한다면 대마와 면 등의 다른 원료를 섞은 혼방 제품이 가장 활성화될 것으로 보인다.

그 밖에도 마 섬유에는 다음과 같은 장점이 있다.

- 항균성이 99.99퍼센트로 뛰어나 진드기, 곰팡이균 등의 발생을 억제한다. 탈취 효과 역시 우수하다. 이러한 장점을 살리면 아토피 환자 등의 피부질환을 예방하고 치료에 도움이 되는 의류를 개발할 수 있다. 양말, 속옷 등에 특히 좋다.
- 열을 잘 전달하므로 여름에 시원하고 겨울에 따듯하다.
- 원적외선 방사 능력과 음이온 방출 효과가 있다.
- 자외선 차단 기능(95퍼센트)이 있으며 전자파 억제 기능이 우수하다. 각종 전자 제품의 케이스나 화장품 원료로 사용할 수 있다.
- 난연성, 내열성, 내마모성이 우수하다. 카펫 등의 제품에서 기존의 유해 소재를 대체할 수 있다.
- 기공이 많아 여타 섬유보다 가볍다.
- 내수성耐水性이 강해 물기를 먹으면 더 강해지므로 해안에서 닻줄로 많이 사용되었다.
- 소금기에 강해 배에서 쓰는 밧줄 재료로는 최적이다.
- 기름기에 강해서(내유성耐油性) 공장 등의 장소에서 기름걸레로 오래 사용해도 잘 삭지 않는다.

대마 속대

대마 속대를 이용해 바이오플라스틱 제품을 만들면 일회용 플라스틱 제품을 완전히 대체할 수 있다. 가공 과정에서 아주 적은 이산화탄소를 배출할 뿐이고 생분해성이므로 재활용이 가능하다. 가공 과정도 간편하고 경제적이다. 차음, 단열, 방충, 소방 등의 효과도 뛰어나다.

대마 속대는 악기, 디자인 가구, 그릇 종류와 가방 등 심미적인 제품의 소재로 쓰기 좋다. 나아가 중급 종이 제조, 건축용 주·부자재(단열재, 흡음재, 보드 등), 비행기나 자동차의 패널 등 내장재, 비스코스 섬유, 대마 숯 또는 연료용 펠렛, 실내외 디자인 가구, 신발 깔창, 동물사육장 깔개animal bedding, 일회용 컵, 일회용 빨대 등 다양한 제품의 원료로서 전례 없이 활용범위가 넓어지고 있다.

대마잎과 암꽃송이

대마 잎과 암대마의 꽃봉오리에서 추출한 수지를 사용하여 치료할 수 있는 질병은 수백 가지에 이른다고 한다. 오늘날에는 질병 치료를 위해 과학적으로 증명된 THC, CBD 등의 화학성분을 이용한 약품을 개발하거나 식품 첨가제로 사용하고 있으며 대마초를 직접 흡연하기도 한다. 유흥이나 오락을 위해서 사용하는 대마초도 잎과 암꽃송이로 제조한다.

대마 씨

단일 식품으로 대마 씨만큼 인체에 유익한 식품은 찾기 힘들다. 대마 씨는 8종의 필수 아미노산과 함께 오메가6, 오메가3와 같은 불포화 필수 지방산 등 인체에 유익한 성분을 다수 포함하고 있으며 식물 섬유질이 많아 건강식품으로 사용된다.

대마 씨에서 짠 기름, 껍질 벗긴 대마 씨의 속살hemp heart, hemp

nibs, 대마 싹은 그 자체로 식용하기도 하고 각종 과자나 음료의 원료로 사용하기도 한다.

대마 씨의 기름은 또한 페인트, 바이오디젤 및 에탄올, 공업용 페인트 및 윤활유 원료로 활용되기도 하며, 각종 화장품과 바디 케어 제품의 원료로도 사용한다.

종자 육종

산업용 대마의 종자 개발에 특별한 관심을 기울여 육종 산업을 추진해 온 나라는 프랑스, 네덜란드, 헝가리, 루마니아, 중국 등이다. 최근에는 캐나다가 대단한 열정을 보이고 있다. 이 중 가장 오래 전부터 활발하게 육종 사업을 실시해 온 국가는 프랑스이다. 대부분의 유럽 국가에서 산업용 대마를 재배할 때는 프랑스에서 개발된 품종을 구입한다.

대마 재배가 금지되거나 까다롭게 허가하는 나라에서는 특성에 맞는 품종이나 재배기술 개발이 낙후된 상가다. 우리나라가 대표적인 경우라고 할 수 있다. 산업용 대마를 거의 국책사업 수준으로 장려하고 있는 중국은 대마 관련 세계 특허를 가장 많이 보유한 국가로, 600가지가 넘는 특허 중 과반수를 갖고 있다. 우리나라는 국제 특허가 한 건도 없다.

산업용 대마의 품종을 개발할 때 반드시 지켜야 할 기준이 THC 함량이 낮아야 한다는 것이다. 유럽은 대체로 0.2퍼센트 미만, 미국과 중국의 원난성, 캐나다는 0.3퍼센트 미만인 종자만 인정한다.

대마의 재배와 가공

대마 재배와 수확

대마 재배 방법은 용도에 따라 달라진다. 여기에서는 섬유나 종자용으로만 사용하고 있는 우리나라의 경우를 살펴보고자 한다. 우리나라에서는 법적으로 대마의 잎이나 꽃송이를 채취할 수 없다. 대마초로 활용되는 것을 예방하기 위해서다. 그러나 법으로 금지하기 이전에도 우리나라에서는 섬유용으로 대마 줄기만 사용하여 왔지 대마초용으로 잎이나 꽃을 가공하거나 사용한 적은 없었다.

섬유용으로 재배할 경우 직조할 원단 종류에 따라 파종하는 양이 달라진다. 굵은 베를 짜는 지역인 보성의 경우 단보당 3킬로그램으로 비교적 적게 파종하고, 가는 베를 짜는 안동의 경우는 단보당 12킬로그램 정도로 좀 더 촘촘하게 파종한다. 보성 지역보다 네 배나 많은 양이다.

일반적으로는 듬성듬성 심으면 줄기가 굵어지고 가지를 많이 뻗기 때문에 수확 작업이 힘들고 품질이 떨어진다. 또한 재배 중에 잡초 발생량이 많아 제초 작업을 해야 한다. 가뭄이 들거나 비가 많이 올 경우 수분 부족 또는 과습으로 피해를 입을 수 있다. 단보당 줄기의 생산량은 평균 2.8톤 내외이고 이 줄기로 만들 수 있는 섬유 양은 평균 200~210킬로그램 정도이다. 수확량은 지역에 따라 차이가 많지만 줄기의 길이와 굵기가 고를수록 많은 섬유를 생산할 수 있고 품질도 고르다.

농촌진흥청 목포시험장에서 실험한 결과, 종자용으로 심는다면 두둑 간 거리 1미터에 주 간 거리 30센티미터를 두는 경우에 가장 많은 종자를 생산했다는 보고가 있다. 이때 단보당 종자 생산량은 169킬로그램이었다.

섬유용 대마의 수확 시기는 6월 하순에서 7월 상·중순경으로 절기상으로는 소서 무렵이 되는데, 꽃이 피기 전에 수확한다. 너무 빨리 수확하면 섬유의 외관은 좋으나 장력(내구성)이 약하고 수확량이 적은 반면, 수확이 늦어지면 수확량은 많지만 섬유의 빛깔이 좋지 않으며 품질이 떨어진다.

대마는 아주 쉽게 타가수정 되는 대표적인 식물이기에 종별 특성을 유지, 보전하기가 매우 어렵다. 앞으로 산업용 대마 재배가 활성화될 경우, 만일 서로 특성이 다른 품종을 꽃이 피는 시기에 같은 밭이나 인근 토지에서 재배한다면 서로 타가수정이 되어 다음 해에는 고유의 특성을 유지한 대마를 생산하기 어렵다. 따라서 서로 특성이 다른 품종끼리는 완전 격리하여 재배해야 한다.

대마의 가공

삼 찌기

섬유용 대마를 수확한 다음에는 삼을 찌고 껍질을 벗겨야 한다. 일단 삼을 베어내면 단으로 묶는다. 묶은 단을 삼단이라고 한다. 삼단은 미끈하고 아름답다. "삼단 같은 머릿결"이라는 말이 여기에서 유래한다.

삼단은 곧바로 삼가마로 옮겨 쪄야 한다. 아궁이 위에 삼 찌는 틀(구대라고도 한다)을 얹은 다음 그 속에 삼단을 넣는다. 그리고 두꺼운 비닐을 덮은 다음 끈으로 꽁꽁 묶어 증기가 밖으로 나가지 못하게 하면서 쪄낸다.

과거에는 나무를 때어 삼굿이라는 전통방식으로 삼을 쪘지만 근래에는 삼가마를 주로 활용한다. 아궁이도 시멘트벽돌로 만들고, 나무 대신에 경유로 불을 때는데 화력이 나무보다 세고 온도를 조절하기 쉽다. 나무를 때서 삼을 찔 때는 열두 시간 정도가 걸렸지만 경유버너를 이용하면 6~8시간이면 마칠 수 있다. 삼단을 넣어 찌는 틀도 과거에는 나무로 만들었지만 근래에는 시멘트로 틀을 짜거나 아예 없애기도 한다.

피삼 벗기기

삼가마에서 쪄낸 삼단은 개울로 옮겨 물에 담가 열기를 식히고 물을 흡수시킨 후 건져내어 겉껍질을 벗겨낸다. 이 과정이 대략 열 시간 이상 걸린다. 벗겨진 껍질을 피삼이라고 부른다. 피삼 벗기는 작업은 신속하게 해야 좋은 원료가 된다. 벗겨낸 피삼은 줄을 매어 말리거나 교각 등에 걸어 골고루 말린다. 말린 피삼은 삼 제품을 만들 기본 원료가 된다.

제사와 직조

대마를 가공하는 전체 공정 중 가장 고도로 숙련된 기술과 많은 시간이 필요한 단계는 제사製絲와 직조 과정이다. 손톱이나 치아로 피삼을 가늘게 찢어 실을 만들 준비를 하고, 다음으로 삼 올의 끝과 끝을 길게 이어 삼실을 만든다. 그리고 베날기[23], 베매기[24], 베짜기를 거쳐 짜낸 베를 세척하고 착색하는 직조 단계로 이어진다.

민속과 전통을 유지, 계승하는 차원에서 전통적인 수확, 가공 과정을 보존하는 일도 필요하겠지만, 현재의 소규모 재배를 벗어나 앞으로 상업적 규모로 대마를 재배하고 가공 제품을 만들고자 한다면 수확, 가공 과정의 과학화와 기계화가 반드시 필요하다.

기계를 이용한 수확과 박피

대마를 대규모로 재배하는 나라에서는 수확과 가공 과정을 기계로 처리하고 있다. 수확 과정에서는 날붙이를 장착한 대형 트랙터로 짧은 시간에 많은 대마를 베어낸다. 베어진 대마 줄기는 침수처리retting를 위해 들판에 그대로 내버려둔다. 침수처리란 대마 줄기에 묻은 이슬이나 습기가 미생물과 상호 작용하여 대마의 겉껍질과 목질부 사이에 껌처럼 단단히 붙잡고 있는 화학적 결합물질(리그닌)을 녹이도록 만드는 과정이다. 이러한 처리 과정을 마치면 목질부에서 인피섬유를 쉽게 분리시킬 수가 있다. 유럽이나 캐나다 같은 나라에서는 이러한 과정을 거치지만 중국에서는 개울이나 호수에 침적시킨 후 박피하기도 한다. 중국의 방법은 공해를 많이 유발하는 단점이 있다. 침수처리가 끝나면 마른 대마 줄기를 큰 단으로 묶어 일차가공 장소로 옮긴 다음 역시 인력으로 인피섬유를 벗기거나 기계로 겉껍질과 속대를 분리한다. 자연 상태에서의 침수처리는 섬유의 질을 떨어뜨릴 수 있는 소지가 많다. 근래에는 침수처리를 생략하고 대형 박피기剝皮機를 활용하여 겉껍질인 인피섬유와 속대를 분리시키는 것이 일반적이다. 침수처리시보다 시간, 인력, 비용을 획기적으로 줄일 수 있을 뿐만 아니라 섬유의 질이 좋다.

대마 재배의 효과

토양의 비옥도 향상

대마는 윤작(돌려짓기)에 아주 적합한 작물이다. 재배기간이 짧아 후기작 재배가 용이할 뿐만 아니라, 대마의 뿌리는 토양 깊숙이 뻗어나가기 때문에 토양 구조를 개선하여 후기 작물이 생육하는 데 유익한 역할을 한다.

또한 대마는 토양 속에 있는 곰팡이 종류나 선충류 등을 감소시켜 후기 작물이 건강하게 생육토록 도움을 주기도 한다. 그리고 대마 재배 시에 무수하게 떨어진 잎이 거름 성분이 되어 토양의 비옥도를 높이는 데 기여하기도 한다. 따라서 대마의 후기작으로 재배한 작물은 생산량이 증가하는 경향이 있다. 우리나라에서는 통계가 없지만 유럽에서는 대마의 후기작으로 밀을 재배했을 경우 10~20퍼센트의 생산량 증가를 보였다고 한다.

더군다나 대마는 왕성하게 생육하는 작물이기 때문에 개간지에서도 재배할 수 있고, 특히 중금속 등으로 오염된 토양을 정화하는 능력이 탁월하기 때문에 어느 작물보다도 토양 개선에 유익한 작물이다. 구소련에서 체르노빌 원자력발전소가 폭발했을 때 핵물질로 오염된 토양을 개선하기 위해 대마를 심은 사례도 있다. 다만 중금속으로 오염된 토양에서 재배한 대마는 섬유용으로만 사용하되 그것도 의복용이 아니라 바이오매스, 펄프용, 건축용이나 공업용 합성 제품 등에만 사용하도록 해야 한다.

농약 없는 재배

대마를 재배할 때는 농약이 거의 필요 없다. 대마의 왕성한 생명력과 질병에 대한 저항성 덕분이다. 특히 섬유용으로 대마를 재배할 경우에는 더욱 그렇다. 대마의 성장 속도가 일반 잡초보다 빨라서 토양에 그늘을 드리우기 때문에 잡초가 자랄 여지가 없다. 따라서 대마는 어느 작물보다도 유기농 재배에 적합한 작물이기도 하다. 다만 종자용으로 대마를 재배한다면 생육 초기에는 제초 작업을 해야 한다. 종자용 대마는 간격을 넓혀 재배해야 하기 때문에 생육 초기에 대마보다 먼저 자란 잡초를 제거해야만 대마가 잘 자랄 수 있다.

　대마 관련 식품을 다양하게 출시하고 있는 캐나다는 대마 식용 기름, 대마 가루, 대마 맥주 등의 음료, 화장품 등에는 유기농 인증 원료를 사용하여 부가가치를 높이고 있다. 영국, 독일, 네덜란드 등지에서는 대마 재배에 아예 살충제 등을 사용하지 않는다.

농업 기능의 다양성

농작물을 재배하는 주된 목적은 인간과 가축에 필요한 식량과 사료를 공급하는 것이다. 그리고 그 다음으로 중요한 목적이 직물이나 가공제품을 만들 수 있는 재료를 생산하는 것이다. 대마 외에도 목화, 모시, 왕골, 수세미 등이 두 번째 목적으로 재배하는 식물에 해당한다.

그러나 석유를 기반으로 한 다양한 대체품이 나오면서 식용 작물이 아닌 농산물 중 넓은 재배 면적과 많은 노동력을 필요로 하는 작물은 거의 사라졌다. 현재 우리나라의 농업 생산물도 곡류와 채소, 과일 등 식용 작물이 대부분을 차지하고 있다. 이러한 농업 환경의 변화 때문에 날이 갈수록 농업의 입지는 협소해지고 경쟁력은 약해져 한계산업으로 내몰리고 있는 실정이다.

농업을 되살리기 위해서는 무엇보다도 식량 생산으로 한정되어가고 있는 농업의 기능을 다양화할 필요가 있는데, 대마 재배 확대가 그 돌파구가 될 수 있다. 대마는 대체 플라스틱이나 대체 연료를 포함한 5만여 가지 제품의 원료로 사용할 수 있는 식물이다. 따라서 대마 재배가 늘어나면 각종 제조업이나 에너지 산업 등 여타 산업과의 연계를 통해 농업의 기능을 다양화할 수 있다.

뿐만 아니라 쌀 생산이 과잉된 요즘 같은 상황에서, 부가가치가 높은 대마는 쌀 대신 재배하기 좋은 작물이다. 즉 농업 내에서 작목 간 균형 생산을 유도하여 농업 생산물의 가격지지 기반을 갖추는 데도 대마는 크게 기여할 수 있다.

대마와 대마초의 다양한 용도

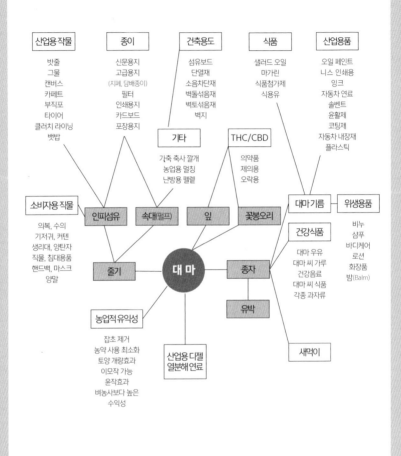

산업용 작물

밧줄
그물
캔버스
카페트
부직포
타이어
클러치 라이닝
뱃밥

종이

신문용지
고급용지
(지폐, 담배종이)
필터
인쇄용지
카드보드
포장용지

건축용도

섬유보드
단열재
소음차단재
벽돌섞음재
벽토섞음재
벽지

기타

가축 축사 깔개
농업용 멀칭
난방용 펠렛

식품

샐러드 오일
마가린
식품첨가제
식용유

산업용품

오일 페인트
니스 인쇄용
잉크
자동차 연료
솔벤트
윤활제
코팅제
자동차 내장재
플라스틱

THC/CBD

의약품
제의용
오락용

소비자용 직물

의복, 수의
기저귀, 커텐
생리대, 양탄자
직물, 침대용품
핸드백, 마스크
양말

인피섬유

속대(펄프)

잎

꽃봉오리

대마기름

위생용품

비누
샴푸
바디케어
로션
화장품
밤(Balm)

건강식품

대마 우유
대마 씨 가루
건강음료
대마 씨 식품
각종 과자류

줄기

대 마

종자

농업적 유익성

잡초 제거
농약 사용 최소화
토양 개량효과
이모작 가능
윤작효과
벼농사보다 높은
수익성

유박

**산업용 디젤
열분해연료**

새먹이

제4장 대마와 대마초

THC(tetrahydrocannabinol)

산업용 대마와 대마초용 대마

대마는 식물학적 분류로는 칸나비스 사티바 엘이라는 단일 종이지만 재배 방법이나 용도, 함유 성분에 따라 산업용 대마와 대마초용 대마로 구분할 수 있다.

자연 상태에서 자라거나 재배되는 대마에는 도취를 일으키는, 테트라하이드로칸나비놀tetrahydrocannabinol(THC)이라는 특별한 성분이 있다. 바로 이 성분이 세계 거의 모든 나라에서 대마를 불법화하여 단속하고 처벌하게 된 원인이다. 그러나 THC 성분 하나 때문에 재배를 금지하기에는 대마의 쓰임새가 너무나 다양하고 용도의 잠재력이 무궁무진하기에 과학자들은 대마에서 THC 성분을 아예 제거하거나 극히 미약한 양만 함유하는 품종을 개발해 냈다.

이렇게 생산된 대마는 오직 산업용도로만 사용되며, 사용 부위는 씨앗, 잎, 줄기, 뿌리 등이다. 특히 줄기의 인피섬유와 속대가 가장 많이 사용된다. 미국, 캐나다, 중국 등에서는 THC 함유량 0.3퍼센트 이하, 유럽연합 국가들은 0.2퍼센트 이하의 품종만을 산업용 대마로 사용할 수 있도록 법률로 정하고 있다. 이런 품종은 대마초처럼 가공하여 흡연하더라도 전혀 도취되지 않고 오히려 머리만 아플 뿐이다.

산업용 대마로 등록된 품종 이외의, 자연 상태의 대마나 THC 함량을 높여 개발한 품종은 모두 대마초용 대마라고 할 수 있다. THC 성분은 대마 식물체에서도 잎과 암대마의 꽃송이에 집중되어 있다. 따라서 대마초용 대마의 잎 또는 암대마의 꽃송이를 적절하게 말리고 가공 과정을 거쳐 용도에 맞게 조제하면 대마초가 된다.

거래되고 있는 대마초용 대마의 THC 함량은 대체로 10퍼센트 이상이고, 고급용으로 개발된 품종은 25퍼센트에 이르는 것도 있다. 재배 기술 발전에 따라 THC 함량은 계속 높아져 가는 경향이다. 현대 사회에서 대마초는 주로 유흥(도취) 목적으로 사용되는 것으로 알려져 있지만, 그 밖에도 병의 치료에 사용되기도 하고 간혹 특정 종파의 제의용으로 사용되기도 한다.

현재 우리나라에는 대마의 THC 함유량을 구분하고 관리하는 법이나 제도가 아예 없는 상태다. 즉 우리나라에서는 아직 산업용 대마와 대마초용 대마라는 개념 구분조차 하지 못하고 있다. 우리나라 일부 지역에서 재배되고 있는 대마에 함유된 THC 성분은 도취 상태에 이를 수 있는 수준이다. 따라서 줄기의 섬유를 뽑아 이용하기 위해 대마를 재배하고 있지만 잎과 꽃송이는 대마초용으로도 전용될 수 있다. 물론 우리나라에서 대마초 제조는 불법행위이다.

마리화나의 뜻은 '술 취한 상태'

대마초의 영어 이름은 마리화나^{marijuana}이다. 마리화나라는 단어가 공식적으로 세계에 알려진 것은 미국의 '마리화나 세금법^{Marijuana Tax Act}' 때문이었지만 어원은 포르투갈어에서 왔다. '술 취한 상태'라는 뜻으로, 이 말을 처음 쓰기 시작한 마리화나를 피우던 멕시코인들이 미국 남부 지역의 노동자로 대거 유입되면서 이 말도 미국으로 전해졌다.

오늘날 마리화나라는 이름으로 널리 알려진 대마초에는 인도 대마^{Indian hemp}, 해시시^{hashish}, 차라스^{charas}, 간자^{ganja}, 다가^{dagga}, 신세밀라^{sinsemilla} 등 수많은 다른 이름이 있다. 이름이 다르면서 성분 농도와 효과 또한 다르다. 그 밖에도 포트^{pot}, 그래스^{grass}, 멀^{mull}, 위드^{weed}, 돕^{dope}, 후치^{hooch}, 조인트^{joint}, 건자^{gunja}, 키프^{kif} 또는 케이프^{kef}, 리퍼^{reefer}, 콘^{cone}, 해시^{hash}, 스태시^{stash}, 로프^{rope}, 메리제인^{mary jane}, 로치^{roach}, 스컹크^{skunk} 등의 속어로 부르기도 한다. 일반인들이 잘 알아듣지 못하는 은어를 사용하는 이유는 마리화나를 소지하거나 사용할 경우 법적 제제를 받기 때문이다. 우리나라에서도 흔히 낄낄이, 풀, 담배, 로타리, 과부털(최고급 대마초), 마쟁이(대마 씨)등의 은어로 부르고 있다.

사용하는 방법에 따라, 지역에 따라 이름을 달리하기도 한다. 통상 마리화나라고 부를 때는 말린 대마 잎이나 말린 암꽃봉오리를 잘게 썰어 담배처럼 말아서 피울 경우이다. 이때 마리화나 한 개비를 보통 한 조인트joint라고 부른다. 해시시는 암대마의 꽃봉오리에서 추출해서 만든 갈색 수지를 말한다. 끈적끈적한 검은 액체로 된, THC 함량이 아주 높은 해시오일hash oil도 있다.

대마초로 음료를 만들어 마시기도 한다. 인도에서 주로 음용하는 대마 음료인 방은 보통 대마 잎을 우유 등에 혼합하여 마신다. 간자ganja는 암대마의 말린 꽃봉오리로 만드는데 방보다 강력해서, THC 함량이 해시시와 같다. 다가는 남아프리카에서 마리화나를 일컫는 말이다. 특히 THC 함량이 높은 신세밀라는 암대마가 수대마의 꽃가루를 받지 못하도록 조치하여 수정되지 않은 꽃봉오리를 말려 만든 것을 말하는데, THC 함량이 가장 높은 고급 대마초라고 할 수 있다.

대마의 화학적 성분과 대마초

몽롱하게 만드는 THC

대마에는 약 480가지의 천연 화학성분이 들어 있다. 대마 수지에는 이 중에도 특히 칸나비노이드cannabinoid라고 하는 100여 종의 화학성분이 들어 있는데, 다른 식물에서는 발견되지 않는 물질이다. 대마 수지는 대마의 잎과 종자를 둘러싸고 있는 암꽃송이의 포엽에 있는 분비돌기trichome에서 분비된다.

칸나비노이드 중에서도 가장 중요한 성분은 테트라하이드로

칸나비놀^{tetrahydrocannabinol}이다. 통상 THC라는 약칭으로 부른다. 그 밖의 중요한 성분으로는 칸나비디올^{cannabidiol}(약칭 CBD), 칸나비크로멘^{cannabichromene}(약칭 CBC), 칸나비제롤^{cannabigerol}(약칭 CBG) 등이 있다.

이 중 도취 작용을 일으키는 향정신성 성분은 THC 하나뿐이다. CBD에는 오히려 도취를 억제하는 효과가 있다. 뿐만 아니라 CBD는 진정, 진통, 항균 등의 다양한 치료 효과를 발휘하기 때문에 과학자들이 매우 주목하고 있는 물질이기도 하다. 근년에는 CBD만을 추출하여 의약품으로 출시하고 있으며, 특히 미국과 중국에서 의약품이나 식품 첨가제로 개발하려고 관심을 기울이는 물질이다. 대체로 마리화나용 대마에는 THC 성분은 높고 CBD 성분이 낮은 데 비해 산업용 대마에는 THC 성분은 아주 낮거나 미미하고 CBD 성분은 높은 편이다.

THC를 비롯한 이들 칸나비노이드는 고도의 지용성 물질이다. 즉 섭취할 경우 인체의 지방조직에 오랫동안 남는다. 대마초를 흡연하거나 섭취하였을 경우 THC의 50퍼센트 정도는 8일 동안이나 체내에 남아 있으며 3개월까지는 몸에서 그 흔적을 찾아낼 수 있다고 한다. 지속적으로 대마초를 사용하는 사람의 체내에는 THC가 저장되는데 특히 주로 고환, 간, 뇌에 축적된다. 물론 머리카락이나 손톱 등에서도 대마초 사용 흔적을 찾아낼 수 있다. 따라서 대마초 사범을 적발했을 때는 머리카락이나 손톱 등에서 그 증거를 확보하게 된다.

THC는 이스라엘 텔아비브대학의 미슐람^{Raphael Mechoulam} 교

수가 최초로 분석하고 분리하여 1964년 처음 학계에 보고했다. 이 THC가 몽롱하게 하는 물질임을 알게 된 사람들은 이후 품종 개발과 재배 방법의 발전, 조제 기술의 향상 등을 통해 THC 농도를 높이기 위해 부단히 노력해 왔고 사용 범위도 계속 확대하여 왔다. 유엔 마약위원회의 보고에 따르면 압수된 대마초를 분석한 결과 해가 갈수록 평균 THC 함량이 높아지고 있다.

근래에는 품질 좋은 대마초를 생산하기 위해 아예 수정되지 않은 암대마 꽃봉오리만으로 대마초를 만들고 있는 추세이다. 특히 꽃봉오리에 붙은 잎(포엽)을 잘 다듬어 골라낸다. 이런 방법으로 조제한 고급 대마초인 신세밀라에는 일반 대마초에 비해 여덟 배나 많은 THC가 들어 있다고 한다. 고급 대마초를 만들고 남은 잎은 버리거나 음식에 넣어 섭취하는 등의 용도로 저가에 판매하기도 한다.

THC는 대마의 어느 부위에 있는가?

1996년 우리나라 농촌진흥청 작물과학원 목포시험장에서 분석한 바에 따르면 재래종 대마의 부위별 THC 함량은 표1과 같다.

식물체 부위	잎	포엽	암꽃송이	수꽃송이	종실 · 줄기
함량(%)	표2 참조	2.5	3.7	1.7	미검출

표1. 한국 재래종 대마의 부위별 THC 함량

잎 위치	미전개엽	상위1엽	상위2엽	상위3엽	상위4엽
함량(%)	2.68	1.45	1.04	0.95	0.71

표2. 한국 재래종 대마의 잎 위치별 THC 함량

표1, 2에서 보듯이 한국 재래종 대마의 THC 함량은 암꽃송이 (사상체라고 부르는, 꽃 주변의 뽀송뽀송한 솜털 같은 부위)에 가장 많고, 다음으로는 줄기 상단부 끝부분의 펴지지 않은 어린 잎, 그 다음으로는 종자를 둘러싸고 있는 포엽(일종의 껍질)에 많다. 종실(씨앗)과 줄기에서는 아예 검출되지 않았다.

THC 함량은 기후, 풍토, 토양 조건, 품종, 재배자의 기술 수준 등에 따라서도 많은 차이를 보인다. 자연 상태에서는 인도 등 열대 지방에서는 THC 함량이 높게 나타나고 한국, 유럽 등 온대지방에서는 THC 함량이 낮게 나타난다. 유엔에서 발표한 부위별 THC 함량은 다음 표와 같다.

부위	암꽃봉오리	잎	줄기	뿌리
함량(%)	10~20	1~2	0.1~0.3	0.003 이하

표3. 유엔의 마약 및 범죄 위원회 자료에 보고된 부위별 THC 함량

기후 조건과 THC 함량

대마 수지에 함유된 THC 등의 칸나비노이드 성분은 곤충이나 동물,

강한 햇빛과 자외선, 곰팡이, 균류 등 외부로부터 종자를 보호하는
역할을 한다. 칸나비노이드 함량은 빛의 강도와 일장日長, 온도, 습도,
토양 상태 등에 따라 달라진다. 《욕망하는 식물》이나 대마 관련 잡지
인 《대마 문명Cannabis Culture》에 따르면 자연환경이 나쁜 곳, 즉 고도
가 높고 태양광의 자외선이 강한 곳에서 생산되는 것일수록 THC 등
의 함량이 더 높다고 한다. 또한 실험 결과 위도가 높은 지역일수록
THC 함량이 높은 것으로 나타났다.

습도 또한 중요한 요인이다. 습도가 높은 지역에서는 식물체 자
체는 잘 자라지만 THC 함량은 낮은 반면, 아주 건조한 지역인 아프
가니스탄에서 자라는 대마는 식물체는 작지만 THC 함량이 매우 높
은 것을 확인하였다.

우리나라나 유럽과 같은 온대 지역에서는 대마의 THC 함량은
적지만 식물체는 크게 잘 자라기 때문에 산업용 대마의 생산이 적합
하고, 덥고 건조한 지역은 THC 함량이 많은 의료용이나 오락용 대마
를 생산하기에 좋다.

고급 대마초는 실내 재배가 대세

유럽에서는 근래 실내 대마 재배가 성행하고 있다. 가장 중요한 이유
는 오락용이나 의료용으로 사용하는 대마초를 생산하기 위해서는
섬유용과 달리 꽃이 피는 생식 과정을 거쳐야하는데, THC 함량이 높
고 맛과 향이 서로 다른 다양한 대마초를 생산하기 위해서는 이 과정
에서 세심한 주의를 기울여야 하기 때문이다. 다음으로, 야외에서 재

배할 경우 당국의 감시망에 쉽게 노출될 수 있다는 이유도 있다. 마지막으로, 3개월 정도면 수확을 할 수 있을 정도로 재배기간이 단축된다. 야외에서 재배할 때보다 약 2개월 정도 단축할 수 있는 것이다.

미국의 경우 대마의 실내 재배는 개인에게도 별로 어려운 일이 아니다. 각종 대마 종자의 특성, 재배 도구와 재배 방법 등을 알리는 책이 서점에 깔려 있고 인터넷을 통해 필요한 정보를 쉽게 접할 수 있기도 하다.

최근에는 품질 좋은 암대마를 복제하여 재배하기도 한다. 따로 수대마를 가려낼 필요가 없고 20센티미터만 되어도 꽃을 피우는 등 실생 방식에 비해 효율성이 높다. 게다가 수확까지 걸리는 기간은 두 달로, 자연 환경에서 실생 재배할 경우의 1/3에 불과하다.

근래에는 미국이나 유럽 등지에서 허가받은 자에 한하여 의약 용도로 소량의 대마를 재배할 수 있기는 하지만, 대부분의 경우 대마 재배는 불법이다. 그러나 '수요 있는 곳에 공급 있다'는 시장법칙이 실정법을 뛰어넘어 기승을 부리고 있는 것이 일반적인 현실이다.

대마초 사용 방법도 여러 가지다

일반적으로 대마초는 담배처럼 피우는 경우가 대부분이지만 차나 음식에 혼합하여 섭취하기도 한다. 차로 우려내려면 한 시간 반 정도 걸린다. 음식으로는 대마초를 넣은 케이크나 스낵, 쿠키, 초코바, 대마초버터, 초코 케이크 등이 있다. 대마초를 음식이나 음료와 함께 섭취할 수 있는 조리법을 소개하는 '마리화나 요리책' 등도 쉽게 구할 수 있다.

대마초를 음식으로 섭취하면 효과가 바로 나타나지 않아 섭취량을 조절하기 어려운 데 비해, 담배처럼 피우면 몇 분 내에 효과를 느낄 수 있기 때문에 조절하기 쉽다. 대마초의 도취 효과는 대마초 소비량이나 THC 함유량 정도에 따라 다르고 개인 차이도 있다. 질이 좋은 조인트는 한 모금만 빨아도 효과를 느낄 수 있다.

도취에 이르게 하는 THC 양은 최소 0.5그램이면 되지만, 대부분의 THC는 연소 과정에서 파괴되고 피우지 않는 상태에서도 손실되기 때문에 대마초 중량으로는 1~3그램은 되어야 한다.

대마초의 향정신성 메커니즘

THC 수용체

대마초를 흡연하면 대마초 연기와 함께 THC 성분이 기관지를 거쳐 폐로 들어간다. 폐에 들어간 THC는 즉각적으로 혈류에 유입되어 뇌를 비롯한 신체 각 기관으로 운반된다. 뇌로 들어간 THC는 '칸나비노이드 수용체'와 결합한다.

'수용체'는 세포 외부에서 오는 물질이나 자극을 선택적으로 수용하는, 세포막 또는 세포 안에 있는 물질을 말한다. 즉 칸나비노이드 수용체는 혈류를 타고 들어온 THC의 자극을 인체가 받아들여 반응하도록 만드는 체내의 관문이다. 1988년 세인트루이스대학교의 의과대학 연구원인 앨린 하울렛Allyn Howlett이 발견하였으며, 면역 체계와 생식기 체계는 물론 뇌 전체에 걸쳐 다량 존재한다.

뇌 속의 칸나비노이드 수용체는 특히 대마초가 영향을 미친다고 알려진 정신 활동을 관장하는 부분, 즉 복잡한 생각을 담당하는 대뇌피질과, 기억과 관련된 해마, 운동을 담당하는 기저핵은 물론, 감정을 담당하는 편도핵 등에 몰려 있다.

흥미로운 사실은 뇌에서 THC 수용체가 전혀 발견되지 않은 부위가 있다는 점이다. 호흡과 혈압을 조절하는 등 자율신경을 담당하는 뇌간腦幹²⁶이다. 대마초가 인체에 미치는 독성이 놀랍도록 낮은 이유를 이 사실을 통해 이해할 수 있다.

인체의 칸나비노이드 수용체에는 두 가지 종류가 있다. CB1 수용체와 CB2 수용체이다. 대뇌와 소뇌, 그리고 중추신경계에 많은 CB1 수용체는 즐거움, 기억력, 사고력, 집중력, 감각과 시간 개념, 판단력, 조절 기능에 영향을 미친다. 소화 기관, 간, 폐, 신장과 눈 등의 조직에도 CB1 수용체가 있다. CB2 수용체는 백혈구, 골수, 편도선, 가슴샘, 비장 등 주로 면역 체계와 관련된 조직에 위치한다.

대마초를 피운 후의 반응과 THC 농도

대마초의 효과는 THC가 뇌의 수용체에 들어오자마자 나타나기 시작한다. 몇 분 내에 느낌이 오기 시작buzz해서 10~30분이면 정점인 도취high 상태에 이르고 더욱 고양되면 취한stone 상태에 이르게 되는데, 대마초가 인체에 미치는 영향은 길게는 3시간, 짧게는 한

대마초 사용 후 일반적인 증세

신체적 증세

충혈된 눈 / 입 건조증 / 마른 잎 냄새

미세한 눈동자의 확장(타인이 알아보기는 어려움)

행동에 나타나는 증세

식욕 증가, 특히 단것에 대한 강한 욕구

생각, 이해력, 기억력의 결함

산만한 행동으로 운동기능 저하

시간 감각의 혼란 / 졸리고 눈물을 흘림

감정적인 증세

고양된 감정(행복감, 황홀감) / 시시덕거림(실없는 웃음)

근심, 걱정, 스트레스의 이완

언어적 증세

언어대응의 이완 / 이치에 맞지 않은 언어 사용

미각, 청각, 후각, 시각, 촉각 관련 고양된 표현

("이런 맛 처음이야" "이 색깔 죽이네" "환상적이네" 등)

시간 정도 지속된다.

대마초 전문가들은 THC가 작용하는 단계를 느낌이 오는 단계 buzz, 약한 도취 상태mild high, 강한 도취 상태very high, 살짝 취한 상태 mild stoned, 많이 취한 상태very stoned, 너무 취한 상태stoned stoned로 세분화해서 표시한다. 뭔가 느낌이 오는 단계를 지나, 약한 도취 단계에서는 몸이 나른해지며 음악이 즐겁고 텔레비전 화면이 선명하게 보이며, 강한 도취 단계에서는 심한 나른함과 몽롱함을 느끼는 동시에 감각이 고양되고, 살짝 취한 단계에서는 창조적 생각이 떠오르고 식욕이나 사랑의 욕구가 커지게 된다. 많이 취한 단계에 이르면 동작이 이완되고 때로는 가상의 존재를 느끼기도 한다. 최고의 단계인 너무 취한 단계에 이르면 우주를 떠다니는 상태인 것처럼 느끼게 된다고 한다.

신체적 반응으로는 먼저 심장박동 증가를 들 수 있다. 대마초를 피운 후 몇 분이 지나면 심장박동이 분당 70~80회 정도로 평상시보다 20~50회 정도 빨라진다. 술의 다른 약물과 혼용한다면 심장박동은 더욱 증가한다. 또한 사용자의 입이 건조해지고 갈증이 나고 식욕이 증가한다. 혈압이 낮아지고 손의 떨림 현상이 나타날 수 있고 근육 이완으로 나른해지는 기분을 느끼게 된다. 추위를 약간 느끼기도 한다.

한편으로 THC가 뇌의 수용체에 들어가면 행복감 또는 도취감을 느끼게 되는 것은, 뇌세포를 자극하여 신경전달 물질인 도파민을 발산하게 만들기 때문이다. 그 결과 대마초를 사용하면 대체로 행복감과 함께 음과 색에 대해 증강된 감성, 시간 감각의 느슨함 등을 경험하게 된다. 그러나 시간이 지나면서 도취감은 사라지고 졸음과 침울함을 느끼게 된다. 경우에 따라서는 불안, 걱정, 두려움, 의심, 공황 증세를 느낄 수 있다.

대마초의 사용은 때때로 기억력, 주의력 전환 등에 부정적 영향을 끼친다. 또한 THC는 자세, 균형감각, 운동능력, 반응 속도 등에도 악영향을 미친다. 따라서 대마초를 피운 상태에서 운전 등 안전에 직결되는 활동을 하면 사고로 연결될 수 있다. 또한 과다하게 복용하면 환상, 환각을 느끼거나 자존감에 부정적인 영향을 미칠 수 있다.

이러한 증세들은 부분적으로 또는 복합적으로 나타나기도 하며 THC 함량, 개인적 특성에 따라 차이를 보인다. 자연 상태의 대마 잎을 대마초로 사용할 경우 THC 함량이 적어 도취 효과를 경험하지 못할 수도 있다.

대마초를 음식이나 음료에 섞어 섭취할 경우에는 THC가 위에서 혈액으로 흡수되어 간으로 운반되고 이어서 뇌를 비롯한 몸 전체의 각 기관에 운반된다. 이 경우에는 흡연할 때보다 흡수 시간이 오래 걸리기 때문에 반응 속도는 더 느리지만 지속 시간은 더 오래 간다.

대마초는 담배나 술보다 더 해로운가

세계보건기구의 마약류 정의

이쯤에서 대마초의 유해성에 대해 살펴보기로 하자. 담배? 기관지와 폐 기능을 약화시키는 것은 물론이고 신체에 온갖 질병과 암을 유발하거나 악화시키는 해로운 물질이다. 그러나 합법이다. 술? 취할 경우 본인에게 위험하고 사회적 해악(폭력, 음주운전 등 사고, 사회적 비용 소모 등)이 심각하다. 그러나 이 또한 합법이다.

그럼 대마초는? 담배나 술에 비해 금단현상을 초래하지 않으며 내성이나 의존성도 지극히 낮고 놀라운 약효까지 있는가 하면, 산업용으로 사용할 경우 수많은 제품을 만들 수 있는 이 기적의 식물은? 거의 불법이다. 국제적으로 마약으로 분류하고 있기 때문이다.

세계보건기구WHO는 1975년에 "마약류란 약물에 대한 욕구가 억제할 수 없을 정도로 강하고(의존성), 사용하는 약물의 양이 증가하는 경향이 있으며(내성), 약물 사용 중단 시 불안, 초조, 현기증, 구토 등 육체적 고통 증상(금단증상)이 있으며, 개인뿐만 아니라 사회에도 해악을 끼치는 약물"이라고 정의했다. 이 정의에 비추어 볼 때 대마초를 마약류로 분류하는 일이 과연 타당한가 의문을 갖게 하는 근거가 계속 발표되고 있다.

대마의 약물 위험성

1994년 미국의 국립약물중독연구소National Institute On Drug Abuse, NIDA의 잭 헤닝필드 박사Dr. Jack E. Henningfield가 발표한 약물별 위험 수치를 보자(표4). 이 보고서에 따르면 대마는 담배나 술에 비해서 의존성, 금단현상, 내성 등의 부작용이 거의 없다. 커피를 통해 카페인을 섭취할 때와 비슷한 정도의 영향을 받을 뿐이다.

물질	금단성	강화성	내성	의존성	독성
니코틴	3	4	2	1	5
헤로인	2	2	1	2	2
코카인	4	1	4	3	3
알코올	1	3	3	4	1
카페인	5	6	5	5	6
대마초	6	5	6	6	4

표4. 약물별 해악 정도 비교분석 (1이 가장 높고 6이 가장 낮음)

이 때문에 캐나다 상원은 "과학적 증거로 볼 때 대마초는 알코올보다 명백히 덜 해롭다. 따라서 대마초는 범죄로 취급하기보다는 사회적 과제나 공중보건 차원에서 다루어야 한다"고 주장했다. 또한 "대마초로 인한 외형적 비용 발생도 거의 없다. 대마초로 인해 죽음에 이르는 경우도 없고, 병원에 입원하는 경우도 없으며, 생산성 저하도 거의 없다. 대마초를 계속 금지하는 조치가 캐나다인의 복지나 건강에 미치는 피해는 대마초 그 자체의 영향보다 오히려 크다. 대마초 금지 정책을 수행하는 데 소요되는 비용 10~15억 달러도 또한 심각하게 고려해야 할 사항"[27]이라고도 했다. 결국 캐나다는 오락용 대마초 사용을 합법화했다.

대마의 사고와 범죄 위험성

유엔이 마약을 정의한 다른 기준인 '본인은 물론 사회에도 해를 끼치는 약물'이라는 면에서 보더라도, 대마초를 사용함으로써 발생하는 피해는 담배와 술로 인한 피해에 견줄 때 거의 없는 수준이라 할 수 있다. 세계보건기구에 따르면 전 세계 20명 중 1명(5.3퍼센트)이 술의 직간접 영향으로 사망했다고 한다. 술 때문에 목숨을 잃은 사람은 총 300만 명에 이르며 이는 에이즈, 폭력, 교통사고로 인한 사망을 모두 더한 것보다 높은 수치이다.

미국의 경우 술로 인한 사망자가 매년 8만 5,000명이라고 한다. 술로 인한 사고, 자살, 살인 등은 제외하고 오직 알코올 중독에 따른 간 손상으로 인한 사망자만 집계한 숫자이다. 술에 취한 상태에서 저지르는 범죄 또한 엄청나다.

우리나라에서 2016년에 발생한 살인, 강도, 강간 같은 7대 범죄의 25.6퍼센트는 술 취한 사람의 범행이었다. 특히 살인 피의자의 경우 절반에 가까운 45.3퍼센트가 술 취한 상태에서 범행을 저질렀다고 한다. 음주 후 범행이 차지하는 비율이 다른 나라보다 유독 높은 이유는 우리나라의 관용적인 음주문화와도 상관이 크다고 할 수 있다.

술로 인한 교통사고 또한 엄청나다. 미국의 경우 1982년 교통사고 사망자는 모두 4만 3,945명이었는데 이 중 음주 관련 사망자가 2만 6,173명으로 그 비율이 무려 60퍼센트에 이른다. 2008년에는 37퍼센트인 1만 3,846명으로, 2016년에는 28퍼센트인 1만 0,497명으로 줄었다.[28] 부상자는 매년 150만~170만 명에 이르고, 음주운전으로 체포되는 운전자는 100만 명에 이른다고 한다.

우리나라에서 음주운전 사고는 2017년에 약 2만 건, 사망자는 439명, 부상자는 3만 3,364명 발생했다고 한다.[29] 음주 때문에 사회 전체가 치르는 비용 손실은 거의 10조 원이다.[30] 주요 건강 저해 요인인 비만(9조 1,506억 원), 흡연(7조 1,258억 원)에 따른 비용 손실을 앞선다.

담배에서 연유된 질병으로 사망한 사람은 미국에서만 매년 43만 명, 전 세계적으로는 연간 600만 명에 달한다. 에이즈와 결핵, 말라리아로 인한 사망자를 모두 합친 것보다, 그리고 제2차 세계대전과 베트남 전쟁에서 사망한 미국인을 합친 사망자보다 더 많은 수치이다. 평균 수명도 흡연자가 비흡연자보다 13~14년 정도 짧다고 한다. 그런데 담배 관련 기업에서 담배 판매를 위해 지출하는 판매촉진 비용은 하루에만 3~4백만 달러에 이른다(2006년). 한편 미국에서는 커피 등의 카페인을 원인으로 해서는 일만 명이, 아스피린 등 진통제로는 7,500명이 죽는다고 한다.[31] 반면 대마초를 피우거나 섭취함으로서 발생된 공식적인 사망 사고는 없다. 그 밖의 사고도 미미하다. 알코올과 대마초를 같이 섭취했을 때가 아니라면.

《대마의 책The Book of Grass》의 저자 조지 앤드류George Andrew에 따르면 실제로 THC 수용체가 발견되기 90여 년 전인 1870년 무렵에 개에게 실험을 한 일이 있다고 한다.《미국약전United States Pharmaco-poeia》에서 치사량이라고 제시하는 기준에 따라, 다 큰 개에게 약 28그램의 대마초 추출물을 정맥주사로 투여했다는 것이다. 그러나 개는 하루 이상 기절한 채 있다가 깨어나더니 그 뒤로는 정상적으로 움직였다. 양을 달리해 가며 다른 개를 대상으로도 실험을 되풀이했지만 결과는 마찬가지였다. 아무리 많은 대마 추출물을 투여해도 실험 대상을 죽음에 이르게 할 수는 없었다는 것이다.[32]

오락용 대마초와 의료용 대마초

대마의 THC와 CBD는 많은 질병을 치료하는 귀한 물질이다. 과학과 연구가 부족했던 시절에는 오락용이냐 치료용이냐를 구분하지 않고 일반 대마초를 동일하게 사용한 경우도 있었지만 오늘날에는 용도에 따라 다양한 대마초가 개발되어 있으므로 주의해서 선택해야 한다.

대마의 치료 효과는 질병에 따라 다르다. 암 환자 치료와 통증 완화에는 THC 함량이 높은 대마초가 효과가 있지만 질병에 따라서는 CBD 함량은 높고 THC 함량이 낮은 대마초가 효과적인 경우도 있다. 따라서 의료용으로 대마초가 필요할 경우에는 반드시 의사와 상담하고 처방을 받아 본인의 질병에 적합한 대마초를 구매해야 한다.

오락용으로 대마초를 사용한다면 합법화된 나라나 지역일 경우 담배나 술처럼 자유롭게 본인이 원하는 대마초를 구매할 수 있다. 대마초를 오락용으로 사용할 경우에는 THC 성분이 많고 적음 이외에도 고려할 사항이 있다. 품종에 따른 차이이다. 헤드하이head-high라고도 하는 사티바 종은 즐겁고 긍정적인 마음과 창조성을 고양시키는 등 감성과 정신에 영향을 많이 주는 성질이 있어 낮 시간에 사용하기에 좋다고 한다. 인디카 종은 바디하이body-high라고도 하며 나른하고 평온한 기분을 유발하는 성질이 있어 밤 시간에 사용하는 것이 좋다고 한다.

치료 목적으로 사용할 경우에도 두 종은 서로 다른 효과를 보인다고 한다. 인디카 종은 염증, 다발성경화증, 녹내장, 만성통증, 수면장애 등의 치료에 좋고, 사티바 종은 정신적, 심리적 질병 치료, 즉 불안, 우울감, 주의력결핍증ADHD, 정서장애 등에 효과가 있는 것으로 확인되고 있다.

제5장 의약품으로서의 대마

의학과 농업의 창시자로 알려진 신농씨.

가장 오래된 의약품

2013년 8월 12일 미국 CNN방송은 대마초의 치료 효과에 관한 매우 의미 있는 다큐멘터리 〈위드Weed(마리화나의 다른 이름)〉를 방영했다. 신경외과 의사이자 CNN 수석 의학 전문 기자인 굽타Sanjay Gupta 박사가 세계 각지를 돌아다니면서 대마초의 치료 효과를 취재한 내용이다. 그는 평소 대마초에 부정적이었으며 더군다나 대마초의 의학적 효과는 전혀 믿지 않는 사람이었다. 그런 그가 세계 각지의 의료인과 대마 재배업자, 다수의 환자를 취재한 다음 대마초의 치료 효과에 대한 인식이 바뀌었다고 실토했다. "그동안 대마초의 장단점을 제대로 살펴보지 않고 반대론만 폈던 것을 사과한다" "특정 병세에는 대마초가 가장 효과적인 경우도 있고, 어떤 경우에는 대마초만이 유일하게 효과를 발휘한다" "우리들은 사실 미국마약단속국DEA에 의해 70여 년 이상 터무니없이 잘못된 인식을 갖도록 조직적으로 오도되어 왔다"고 굽타는 말한다.

이 다큐멘터리에는 뇌전증을 앓고 있는 샬럿이라는 여섯 살 소녀가 등장한다. 이 소녀는 매일 일곱 가지 약을 복용하였지만 1주일에 300차례나 일어나는 발작을 막지 못했다. 침술을 비롯한 온갖 치료 방법을 동원했지만 전혀 차도를 볼 수 없었던 소녀의 부모는 결국 현대 의학에 대한 기대를 접고 말았다. 그러나 대마초 추출물을 복용한 후에 소녀의 발작 횟수는 급격하게 줄어들었다. 1주일에 300회나 일어나던 발작이 한 달에 2~3회로 줄어들었다는 것이다.

신농씨와 대마초

사마천의 《사기史記》에는 "신농씨神農氏가 백 가지 약초를 맛보아 시험함으로써 비로소 의학이 시작되었다"는 내용이 나온다. 중국 전설 속 삼황오제 중 한 사람인 신농씨가, 지금으로부터 약 5,000년 전에 온갖 풀을 맛보아 약초와 독초를 구분하고 그 약초를 활용하여 백성들의 병을 치료했다는 것이다.

다른 기록에서는 농업의 아버지이자 의약의 창시자로 알려진 신농씨가, 암대마를 이용해서 변비, 통풍, 각기병, 말라리아, 류머티즘, 여성 생리통, 종기 등을 치료했다고 전한다. 여기서 '암대마'란 치료 성분이 집중되어 있는 암대마의 꽃봉오리라고 보면 된다. 신농씨가 지었다고 전해지다가 서한시대(1~2세기)에 비로소 집대성된 《신농본초경神農本草經》은 대마를 포함한 365가지 약초의 효용을 기술한, 중국에서 가장 오래된 약물학 서적이다.

치료용 대마초가 세계적으로 확산되다

인도, 중동국가들, 남동아시아, 남아프리카, 남아메리카 등의 나라에서도 대마를 의약품으로 사용했다. 고대 인도인의 의술과 장수법을 기록한 경전《아유르베다》에도 대마를 치료제로 사용한다는 내용이 나온다. 마약성 성분을 중화하고 약성은 강화하기 위해 다른 약초와 미네랄, 동물성분 등을 대마와 혼합하여 사용하는 것이 일반적 용법이었다고 한다.

치료, 유흥, 최음 목적의 방bhang 사용법 50여 가지를 기술한 10세기경의 자료도 있다. 방으로 치료하는 질병은 설사, 뇌전증, 정신혼미, 류머티즘, 식욕부진, 기관지염, 이질, 당뇨, 여성 생리통, 폐병, 천식, 통풍, 변비, 말라리아, 비장질환, 정신착란, 위염, 감기, 빈혈증 등 수없이 많았다. 이 외에도 수면제, 이뇨제, 혈뇨 치료제, 광견병 치료제, 피부병 치료제, 치질 치료제 등으로도 광범위하게 사용되었다.

중세 유럽에서도 대마는 아주 인기 있는 민간 치료약이었다. 특히 대마 씨를 달인 즙은 복통을 치료하거나 입이나 코 또는 다른 신체 부위의 출혈을 멈추게 하는 데 사용되었다.

19세기 서양의 의료용 대마

서양 국가들이 대마를 의약품으로 활발하게 사용하기 시작한 때는 1840년대부터였다. 한때 인도 캘커타 의대의 교수이기도 했던 오쇼너시W. B. O'shaughnessy, 1809~1889 교수가 대마를 소개하고 연구함으로써 의료계의 주목을 받게 되었다.

오쇼너시는 인도에서 지내는 동안 여러 가지 질병을 대마로 치료하는 현장을 관찰할 수 있었다. 그 이후 먼저 동물에게 사용해 안전성과 효과를 검증한 그는 광견병 환자, 류머티즘 관절염 환자, 뇌전증 환자, 파상풍 환자들의 치료에 대마로 조제한 약품을 사용하게 된다. 1839년에는 대마초를 알코올로 용해한 대마 팅크가 마취제 역할을 하며 근육경련 완화에도 효과가 있다는 사실을 발표하기도 했다.

1842년 인도에서 영국으로 돌아간 후 오쇼너시 교수는 스퀴어 Peter Squire라는 약제사와 손잡고 '스퀴어 농축액Squire's Extract'이라는 이름의, 대마초를 기반으로 제조한 약품을 개발하기도 한다. 통증 치료제로서 약국에서 판매하기도 했던 이 약품이 아마도 최초의 약국 판매용 대마 추출 약품이 아닌가 싶다.

대마가 미국의 약전에 등록되다

'틸든 농축액Tilden's Extract'은 미국에서 개발, 판매되던 대마 약품인데, 1850년대에 들어서는 유럽과 미국의 약전藥典에도 등록되기에 이른다. 당시 미국의 의사들은 두통, 구토, 불면증 환자들에게 대마초를 처방하곤 했다. 알코올 중독자에게는 대용품으로 대마초를 권유하기도 했고, 대마초 추출액을 최음제라고 해서 판매하기도 했다.

1860년에는 민스M' Meens 박사가 대마가 파상풍, 신경통, 생리통, 각종 경련, 류머티즘, 천식, 임질, 만성기관지염 등에 유용한 효과가 있다고 발표한 바 있다. 그 외에도 여러 의사들이 중풍, 이질, 자궁출

혈, 알코올 중독, 탄저병, 편도선염, 독사 물린 데, 문둥병, 편두통 등
에 대마가 효과가 있다고 보고했다. 민스 박사는 특히 대마가 식욕을
촉진하는 데 효과가 있음을 밝히기도 했다.

1887년에는 헤어H. A. Hare가 대마에 말기 환자들의 불안과 근심
등을 덜어 주는 효과가 있다고 밝혔다. 환자들에게 으레 나타나는 공
포감을 극복하고 편안한 마음을 갖게 하는 효과가 있다는 것이다. 그
는 대마에 아편처럼 진통 효과가 있음을 믿었다.

현대의학에 밀려나기 시작한 대마초

그러나 1850년대에 들어서자 의료용 대마초의 경쟁자가 나타난다.
피하주사가 발명되면서 진통제로서는 아편을 선호하게 된 것이다.
대마는 물에 녹지 않아 주사제로 사용할 수 없고 흡연하거나 음용해
야 하는 데 비해, 아편은 물에 잘 녹는 성질이 있어 주사제로 간편하
게 사용할 수 있기 때문이다.

19세기 말에 이르러서는 치료 목적의 대마초 사용이 더욱 줄어
들게 된다. 합성 통증 완화제인 아스피린이나 기타 합성 마취제 등이
개발되면서 이들의 사용이 상대적으로 늘어났기 때문이다. 이들 신
약은 화학적으로 안정되고 균일한 성분을 갖고 있기 때문에 의사나
환자들의 신뢰를 얻을 수 있었다. 반면 대마초는 재배하거나 자생한
풀을 조제해서 처방했기 때문에 약효의 일관성을 보장하기 어려운
단점이 있었다.

20세기 들어서면서 의술이 현저히 발전하고 효과 있는 새로운

의약품이 계속 출시되면서 대마를 의료 목적으로 사용하는 일은 더욱 감소하여 민간요법 수준으로 머물게 되었다. 더군다나 1937년 미국에서 '마리화나세금법'이 제정되자 대마를 재배하거나 유통하는 일은 거의 불가능하게 되고, 1941년에는 드디어 미국의 약전에서 사라지는 운명을 맞게 된다.

대마초의 약용 사용 금지

미국은 1970년 '약물통제법'을 제정하고 대마초를 의료용으로 사용할 수 없는 '스케줄I Schedule One'으로 분류하기에 이른다. 이에 따라 미국에서는 어떤 용도건 상관없이 대마초를 재배하거나 유통, 소지, 사용하는 일이 전면적으로 불법화된다.

미국은 자국 내에서만 이런 정책을 실시하는 데서 그치지 않았다. 유엔에서 '마약에 관한 단일협약'을 제정하는 데 앞장섬으로써 유엔에 가입한 모든 나라들이 이 협약을 비준하지 않을 수 없도록 만들었던 것이다. 그 결과 세계의 많은 나라들이 대마를 전면적으로 통제하는 국내법을 제정하게 된다.

최근 의료계의 대마초 사용

20세기 중후반에 들어서 대마의 의학적 효과가 새롭게 주목받기 시작한다. 그 요인 중 하나로 미국의 '마리화나세금법'이 전혀 과학적 근거 없이 야합과 음모에 의해 제정되었다는 수많은 자료와 책들이 출판되면서 대마에 대한 새로운 인식이 퍼지게 되었다는 점을 들 수 있다.

다음으로는 과학적이고 임상적인 연구를 통해서 대마의 수많은 치료 효과가 증명된 것이 지대한 관심을 끌었다고도 볼 수 있다. 굽타 박사가 보고한 것처럼, 현대 의학으로 조제된 합성 약품으로는 치료하기 어렵거나 치료를 할 수 없는 질병들에 대마초가 효과를 발휘하는 경우가 많아진 것이다.

다른 한편으로, 과거에는 손대기 어려웠던 각종 암이나 에이즈 또는 다른 치명적인 질병을 치료할 수 있게 되고 위험한 수술 후의 생존율도 계속 높아지고 있는 현대 의학의 상황도 작용했다. 수술과 그 후속 치료에 따르는 화학요법이나 방사선치료 과정에서 탈모, 메스꺼움, 식욕감퇴, 체중감소, 소모성 증후군 등 환자가 겪는 고통이 심각하다. 이러한 부작용을 극복하기 위한 대체수단으로서 대마·대마초가 새롭게 각광받기 시작한 것이다.

이에 따라 미국이나 유럽에서는 치료 목적으로 대마·대마초를 사용하는 경향이 자리 잡아 가고 있다.

대마 추출물을 이용한 신약

미국이나 유럽에서는 대마·대마초의 직접적인 사용을 금지하는 동안에도 대마에서 치료 물질을 추출하거나 대마의 성분을 화학적으로 합성하여 약품으로 개발하고 사용하는 사례가 늘어나고 있었다.

드로나비놀dronabinol(브랜드로는 마리놀Marinol), 나빌론Nabilon 또는 세 사메트Cesamet, 그리고 사티벡스Sativex 등의 브랜드가 있다.

이들 약품은 모두 대마의 THC와 CBD를 합성하거나 천연 대마에서 추출한 THC와 CBD를 주성분으로 하고 있다. 미국의 솔베이 Solvay 제약회사에서 개발한 알약 마리놀은 THC 성분을 합성한 약이다. 에이즈로 인한 체중 감소와 암 환자의 화학적 치료 후의 구토증을 완화하는 효과가 있으며, 2004년 한 해 매출액만 7,800만 달러에 이른다. 나빌론도 같은 방식으로 제조되어 마리놀과 같은 용도로 사용된다.

사티벡스는 영국의 GW 제약회사가 개발한 구강 스프레이 약으로서 천연 대마에서 추출한 THC와 CBD가 주성분이다. THC와 CBD의 비율은 1:1이며, 입안에 뿌릴 때 THC 2.7밀리그램과 CBD 2.5밀리그램이 분출된다. 다발성경화증에 의한 경련, 암으로 인한 통증, 신경통 등 만성 통증을 다스리기 위해 쓴다. GW사는 THC와 CBD를 추출하기 위해 정부로부터 매년 30톤의 대마초를 재배하고 생산할 수 있도록 허가받았다.

GW사는 또한 최근(2018년 6월 25일) 미국 식품의약국FDA으로부터 에피디올렉스Epidiolex라는 신약을 허가받은 바 있다. CBD를 주성분으로 삼은 이 약은 희귀 소아 뇌전증 치료약이다. 사용시 뇌전증 환자의 발작을 현저하게 줄여 준다고 한다. 이 약을 승인하면서 스콧 고틀리브Scott Gottlieb FDA국장은 "중요한 의료의 진전"이라고 평가했다. 2018년 11월 1일부터 미국 전 지역에서 합법적으로 판매하고 있다.

이 외에도 독일에서 개발된 칸나도르^{Cannador}라는 약은 특정 성분을 추출해 사용하지 않고 대마초 자체를 함유하는 캡슐형 약이다. THC와 CBD 함량 비율은 2:1정도이며 근육경직, 다발성경화증의 경련과 통증, 암 환자의 식욕 감퇴, 수술 후 통증 등의 증상을 완화하는 효과가 있다. 이들 대마의 성분을 합성하거나 추출하여 조제된 약의 매출액은 연간 10억 달러(약 1조 원)를 넘는다.

이들 대마초를 기반으로 한 약의 장점이라면 합법적으로 대마의 성분을 이용하되 천연 대마를 사용할 경우 섭취할 수 있는 대마의 미확인 성분을 섭취하지 않아도 된다는 점이다. 그러나 이들 약이 천연 대마보다 오히려 문제점이 많다고 주장하는 사람들도 있다. 마리놀 등 신약은 도취성이 강하며 천연 대마보다 가격이 매우 비싸다.

다른 성분과 함께 작용해서 시너지 효과를 발휘하는 천연 대마에 비해 특정 성분만 추출해서 만든 신약의 효과가 약하다거나, 천연 대마는 효과가 빠르고 쉽게 조절할 수 있는 데 비해 신약은 효과가 느리게 나타난다고 주장하는 사람도 있다. 이들 주장은 아직 과학적으로 확실하게 검증되지는 않았다. 특히 미국에서 대마는 '약물 통제법'에 따라 오랫동안 '스케줄 I'으로 분류되어 있었기 때문에 연구 행위조차 제한받아 왔다.

어쨌든 천연 대마를 치료용으로 사용하면 불법이고 대마에서 추출한 성분으로 만든 약은 합법이라는 사실은 모순이 아닐 수 없다. 미국의 많은 주와 유럽 나라들의 대부분은 이 모순을 극복해 내고 있다. 즉, 대마초를 약으로 사용할 수 있도록 법과 제도를 바꾸고 있는 것이다. 참으로 다행스러운 일이다. 사실 천연 대마를 약으로 사용하는 것을 금지하는 정책으로 이득을 얻는 것은 제약회사뿐이다. 이 상태가 지속되어야만 계속 돈을 벌 수 있는 제약회사들이 정치인들에게 무수히 로비 활동을 한다는 사실은 이제 공공연한 비밀이다. 혹자는 말한다. "커피열매에서 커피를 추출하여도 커피이듯이, 대마에서 추출한 성분으로 만든 사티벡스는 결국 대마일 뿐이다."

우리나라의 의료용 대마

2018년 7월 6일 검찰은 요리사인 이모 씨에게 마약류 복용 혐의로 징역 5년을 구형했다. 이 씨는 대마초를 소지하고 흡연한 혐의를 인정하면서 가정 문제로 우울증을 앓고 있다고 말했다. 이 씨의 변호사는 "정신과 의사인 피고인 어머니가 약은 먹지 말고 대마초를 피우라고 권유했다"고 주장했다. 대마초가 의료용으로 합법화된 나라나 미국의 여러 주에서는 이와 같은 경우 대마초를 처방하곤 한다. 대마초가 우울증 치료에 효과가 있음은 분명한 사실이기 때문이다. 그러나 우리나라에서는 엄연히 불법 행위이다. 의사인 이 씨의 어머니는 아마도 아들을 치료하기 위하여 법을 어길 것인가, 법을 지키기 위하여 알고 있는 지식과 정보를 무시해야 할 것인가 고민을 많이 했으리라 생각된다.

이러한 예는 더 있다. 뇌종양을 앓고 있는 4세 아들을 치료하기 위해 의료용 대마 오일을 구입했던 어머니에게 검찰은 징역 1년6개월에 집행유예 3년을 구형했고, 법원은 죽어 가는 아이의 엄마임을 고려해 6개월의 선고유예를 판결했다. 난치병 치료를 위해 대마오일을 반입하다가 세관에서 입건된 경우도 2018년에만 40건이었다.

그러나 다행히 2019년 3월 12일을 기점으로 상황은 일부 달라졌다. '마약류 관리에 관한 법률'과 동법의 시행규칙을 개정하여 시행함에 따라, 국내에서 허용된 의약품으로 치료하기 어려운 환자가 질병의 치료 등을 위하여 대마 성분이 들어있는 의약품이 필요할 경우 해외에서 구입할 수 있도록 제도를 변경한 것이다. 해외 구입이 허용된 약품명은 마리놀, 세사메트, 사티벡스, 에피디올렉스이다.

이들 약품을 구입하고자 할 경우 '한국 희귀·필수 의약품 센터'를 통하거나 환자 본인이 직접 식약청에 신청하면 된다. 신청시 국내 의료기관의 해당 질환 전문의가 발행한 진단서, 진료기록 및 의학 소견서를 첨부해야 한다. 상용 업체의 일반 수입이 제한되고 있기 때문에 국내 약국에서 구입할 수는 없다.

대마의 문자적 의미와 치료 성분

대마를 뜻하는 한자 '마麻'
대마를 뜻하는 한자 '마麻'는 집이나 헛간 등 구조물을 뜻하는 广 자 아래 대마 두 줄기(林)가 들어가 있는 모양이다. 즉 헛간의 서까래에 베어온 대마 두 줄기를 거꾸로 널어 말리는 모양이다. 이 글자로 보아서는 섬유 원료로서의 대마를 뜻한다고 보기 어렵다.

대마를 섬유로 가공하고자 한다면 베어낸 대마가 비나 이슬을 맞도록 그 자리에 널어놓음으로써 곰팡이균 등 미생물의 작용을 활용하여 겉껍질과 속대를 분리시키거나, 물속에 담가두었다가 박피하거나, 베어온 대마를 삼굿에 쪄서 가공할 준비를 한다. 비를 맞지 않게 대마를 건물 내에서 말리는 때는 오직 의료용이나 오락용으로 사용할 경우뿐이다. 이렇게 볼 때 麻라는 한자가 만들어지던 당시 중국에서는 대마의 섬유용 가치보다 약용으로서의 가치를 더욱 중요하게 인식하고 있었다고 추측할 수 있다.

麻 자가 들어가고 역시 '마'로 읽는, 다른 뜻을 지닌 한자를 몇 글자 더 살펴보자. '갈다' 또는 '부비다'라는 뜻의 摩 자는 麻 자 아래 手 자가 들어가 있다. 집안에서 말린 대마를 손으로 비벼서 부순다는 의미로 풀이할 수 있다. 대마초 수지를 만드는 과정을 설명한 글자가 아닌가 싶다. 다음으로 磨라는 한자는 돌에다 놓고 간다는 뜻으로, 아마도 말린 대마 잎이나 꽃봉오리를 돌 위에 놓고 갈아서 사용한 데서 나온 글자인 듯하다. 또 다른 글자로 '저리다'는 뜻을 지닌 痲 자를 들 수 있다. 즉 어지럽거나 저리거나 마비증세가 나타날 때 쓰는 한자이다. 대마를 피우거나 섭취함으로써 느끼는 어지러움을 뜻하는 글자로 사용했을 것이다. 마지막으로 귀신을 뜻하는 魔 자는 麻 자와 역시 귀신이라는 뜻의 鬼 자로 구성된다.《본초경》에 "다량의 대마 씨를 섭취하면 귀신을 보게 되고, 오랫동안 대마 씨를 섭취하면 귀신과 대화도 할 수 있다"는 내용이 나오는 것으로 볼 때, 대마초의

환각작용으로 인해 헛것을 볼 수 있는 현상을 설명하는 글자라 추측할 수 있다.

대부분의 학자들은 오랜 세월 많은 사람을 거치면서 만들어지고 사용했던 다양한 한자들을 체계적으로 정리한 시기가 기원전 3세기경인 진시황 때였을 것으로 본다. 그렇다면 麻 자나 麻 자를 포함하는 한자들은 그보다 훨씬 앞선 시기부터 이미 사용되고 있었다고 볼 수 있다. 이로 미루어 볼 때 인류는 역사시대 초기부터 대마의 약용 가치와 효과를 매우 중요시하고 있었음이 분명하다.

엔도칸나비노이드와 칸나비노이드 메카니즘

인체 내에서 자연 생성되며 생명 유지 활동에 필수적인 엔도칸나비노이드endocannabinoid라는 화학물질이 있다. 이 물질은 신경계와 면역계를 조절한다. 구체적으로는 감성, 기억력, 사고력, 집중력, 신체활동, 공간과 시간 개념, 식욕, 통증, 오감(맛, 감촉, 냄새, 청각, 시각) 등을 자동 조절하는 역할을 한다. 특히 CB1 수용체를 통해 작용하는 엔도칸나비노이드는 긴장을 풀어 주고 경련을 진정시키며 통증을 줄여 주는 역할을 담당한다.

건강한 사람은 체내에서 엔도칸나비노이드를 정상적으로 생성하여 이 시스템이 잘 작동된다. 그러나 선천적인 문제, 유해물질의 흡수, 환경오염, 질병 등으로 이 물질이 충분히 생성되지 않으면 여러 가지 질병이 생긴다. 또한 나이가 들어갈수록 뇌에서 엔도칸나비노이드가 생성되는 양이 감소하는데 이렇게 되면 뇌의 급격한 노화가 진행된다.

대마의 칸나비노이드는 인체에 있는 엔도칸나비노이드와 구조가 같다. 따라서 인체의 엔도칸나비노이드가 제 기능을 하지 못할 때 흡연, 음용 등의 방법으로 대마초의 칸나비노이드인 THC와 CBD를 투입해 주면 신경계, 면역계의 기능을 회복하도록 돕는다. 대마초의 예방과 치료 기능은 바로 여기서 연유한다.

칸나비노이드가 외부로부터 인체에 유입되면 엔도칸나비노이드 역할을 함으로써 뇌의 노화를 예방하고 인지 능력을 유지시키는 작용을 한다는 연구 결과가 이미 나와 있다.[33] 또 다른 연구는 CBD가 뇌의 용량을 키워 주고 두뇌 활동을 촉진하므로 노인성 치매 예방에 효과적이라는 사실을 보여 준다.[34] 동물실험 결과 THC가 암세포를 죽이거나 암세포의 크기를 줄이거나 암세포의 성장을 둔화시킨다고 규명하기도 했다.[35]

의료적 측면에서 보면 CBD가 THC보다 광범위한 질병에 효과가 있는 것으로 확인되고 있다. 다수의 의학 연구 자료들은 CBD가 류머티즘 관절염, 식욕부진, 다발성경화증, 운동장애, 만성통증, 구토증, 화학용법 처치의 후유증, 염증성 장질환 등의 증세를 완화시킨다고 보고하고 있다. 더군다나 CBD는 도취 현상을 불러오지 않기 때문에 미국에서는 CBD 추출액이 CBD 오일, 캡슐, 알약 등의 형태로, 약품은 물론 기능성 식품으로까지 제품화되고 있다. 심지어 THC와 CBD가 포함된 벌꿀, CBD가 함유된 껌 등을 시판 중이다. 이 제품들은 아직 FDA에서 허가한 제품은 아니지만, 전문 판매소는 물론 온라인을 통해서도 구매할 수 있다. 우리나라에서는 THC 나 CBD가 들어간 제품 일체의 판매와 구매가 불법이었으나, 앞서 살펴본 바와 같이 2019년 3월 12일부터 국내 의약품으로 치료할 수 없는 질병의 치료를 위해 몇몇 약품을 해외로부터 구입할 수 있는 작은 문이 열렸다. 일본은 CBD 제품의 광고를 허용하고 있다.

건강과 질병에 미치는 대마의 효과

대마를 사용하면 질병을 치료할 수 있을 뿐만 아니라 예방 효과도 얻을 수 있다. 대마초를 지속적으로 사용하면 녹내장, 편두통, 불면증, 스트레스 연관 질병 등은 절대 걸리지 않는다고 한다.[36] 또한 캘리포니아대학교 로스앤젤레스캠퍼스[UCLA]의 연구에 따르면 후천적 면역 결핍증[AIDS] 환자가 지속적으로 대마초를 사용할 경우 면역체계를 강화할 수 있다고 한다.[37] UCLA는 지난 20여 년간 대마초와 건강, 대마초와 질병 치료의 관계를 다양하게 연구해 온 대학으로 유명하다. 이처럼 질병 치료에 대한 대마 물질의 효과가 계속 입증되면서 치료용 대마 사용 합법화 추세는 세계적으로 확산되고 있다.

　　대마초를 치료용으로 사용하는 방법도 유흥 목적으로 사용하는 방법과 대체로 같다. 말린 대마초를 담뱃대에 담아 피우거나 담배처럼 손으로 말아 피운다. 대마초를 가루 내어 음료나 식품에 섞어 섭취하기도 한다. 타박상이나 화상, 피부 감염 등의 외상은 대마를 짓

이겨 습포를 만들어 환부에 접착해서 치료하기도 한다. 또는 알코올에 녹여 팅크제로 추출하기도 한다. 오일 제품 등도 다양하게 출시되고 있다.

여기서는 대마로 예방 또는 치료할 수 있는 주요 질병들과 그 효과를 살펴보고자 한다. 이들 정보는 모두 미국이나 유럽에서 발표된 것이다.

면역체계, 에이즈, 불면증

대마 씨는 인체에 필요한 필수 지방산과 필수 아미노산을 골고루 갖추고 있기 때문에 지속적으로 섭취하면 면역력 강화에 도움이 된다. 대마 씨나 그 기름은 인체 내에서 알부민과 글로불린을 생성하는 데 필요한 구성 물질을 제공하며 면역체계를 강화시켜주는 r-글로불린 항체를 증가시키는 역할을 한다.

에이즈는 면역체계 결함에서 기인하는 치명적인 질병이다. 이 환자들에게 공통적으로 나타나는 증상이 식욕부진과 체중감소로 인한 소모성증후군wasting syndrome이다. 그런데 에이즈 환자가 대마초를 사용하면 식욕이 살아나고 체중이 증가하여 활력을 되찾게 된다.

또한 대마초는 환자의 마음을 편안하게 하고 불면증 환자에게는 숙면할 수 있도록 도와준다.

메스꺼움과 구토증, 통증

대마초를 치료 목적으로 사용한 다양한 용도 중 가장 널리 적용된 용도가 두 가지 있다. 그 중 첫째는 메스꺼움과 구토를 완화시키는 것이었다. 암이나 기타 질환의 수술 후에 실시하는 방사선 치료나 화학적 치료에는 구역질이나 구토 등의 부작용이 따르는데, 대마에 이들 부작용을 완화시키는 효과가 있음이 입증되고 있다. 간염이나 임신에 따른 구토 증세에도 매우 효과적이라고 한다.

대마초는 각종 질병으로 인한 통증을 완화하는 약으로도 널리 사용되어 왔다. 대마초의 진통 효과는 특정 부위의 통증만을 대상으로 제한되지 않는다. 따라서 다발성경화증, 에이즈, 류머티즘 관절염, 암, 만성 장염 등 다양한 질병에 따르는 통증뿐만 아니라 두통과 편두통, 생리통, 신경통 등의 통증을 다스리기 위해서도 사용한다. 미국의 케네디 대통령이 만성적인 허리 통증을 완화하기 위해 대마초를 사용했다는 소문이 널리 퍼진 바 있다.

경련, 뇌전증

대마초의 또 한 가지 의학적 기능은 항경련 효과이다. 대마초를 흡연하거나 섭취함으로써 경련의 강도나 횟수를 현저하게 줄일 수 있다. 이 때문에 대마를 다발성경화증이나 척추 손상 등의 질병에 사용하면, 통증, 경련, 감각 둔화, 운동 실조 등의 증상이 개선되고 완화되는 것으로 많은 임상실험을 통해 알려지고 있다. 뇌손상에 의한 경련에도 효과적이라는 민간요법의 사례도 여럿 있다.

대마초를 뇌전증 환자에게 사용한 역사 또한 오래되었다. 대부분의 뇌전증 환자들이 효과를 보았다고 최근까지도 증언하고 있다.

굽타 박사는 CNN의 다큐멘터리 〈위드〉를 통해, 오랫동안 뇌전증을 앓아 온 어린아이의 증상이 대마 추출물을 사용한 후 현저하게 개선되었음을 보여준 바 있다. 2018년 11월부터 미국 전역에서 판매되는 에피디올렉스는 희귀 소아 뇌전증 환자용으로 FDA 승인을 받아 출시되었다. 주 원료는 대마에 함유된 CBD다.

녹내장과 시력

녹내장은 안압의 상승으로 인해 시신경에 이상을 초래하는 질병이다. 시야 결손을 일으키고 말기에는 시력을 상실하게 한다. 안압을 떨어뜨려 시신경을 보호하는 것이 주요 치료 내용인데, 치료한다 해도 완치를 기대하기 어려운 질병이다. 그런데 대마초를 흡연하면 안압을 25~30퍼센트, 경우에 따라서는 50퍼센트까지도 낮춘다고 한다. 그 밖에도 대마초는 시력을 향상시키는 작용을 해서 야간에도 비교적 밝게 볼 수 있게 만든다고 한다.

천식

천식이란 염증으로 기관지 점막이 부어오르고 기관지 근육이 경련을 일으키면서 기관지가 막히게 되어 숨이 차고 기침을 심하게 하는 증상이다. 대마초 흡연은 기관지 내 공기의 흐름을 원활하게 하며 천식으로 좁아진 기관지 통로를 팽창시켜서 더 많은 산소가 폐 속으로 들어가도록 돕는다. 결국 천식 증상을 개선하는 효과가 있는 것이다.

그러나 일부 환자들은 흡연할 경우 기관지에 자극과 불쾌감을 유발하므로 대마초 흡연이 좋지 않다고 주장하기도 한다. 그래서 천식 환자에게는 흡연시 연기를 식히고 유효 성분을 유지시키면서 불쾌감을 제거할 수 있도록 물파이프를 사용하라고 권장하고 있다. 대마초에서 THC와 CBD를 분리해 내, 목에 분사하여 기관지의 근육 경련을 완화하는 스프레이 방식으로 사용하면 더욱 효과적일 수 있다.

종양

종양은 인체 내의 어느 부위가 부풀어 오른 덩어리이다. 미국의 버지니아 의과대학에서는 악성이나 양성을 구분하지 않고 종양의 크기를 획기적으로 감소시키는 대마초의 효능을 발견한 바 있다.

신경성 식욕부진과 만성 건강 불량

대마초 사용이 식욕을 왕성케 한다는 것은 오래 전부터 널리 알려진 사실이다. 따라서 에이즈 환자, 암 환자, 만성 폐질환자, 알츠하이머 환자 등 제대로 식사를 하지 못하는 환자들이 대마초를 사용하면 식욕을 되찾고 만성 건강 불량에서 벗어나는 효과를 볼 수 있다. 건강한 사람이 오락 목적으로 대마초를 피울 경우에도 식욕이 왕성해지는 것은 물론이다.

성생활

대마초를 사용하는 대부분의 사람들은 대마초를 피우면서 성생활의 질이 좋아졌다고 말한다. 마스터즈앤존슨Master's & Johnson의 성연구팀은 1,000명의 대마초 사용자들을 조사한 결과 남성의 경우 83퍼센트, 여성의 경우 81퍼센트가 성적 감흥이 높아졌다고 대답했다고 발표했다. 조사에 응한 대부분의 사람들은 오르가즘이 더 강해졌다기보다는 몸 전체에 걸쳐 성감이 향상되었다는 데 동의하고 있다고 한다.

신체 표면에 대마를 사용하는 예

대마의 THC, CBD 등은 지방 친화성 물질로 분류된다. 세포막 속으로 침투되는 물질이라는 뜻이다. 이러한 성질을 이용하여 신체 표면에 사용하여 치료 효과를 기대한다. 이렇게 사용할 경우에는 원하지 않는 도취를 염려할 필요가 없다.

보통은 대마의 잎이나 암꽃봉오리를 짓이겨 그 즙을 관절의 통증 부위나 염증 부위, 상처 부위, 화상 부위, 류머티즘 등의 감염 부위 등에 습포로 붙이는 방법을 쓴다. 멕시코나 중앙아메리카 등지에서는 알코올에 담가 두었던 대마 잎을 통증 부위에 붙이는 민간요법이 전해오고 있다. 잎이나 꽃봉오리로 제조한 오일이나 연고, 팅크제 등을 관절통, 류머티즘, 습진 등의 치료제로 사용하기도 한다. 체코슬로바키아 과학자들은 몸의 상처나 귀, 코, 목 등의 감염을 치료하거나 화상의 통증을 완화하는 데 대마 잎이나 암꽃봉오리의 추출액이 효과적이라는 사실을 발견한 바 있다. 이 경우는 주로 CBD 성분이 효과를 냈다고 한다.

기타 질환

그 밖에도 대마초는 불안이나 우울증을 해소하고 심리 상태를 평화스럽게 안정시키는 역할을 한다. 이러한 효과는 때로 '죽어가는구나' 하고 절망하던 암 환자의 마음을 '암과 함께 살아가지' 하는 평온한 마음으로 바꾸어 놓는다고 한다. 자메이카에서는 집중력 강화, 의식 고양, 자신감 제고 등의 효과를 기대하여 간자를 명상에 활용하기도 했다.

대마초는 또한 항생제 역할을 하여 성병의 일종인 임질, 포진 등에도 효과가 있다고 한다. 이외에도 대마초가 수많은 질병에 치료 효과를 발휘한다는 보고가 이어지고 있다. 최근에는 대마초에 백혈병 치료 효과가 있다는 연구 결과도 발표되었다. 1970년대에 발표된 자료에서는 담배나 술을 끊고 대마나 대마초를 일상적으로 사용한다면 8년에서 24년까지 수명을 연장할 수 있다고 했다. 그러나 후속 연구는 불법이라 하여 금지당했다.

제6장 대마의 영양

대마 씨앗

고혈압, 당뇨, 심장병, 암과 같은 병을 과거에는 노인들이 주로 걸린 다 해서 '노인병'이라고 불렀다. 그러다 점점 중장년층 성인들에게서 도 발병 사례가 자주 나타나기 시작하면서 노인병 대신에 '성인병' 이라는 이름으로 바꾸어 불렀다. 그런데 시간이 더 지나 이러한 병이 어린이에게도 나타나기 시작하면서 소아 심장병, 소아 당뇨병, 소아 암, 소아 고혈압이라는 말이 나왔다.

결국 노소를 가리지 않고 발병하는 이런 병들을 이제는 현대병 이라고 부르게 되었다. 일본의 경우 생활습관병이라고도 부른다. 음 식섭취, 흡연, 음주 등의 일상생활을 어떻게 해 왔는가, 운동과 스트 레스 관리를 어떻게 해 왔는가에 따라 생겨나는 질병이라는 뜻이다.

현대병 또는 생활습관병이라는 새로운 명칭에 내포된 의미는, 건강을 유지하는 데 중요하게 작용하는 요소 중 한 가지가 영양 즉 음식 관리라는 점이다. 고대 힌두교 경전에는 좋은 먹거리의 중요성 을 갈파한 명언이 있다. "먹거리가 올바르지 못하다면 약도 소용없 다. 그러나 먹거리가 올바르면 약은 필요 없다."

이런 관점에서 지구상 어느 지역에서나 재배되면서 인간의 건강에 가장 유익한 식물을 한 가지만 꼽는다면 단연코 대마라고 할 수 있다. 잭 헤러Jack Herer, 1939~2010는 그의 저서 《벌거벗은 임금님The Emperor Wears No Clothes》에서 "지구상에는 먹을 수 있는 식물이 30여 만 종 이상 자라고 있다. 이 중 어느 식물도 대마의 영양성분을 따를 수 없다. 대마 씨는 인간의 영양에 가장 적합한 비율의 단백질과 지방을 함유하고 있다[38]"고 언급했다.

대마 씨의 성분

슈퍼푸드 대마 씨

인류는 아주 오래전부터 대마 씨를 그대로 요리하거나 볶거나 또는 기름을 짜서 사용하는 등 다양한 방법으로 식용해 왔다. 대마 금지 조치에 따라 식용 대마 씨도 사라지는 듯했지만, 최근 들어 겉껍질을 벗겨낸 대마 씨와 대마 씨 기름이 시중에서 다시 유통되고 있다.

1998년 캐나다가 THC 함량이 낮은 대마 품종의 산업용 재배를 허용한 이래 식품으로서의 대마 씨 소비는 급격하게 늘고 있는 추세이다. 대마 씨의 영양 가치가 새롭게 발견되고 건강에 대한 관심이 확산된 데 따른 결과이다. 오늘날 미국, 유럽, 호주, 뉴질랜드 등의 나라에서 건강식품 판매 코너에서는 으레 대마 관련 제품이 엔드 매대를 차지하고 있다[39].

영양학자들과 대마 씨를 사용해 본 소비자들은 대마 씨와 그 기름을 '완전건강식품super healthy food'이라고 부르기도 한다. 대마 씨를 상당 기간 복용하면서 그 효과를 직접 체험한 이들은 힐링푸드라는 별칭을 붙이기도 한다. 1일 적정 섭취량인 대마 씨 한 숟가락(약 30그램)에 함유된 영양 구성은 다음 표와 같다.

성분	함량	성분	함량
칼로리	166kcl	마그네슘	210mg
단백질	9.47g	칼륨	210mg
지방	14.62g	인	360mg
탄수화물	2.6g	아연	2.97mg
칼슘	21mg	엽산	33mcg
철분	2.3mg	비타민C, B군	소량

표5. 대마 씨 한 숟가락의 영양 분석[40]

필수 지방산의 보고

여러 영양소 중에서도 탄수화물, 단백질, 지방은 생명유지에 꼭 필요한 에너지원이다. 이 중 지방을 먼저 살펴보자. 모든 지방이 똑같이 인체에 유익하지는 않다. 지방은 포화 지방과 불포화 지방으로 나뉘는데, 포화 지방은 상온에서 고체 상태를 유지하는 지방으로 각종 심장질환을 유발하는 등 인체에 해로운 문제를 일으킨다. 반면 상온에

지방산 종류	중량(g)	지방산 종류	중량(g)
미리스트산	0.06	아라키딕산	0.35
팔미틴산	3.01	*감마리놀렌산	1.92
스테아르산	1.06	*리놀렌산-오메가3	8.56
*올레산-오메가9	5.25	스테아르도산	0.41
*리놀산-오메가6	27.67	비헤니산	0.12
CCA	0.41		

표6. 대마 씨(기름)의 지방산 분석표(100g 당)
* 표시된 것이 필수 지방산. 생산 지역이나 품종에 따라 약간의 차이가 있다. 출처: 중국운남대마공사

서도 액체 상태를 유지하며 식물성 기름과 생선 기름에 많은 불포화 지방은 면역체계를 강화하는 등 건강을 유지하는 데 매우 유익하다.

대마 씨와 대마 기름은 인간이 건강한 삶을 유지하는 데 반드시 필요한 불포화 지방인 필수 지방산과 함께 필수 아미노산을 다량 함유하고 있다. 필수 지방산과 필수 아미노산은 우리 몸에 반드시 필요하지만 우리 몸 안에서 생성되지 않아 몸 외부로부터, 즉 식품이나 영양보충제로 공급해야만 하는 영양 성분이다.

음식물로부터 섭취된 필수 지방산은 생명 에너지를 생성하고 활성화하는 중요한 역할을 맡고 있다. 만일 필수 지방산이 충분하게 공급되지 않으면 면역체계, 세포구조, 피부, 모발, 간, 심장, 순환기 등 인체의 중요한 장기나 건강 활동에 지장을 초래하고, 결핍 상태가 지

속되면 심각한 질병을 유발하게 된다. 대마 씨 기름의 필수 지방산 함유 비율은 81퍼센트로서, 72.5퍼센트를 함유한 아마 씨 기름보다도 높다. 반면 포화 지방 함유 비율은 약 8퍼센트 정도에 불과하다.

필수 지방산에는 리놀산(오메가6)과 리놀렌산(오메가3) 두 가지가 있는데 그 비율도 중요하다. 인체 내에서 시너지 효과를 일으켜 효율적인 신진대사에 기여하려면 리놀산과 리놀렌산이 2:1~5:1 사이의 비율을 유지하는 것이 가장 좋다고 한다. 그런 면에서도 대마 씨 · 기름의 영양 구성은 매우 훌륭하다. 대마 씨 · 기름은 리놀산을 51~62퍼센트, 리놀렌산을 19~5퍼센트 포함하고 있기 때문이다. 다른 어느 식물성 기름에서도 찾아볼 수 없는 최적 비율이다.

대마 씨 기름의 또 하나의 특성은 인체에서 아주 진귀한 역할을 하는 감마리놀레산gamma linolenic acid을 적은 양이지만 함유하고 있다는 점이다. 산모의 모유에서 발견되는 성분과 아주 유사한 이 성분은 인체의 성장과 발육에 중요한 기능을 담당하고 있다. 미국 메릴랜드 대학 의학센터는 감마리놀렌산에 대한 임상 및 예비조사를 실시한 결과, 당뇨, 안질환, 골다공증, 습진, 알레르기, 류머티즘 관절염, 주의력 결핍증, 알코올중독, 암, 체중감소, 고혈압, 심장질환, 궤양 등 질환의 예방과 개선에 도움을 준다고 발표한 바 있다.

대마 씨 이외에 감마리놀렌산을 포함하고 있는 식물은 몇 가지되지 않는다. 달맞이꽃 씨앗과 유럽에서 밀원식물蜜源植物 또는 향료로 사용되고 있는 보리지borage 정도이다. 해당 식물체의 필수 지방산 중에서 감마리놀렌산이 차지하는 비율은 대마 씨 기름이 2.5~3.5퍼센트인 데 비해 달맞이꽃씨 기름은 9퍼센트, 보리지는 무려 24퍼센트나 된다.

우리의 신체는 우리가 섭취하는 식물 중에 비교적 많이 포함된 리놀렌산을 감마리놀렌산으로 전환시키는 기능을 갖추고 있기는 하다. 그러나 대부분의 사람들이 이러한 기능이 아주 취약하거나 전혀 그 기능을 발휘하지 못한다고 한다. 스트레스, 알코올, 비타민과 미네랄 결핍, 리놀렌산 섭취량 부족, 다른 건강 조건 등이 주요한 원인이다. 따라서 인체 내에서 따로 성분을 변환시킬 필요가 없는 감마리놀렌산을 바로 섭취하면 건강에 큰 도움이 된다.

또 한 가지 특기할 만한 사실은, 모든 식물의 씨나 기름 중에서 오메가6, 오메가3와 감마리놀렌산을 함께 포함하고 있는 것은 오직 대마 씨뿐이라는 점이다.

필수 아미노산의 보고

단백질은 인체를 구성하는 성분이다. 근육과 머리카락, 뼈뿐만 아니라 헤모글로빈, 항체, 호르몬, 효소 등이 모두 단백질로 구성된다. 단백질을 구성하는 기본 단위를 아미노산이라고 하는데, 인체의 단백질을 구성하는 주요 아미노산에는 스무 가지가 있다. 그 중 인체가 생명활동을 유지하기 위해 꼭 필요하지만 인체 내에서는 생성하지 못하는 아미노산 여덟 가지, 만들기는 하지만 충분치 못한 아미노산 두 가지를 총칭하여 필수 아미노산이라 한다.

단백질은 지방이나 당과 달리 인체에 저장되지 않기 때문에 매

아미노산 종류	중량(g)	아미노산 종류	중량(g)
아스파르	3.09	*테로닌	1.05
세린	1.54	글루탐	5.61
프롤린	1.13	글리신	1.35
알라닌	1.30	*시스테인	0.57
*발린	1.47	*메티오닌	0.75
이소류신	1.15	*류신	2.04
티로신	0.94	*페닐알라닌	1.39
*히스티딘	0.82	*리신	1.13
*아르기닌	3.58	*트립토판	0.25

표7. 대마 씨·기름의 아미노산 분석(100g당)[41]
*는 필수아미노산

일 섭취해야 하는데, 필요량을 섭취하지 못할 경우 우리 몸에서는 근육이 감소하게 된다. 부족한 단백질을 충당하기 위하여 근육조직을 분해하여 사용하기 때문이다. 건강하게 생활하기 위해서는 특히 필수 아미노산을 음식물을 통해 충분하게 공급해야만 한다.

대마 씨는 단백질의 보고이다. 대마 씨 총중량의 25퍼센트가 단백질로 구성되어 있다. 겉껍질을 벗겨낸 종자에서는 약 33퍼센트를 단백질이 차지한다. 필수 아미노산 10종과 그 밖의 다른 아미노산도 풍부하게 함유하고 있는 것이다. 대마뿐만 아니라 대부분의 식물 종자가 필수 아미노산을 비롯한 단백질을 많이 함유하고 있다. 가장 많은 단백질을 함유하고 있는 식물 종자는 콩이다. 그리고 콩 다음으로 단백질 함량이 많은 종자는 대마 씨이다. 콩이 함유하고 있는 단백질 총량은 35퍼센트이다.

단백질 함량은 대마가 콩보다 약간 뒤지지만 대마 씨의 단백질이 콩 단백질보다 인체에 더 유익하다. 그 이유는 대마 씨의 단백질이 65퍼센트의 에데스틴edestin과 35퍼센트의 알부민으로 구성되어 있기 때문이다. 에데스틴은 인간의 혈액 속에서 발견되는 단백질 구성과 매우 유사하고 인체 내에서 소화흡수가 잘된다는 특성이 있다.

특히 대마 씨에는 콩에서 발견되는 올리고사카라이드oligosaccha-ride, 피틴산phytic acid, 트립신trypsin 성분이 없다. 올리고사카라이드는 종종 뱃속에 가스가 차게 하거나 속을 불편하게 만든다. 피틴산은 인체 내에서 미네랄 흡수를 저해하는 기능을 한다. 트립신은 효소 활성화를 저해하는 물질로서 단백질의 체내 흡수를 저해한다. 이 때문에 대마 씨의 단백질은 콩 단백질보다 소화, 흡수하기 좋다.

식이섬유의 창고

식이섬유는 건강한 장 내 환경을 유지하기 위해 반드시 필요한 성분이다. 당뇨, 비만, 변비 증세를 완화하거나 예방하려면 식이섬유를 많이 섭취하여야만 한다. 식이섬유에는 수용성 섬유와 불용성 섬유가 있는데, 특히 불용성 섬유는 장을 통과하면서 노폐물을 청소하는 역할을 한다.

오직 식물체를 먹음으로써만 섭취할 수 있는 식이섬유의 일일 섭취 권장량은 50세 이하 여성의 경우 25그램, 50세 이하 남성의 경우는 35그램이다. 그러나 미국이나 캐나다의 경우 성인이 하루 섭취하는 식이섬유 양이 15그램 정도로 매우 낮다. 한국인의 경우도 크게 다르지 않을 것이다.

식이섬유 섭취의 측면에서도 대마 씨는 우수한 식품이다. 중량 기준으로 볼 때 대마 씨의 30퍼센트는 식이섬유로 구성되어 있다. 그 중에서도 불용성 섬유가 80퍼센트를 차지한다. 대마 씨를 대마 가루 hemp flour로 가공할 경우 식이섬유의 비중은 42퍼센트가 된다.

하루에 대마 씨 50그램을 먹는다면 적어도 15그램의 식이섬유를 섭취할 수 있다는 뜻이다. 이는 일일섭취권장량의 50퍼센트가 되는 양이다.

풍부한 미네랄

대마 씨는 인, 마그네슘, 망간 등 미네랄을 풍부하게 함유하고 있다. 마그네슘을 포함한 여러 미네랄은 혈당 조절, 정상 혈압 유지, 신진대사와 단백질 합성에도 관여한다. 그중에서도 마그네슘은 근육과 신경 기능의 유지, 심장박동과 뼈의 강화 등을 관장하는 등 인체 내에서 300가지 이상의 생화학적 반응을 하는 것으로 알려져 있는데 음식을 통해서 섭취해야만 한다.

성분	함량
비타민E	90
비타민B1	0.4
비타민B2	0.1
인	1160
칼륨	859
마그네슘	483
칼슘	145
철분	14
나트륨	12
망간	7

표8. 대마 씨의 비타민 및 미네랄 분석(mg/100g)[42]

대마 씨와 건강

대마 씨·기름과 순환계 기능

대마 씨·기름에는 감마리놀렌산과 오메가3의 한 형태인 알파리놀렌산alpha-linolenic acid, ALA이 들어 있다. ALA는 혈중 콜레스테롤 수치를 줄이고 혈압을 낮추며 혈전을 감소시키는 역할을 하므로 고혈압과 심혈관 질환의 위험을 감소시킨다. 캐나다에서 1986년도에 시작되어 5만 1,529명의 건강 전문가가 참여한 실험 결과에 의하면 ALA가

1퍼센트 증가한 식품이 일반 심장병 발병 위험을 40퍼센트 정도 경감시킨다고 한다.

감마리놀렌산 역시 총콜레스테롤 수치와 나쁜 콜레스테롤인 저밀도 콜레스테롤LDL 수치를 낮추어 심혈관 질환의 위험을 경감시킨다. 또한 여성의 월경전증후군PMS과 폐경기증후군을 완화시키는 데도 효과적이라고 한다.[43]

대마 씨 기름에 있는 필수 지방산은 또한 혈전을 경감시킨다고 한다. 캐나다의 생보니파스St. Boniface 병원 연구소의 그랜드 피어스 박사Dr. Grand Pierce가 12주 동안 쥐에게 대마 씨를 투여한 결과, 혈액 내의 혈전 응집이 35퍼센트 감소하였다고 보고한 바 있다. 혈전은 심장으로 향하는 동맥에서 발생되면 심장병을 일으키고 뇌에서 발생되면 뇌졸중을 유발시키는 치명적인 물질이다. 대마 씨·기름을 섭취함으로써 순환계 기능을 강화할 수 있는 것이다.

대마 씨·기름과 염증

염증은 감염이나 상처에 대한 통제되고 질서 있는 인체의 반응이다. 붉은 색을 띠거나 부풀거나 열이 나거나 통증을 수반하기도 하는 등의 증상으로 나타난다. 심혈관 질환이나 비만, 당뇨, 암과 마찬가지로, 만성 염증도 연령과 연계된 질환의 일종이다. ALA는 대부분의 염증을 경감시키는 역할을 하고 감마리놀렌산은 류머티즘 관절염을 앓고 있는 환자의 증상을 상당히 개선하는 효과가 있음이 실험을 통해 확인되고 있다.

대마 씨·기름과 당뇨병

당뇨병은 신체가 인슐린을 제대로 생산하지 못하거나 적절하게 사용하지 못하는 질병으로서, 신경통을 유발할 수 있고 신경을 퇴화시키기도 한다. 통증과 무감각 증세로 피부궤양, 신체 절단, 실명, 성 불능까지도 유발하는 치명적인 질병이다.

400명의 환자에게 하루 480밀리그램의 감마리놀렌산을 3~12개월 투여한 결과 당뇨로 인한 신경통 증세가 호전되었음이 보고된 바 있다. 감마리놀렌산이 세포막 기능을 개선시킴으로써 신경이 정상적으로 활동할 수 있게 된다는 것이다.

대마 씨·기름과 항산화 기능

대마 씨는 어느 식품이나 기름보다도 많은 종류의 미네랄과 비타민을 풍부하게 함유하고 있다. 비타민E를 포함하는 이 성분들은 항산화 기능을 담당한다.

비타민E는 정상적인 신진대사로 인해 발생되는 활성산소free radical의 공격으로부터 체세포의 손상을 막아주는 역할을 한다. 각종 공해, 과도한 식품 섭취, 노화 등은 활성산소를 증가시키는데, 활성산소의 증가 속도가 항산화 기능을 초과하면 산화적 스트레스로 진화하게 된다. 대마 씨의 항산화 기능은 활성산소를 중화시키고 산화적 손상에 대한 방어기능을 강화시킨다.

대마와 무글루텐 단백질

글루텐은 밀, 호밀, 보리, 오트밀 등에 함유된 일반적인 단백질 성분이다. 글루텐이 들어간 식품을 계속 섭취하면 소장의 벽이 손상되고 이로 인해 면역반응에 이상을 일으켜 만성 소화 장애가 발생도 한다. 밀을 원료로 한 식품을 많이 먹는 미국인의 경우 2,500만 명 이상이 만성 소화 장애가 있다고 한다. 대마 씨에는 글루텐 단백질이 포함되어 있지 않기 때문에 많이 먹거나 오랜 기간 섭취해도 이로 인한 소화 장애는 없다.

대마 씨와 피부 건강

대마 씨·기름은 피부의 노화현상을 억제한다. 지방, 특히 필수 지방산이 결핍되면 급속하게 피부가 건조해지고 습진 형태의 피부 트러블이 발생하게 된다. 필수 지방산의 부족 현상이 장기간 계속되면 피부 홍반, 피부 수축, 피부염, 부종, 가려움, 탈모 등이 발생할 수 있다.

대마에 많이 함유된 필수 지방산은 피부가 처지는 현상이나 피부의 수분 손실을 막아 주는 역할을 한다. 특히 ALA와 감마리놀렌산은 피부의 염증을 경감시키고 전반적으로 피부를 부드럽고 윤택하게 만드는 역할을 한다. 또한 대마 씨에 많이 함유되어 있는 비타민 E는 활성산소에 의해 피부와 머리털이 손상되는 작용을 억제하는 것으로도 알려져 왔다.

이 때문에 대마 씨·기름으로 만든 샴푸, 컨디셔너, 핸드·바디 로션, 마사지 오일, 보습 크림, 입술 연고 등 바디 케어 제품이 다양하게 출시되고 있다. 캐나다가 대마 씨와 기름을 원료로 한 수많은 화장품을 출시하는 대표적인 국가이다.

대마와 피토스테롤

피토스테롤은 식물이 자연스럽게 만들어내는 식물성 화학물질이다. 인체가 여러 가지 신진대사를 위해 콜레스테롤을 생산하는 것과 마찬가지로 식물도 피토스테롤을 생산한다. 인체의 콜레스테롤 구조와 유사하며 대마 씨 기름에 다량으로 함유된 이 성분은, 인체 내에서 콜레스테롤 함량을 낮추는 역할을 하고 혈류의 흐름을 원활하게 만든다.

이외에도 필수 지방산이 많이 포함된 대마 씨·기름을 지속적으로 섭취할 경우 피로 회복, 에너지와 스테미나 증진, 체중 감량, 상처와 부상의 신속한 회복, 월경 전 기분변화 조정, 설탕이나 정크푸드에 대한 욕구 감소, 인체의 각종 기관과 내분비 기능 향상, 두뇌 기능 향상 등의 효과가 있다고 알려져 왔다.

대마 씨·기름 섭취 방법

겉껍질을 제거한 후 대마 씨 알갱이를 쪼개어 사용

대마 씨를 섭취하고자 할 때에는 겉껍질을 완전히 벗겨낸 후 물에 깨끗이 씻어 사용해야 한다. 잎이나 꽃봉오리로부터 묻어온 THC를 부

성분	함량
칼로리	567kcal
단백질	30.6
탄수화물	10.9
지방	47.2
(포화지방)	(5.2)
(불포화지방)	(42.0)
콜레스테롤	0
수분	4.7
회분	6.6

표9. (껍질 벗긴) **대마 씨의 성분분석표**(100g) 출처: 위키피디아

지불식간에 섭취할 가능성을 방지하기 위해서이다. 대마 씨를 상품으로 생산하지 않고, 껍질 있는 대마 씨의 유통을 제한하는 우리나라에서는, 껍질 벗긴 대마 씨 제품만이 수입, 유통되고 있기 때문에 크게 신경 쓸 문제는 아니다.

껍질 벗긴 대마 씨를 통상적으로 우리나라에서는 헴프씨드hemp seed, 캐나다에서는 헴프하트hemp heart고 부르는데, 국내에서는 주로 캐나다나 중국에서 수입하여 판매되고 있으며 다양한 음식 재료로 활용할 수 있다. 일본 동경에는 대마 전문 음식점도 있다. 우리나라에는 아직 없다. 아래에 소개하는 활용법은 주로 가정에서 사용할 수 있는 방법이다.

- 밥에 한두 숟가락의 대마 씨를 넣어 먹는다. 단, 쌀과 함께 밥을 짓는 것은 피하는 것이 좋다. 필수 지방산은 열에 약해 파괴되기 때문이다.
- 각종 샐러드나 드레싱용으로 토핑하여 먹는다면 맛과 영양이 증가한다.
- 스무디나 요구르트 등에 한두 스푼의 대마 씨를 넣어 먹는다.
- 라면, 국이나 찌개를 끓인 후 1인분 기준 한두 스푼을 넣어 보시라, 맛이 그만이다.
- 시리얼이나 그래놀라에 대마 씨를 넣어 마신다.
- 밀 싹, 보리 싹 등의 즙을 낼 때 대마 씨를 넣으면 맛과 향이 더욱 좋다.
- 우유, 두유를 마실 때 대마 씨를 첨가하면 맛과 영양이 배가 된다.
- 각종 과일이나 채소를 믹서에 갈아서 즙으로 마실 경우 대마 씨를 함께 갈아서 마시면 맛과 영양이 훨씬 좋아진다.
- 샌드위치, 피자, 햄버거 등에 첨가하면 금상첨화다.
- 파스타, 빵, 과자, 냉동식품, 맥주 등 가공식품에 사용한다.
- 대마유hemp milk로 만들어 먹는다. 먼저 믹서에 물을 두세 컵 붓고 껍질 벗긴 대마 씨 한 컵을 넣은 다음 믹서를 작동시킨다. 충분히 갈아지면 베보자기로 짜내어 기호에 따라 약간의 소금, 꿀이나 조청, 시럽 또는 요구르트를 첨가하면 영양 만점, 맛과 향도 만점인 대마유가 된다. 여기에 약간의 과일이나 채소를 곁들인다면 아침 식사로 충분하다. 콩을 먹으면 속이 더부룩한 사람, 우유를 마셨을 경우 설사, 장

팽만으로 가스가 차 복통을 일으키는 유당불내증인 사람이나 알레르기를 일으키는 사람, 계란이나 우유도 먹지 않는 엄격한 채식주의자vegan들에게는 대마유가 최선의 대안 식품이다.

- 서양에서 헴프씨드를 활용하는 요리는 그 밖에도 머핀류, 쿠키류, 에너지 볼, 대마와 피넛버터, 초콜릿, 헴프버터, 푸딩류 등 수십 가지에 이른다.

대마 씨 가루로 활용

껍질 벗긴 대마 씨에서 기름을 추출한 후 남은 찌꺼기를 가루 내어 밀가루처럼 사용할 수 있다. 시중에 헴프 파우더hemp powder 또는 헴프 단백질 분말hemp protein powder로 판매되고 있다. 이 분말을 이용하여 마가린이나 땅콩버터처럼 가공한다. 또는 밀가루로 만드는 모든 음식에 밀가루와 혼용하면 영양가를 높일 수 있다. 국내에서는 주로 캐나다에서 수입한다.

발아시켜 대마 싹을 식용

밀 싹이나 채소 종자의 싹을 틔우는 것과 같은 방법으로 대마 씨의 싹을 틔워서 이용한다. 모든 식물은 싹이 트면서 비타민, 효소, 엽록소, 항산화제 등의 성분이 새롭게 만들어져 최고 함량을 갖추게 된다. 마찬가지로 대마 씨로 싹을 틔우면 영양가도 높아지고 나아가 소화력을 좋게 하고 섭취량을 많게 하는 이점이 있다. 건강효과가 매우 높아진다. 또한 발아시키기 위해 물에 불린 대마 씨는 껍질을 벗기기도 쉽다. 씨 1킬로그램으로 싹 3~4킬로그램을 생산할 수 있다.

이렇게 만들어진 대마 싹은 샐러드, 샌드위치, 비빔밥 또는 녹즙 등의 재료로 활용할 수 있다. 또 대마 싹을 동결건조한 후 가루로 내면 휴대하기 편리하다.

그러나 우리나라에서는 온전한 대마 씨(종자)의 일반 유통을 엄격하게 규제하고 있기에 대마 씨를 발아시켜 식용하기는 현실적으로 불가능하다.

대마 씨를 통째로 먹는 방법

살짝 볶아서 소금기나 양념을 가미하여 일반 스낵처럼 먹을 수도 있으며, 볶은 대마 씨나 가루로 가공한 대마 씨는 빵, 케이크, 쿠키, 대마 바bar 등으로 제품화할 수도 있다. 역시 우리나라에서는 적용하기 어렵다.

대마 씨 기름 이용

다른 식물성 기름처럼 조리할 때 사용할 수도 있고 하루에 한두 차례 1~2스푼씩 기름을 그대로 마실 수도 있다. 제대로 처리된 신선한 대마 씨 기름에서는 땅콩 등 견과류와 같은 맛과 향이 난다.

대마 씨 기름을 취급할 때 명심해야 할 사항은 대부분의 고급 기름과 마찬가지로 영양분이 손상되기 쉽다는 점이다. 필수 지방산은 공기, 빛, 열에 약하다. 이 때문에 껍질을 벗겨낸 대마 씨에서 기름을 추출할 때는 열처리를 하지 않고 반드시 냉압추출cold pressed 방식으로 처리해야 한다.

추출할 때뿐만 아니라 사용할 때에도 온도에 주의를 기울여야 한다. 대마 씨 기름의 발연점은 섭씨 165도이고, 인화점은 141도이다. 녹는 온도는 섭씨 8도이다. 따라서 튀김 요리에 사용하기에는 부적절하고 샐러드나 비빔밥 등 고열처리를 하지 않는 음식이나 냉장 음식에 쓰면 좋다.

빛에 약하다는 특성을 고려하면 보관할 때 검은색 등 투명치 않은 용기를 사용하는 것이 바람직하다. 그리고 개봉한 기름은 냉장보관 하더라도 3개월을 넘기지 말도록 권고하고 있다. 압착한 후 밀봉 상태로 냉장보관 한다 해도 1년 이상 지나면 영양성분이 손상된다. 만일 보관 기간이 오래되어 고유의 향이나 냄새가 나지 않고 역겨운 냄새가 난다거나 견과류 맛이 아닌 혀를 자극하는 맛이 난다면 산화가 많이 진행된 것이므로 식용으로는 사용하지 않는 것이 좋다. 이때에는 마사지용으로 사용하든지 신체 외부에 사용하면 피부를 부드럽고 윤택하게 하는 데 도움이 된다.

제7장 대마와 환경

프랑스의 산업용 대마 재배(곡물 혹은 섬

자연 약탈

최근 지구상에서는 매일 375제곱킬로미터의 숲이 목재와 종이 원료로 사용되기 위해 사라지고 있다. 2초마다 축구장 크기만큼씩 사라지는 것이다. 이제 지구에는 산업사회 이전에 있던 숲 전체 면적의 20퍼센트 정도만이 남아 있는 실정이다. 이 상태가 계속된다면 10년마다 열대우림에 서식하는 생물 종 가운데 5~10퍼센트에 해당하는 종이 멸종을 면치 못할 것이다.[44]

심각한 규모의 생물 멸종은 이미 진행되고 있다. 어족 자원의 75퍼센트가 이미 고갈 상태에 이르렀고 27퍼센트에 이르는 산호초가 사라졌으며, 남아 있는 산호초의 70퍼센트는 앞으로 40년 내에 사라질 것이다. 이미 해안가 개펄과 열대의 맹그로브 숲과 바닷가 소금밭의 50퍼센트가 사라졌다. 앞으로 30년 내에 지금 남아 있는 생물 종의 5분의 1은 멸종될 것이고 새들의 12퍼센트, 포유동물의 23퍼센트가 멸종 위기에 처할 것이다.[45]

숲을 잃어버린 지구는 허파를 도려낸 동물과 같은 신세가 되었다. 화석연료의 남용은 필연적으로 지구 온난화를 불러왔다. 생태계는 계속적으로 교란되고 이상기후는 이제 일상적인 패턴이 되었다. 불과 300년도 채 되지 않는 사이 심각하게 악화된 지구 환경은 인간의 생존과 건강에도 치명적인 영향을 미치고 있다.

이제 질문을 던져 보자. 숲의 나무를 베어내지 않고는 집을 지을 수 없고 종이를 생산할 수 없는가? 화석연료 소비를 대폭 줄인다면 인류는 살아갈 수 없는가? 각종 농약이나 화학비료를 쏟아붓지 않는 농업은 불가능한가? 해양생물을 위협하는 플라스틱 사용을 중단할 수는 없는가? 인간과 자연이 조화를 이루는 지속 가능한 미래를 꿈꾸기는 어려운가?

결론부터 말하자면, 토양이나 물이나 공기를 오염시키지 않으면서 화석연료나 나무를 대신할 신소재가 '있다.' 바로 대마이다.

숲을 살리는 대마 종이

태초의 건강한 자연환경 속에서는 동물과 식물은 산소와 이산화탄소를 서로 교환하여 균형을 맞추게 되어 있었다. 즉 생명활동을 위해 인간이나 동물은 산소를 흡입하고 체내 대사 작용을 거쳐 이산화탄소를 방출하는 반면, 나무나 식물은 이산화탄소를 흡수하고 광합성 작용을 거쳐 산소를 방출하는 것이다. 그런데 이 조화가 깨어졌다.

문제는 인류가 만들어 방출하는 이산화탄소 양이 식물계가 흡수할 수 있는 규모를 훌쩍 넘어섰다는 점이다. 자동차, 화력발전소, 공장, 주택 등에서 화석연료를 과다하게 소비하는 데다, 대규모 목축 때문에 소나 양 등 되새김질 동물이 뿜어내는 이산화탄소와 메탄가스 또한 엄청나게 증가했다.

　반면 방출되는 이산화탄소를 흡수하고 소화해 낼 숲은 멸실되어 갔다. 열대우림 지역인 콩고 강 일대, 남아메리카의 아마존 강 일대, 동남아시아의 인도네시아를 비롯한 여러 섬의 숲을 남벌함으로써 과거 20년에 걸쳐 1억 2,000만 헥타르의 숲이 파괴되고 사라졌다. 지구의 허파인 숲이 사라지면서 지구는 중병에 걸린 상태다. 산업화가 본격화되기 전인 1750년경의 대기 중 이산화탄소 농도는 280ppm이었다고 한다. 이후 2003년에는 376ppm으로, 2015년도 말에는 402ppm으로 증가했다. 1750년 대비 43퍼센트, 2003년 대비 7퍼센트가 증가한 것으로, 이 추세대로라면 2100년도에는 적게는 540ppm에서 많게는 970ppm까지로 증가할 것이라고 한다.

　일부 학자들은 오히려 이산화탄소의 증가에 따른 유리한 점이 많다는 논리를 펴기도 한다. 이산화탄소의 양이 대기 중에 늘어나면 나무나 농작물 등 식물체에게 유익한 영양성분이 늘어나는 효과가 있어 농작물 생산을 증가시키는 요인이 된다는 것이다. 실제로 비닐하우스를 이용하는 전문 농업인들은 때때로 온실 내에 이산화탄소를 주입하기도 한다. 그러나 농작물이나 식물체의 생육에 이산화탄소의 증가가 유익한 점이 있다 하더라도 이산화탄소 증가로 인한 지구온난화와 생태환경 악화라는 문제는 여전히 남는다.

대마를 많이 재배하면 생태환경을 개선하고 온실가스를 줄일 수 있다. 대마 농장은 곧 산소 공장이다. 알다시피 섬유 등 산업 용도로 대마를 재배할 경우에는 매우 빽빽하게 대마 씨를 파종하고 재배한다. 사람이 지나갈 수도 없다. 동일 규모 토지에 식물체로 가장 많은 면적을 채울 수 있는 작물이 대마이다. 동시에 대마 잎의 탄소동화작용은 다른 어느 식물보다도 활발하다.

미국대마협회National Hemp Association에서 발간하는 대마 관련 소식지인《헴프뉴스Hemp News》에 따르면 1헥타르의 땅에 대마를 재배할 경우 평균적으로 22톤의 이산화탄소를 식물체가 빨아들인다. 기후가 온화한 지역에서 1년에 두 차례 재배할 경우 1헥타르에서 44톤의 이산화탄소를 대마 식물체가 흡수한다고 할 수 있다. 같은 면적의 삼림이 이산화탄소를 흡수하는 것보다 4~5배 많은 양이다. 또한 땅속 깊이 뻗어 들어가는 대마 뿌리는 공기 중의 이산화탄소를 땅속으로 끌어들이는 역할을 한다.

대마를 대량 재배하는 것만으로도 대기질 개선에 기여할 수 있지만 지구온난화와 기후 변화 문제를 해결하기 위해서는 근본적으로 지구의 허파인 숲을 되살려야 한다. 하지만 현실은 그와 반대로, 지금 이 순간에도 목재를 얻기 위한 숲 파괴는 계속되고 있다. 벌목되는 나무의 40퍼센트는 각종 종이를 생산하는 용도로 사용된다. 대마는 나무를 대신해서 종이의 원료로 쓸 수 있는 대체 작물이기도 하다. 대마를 원료로 한 종이 1톤은 다 자란 나무 열두 그루를 구한다.

나무 한 그루가 자라는 데는 20년에서 50년의 세월이 걸린다. 그러나 대마는 1년생 작물이다. 생육기간도 짧다. 불과 4개월이면 베어서 쓸 수 있다. 지역에 따라서는 1년에 두 번도 생산할 수 있다. 숲은 일정 지역에 밀집되어 있고 아주 많은 면적을 필요로 한다. 그러나 대마는 열대 지역에서 아한대에 이르기까지 세계 전역에서 재배할 수 있다. 또한 아주 소규모의 농지에서부터 대규모의 농지나 토지에 이르기까지, 재배 면적에 제한받지 않는다. 일반 농작물의 재배가 어려운 한계농지에서도 대마는 잘 자란다.

물론 대마 이외에도 아마, 저마, 케나프 등의 식물도 종이 원료로 사용할 수 있다. 그러나 기후, 생산량, 토양 조건 등을 고려하면 대마를 따를 수 있는 식물은 어느 것도 없다. 가공 과정도 나무 원료를 사용할 때보다 친환경적이다. 나무 펄프를 이용해서 종이를 만드는 가공 과정에서는 막대한 화학물질을 사용하지만 대마를 가공해서 종이를 만들 경우는 아주 적은 양의 화학물질이 소요되므로 수질 오염의 염려도 없다. 벌목 후에 발생되는 토양침식과 이에 따른 호수, 강, 시내의 오염도 줄일 수 있다.

대마는 장섬유, 중섬유, 단섬유를 모두 포함하고 있다. 따라서 대마를 원료로 만들 수 있는 종이는 신문용지, 컴퓨터용지, 서적 출판용지, 지폐용지, 담배용지, 각종 봉투용지, 두꺼운 판지, 화장지, 필터용지, 티백, 아트용지, 심지어 여성 생리대 재료까지 모든 종류를 포괄한다.

나아가 대마로 만든 종이는 나무로 만든 종이보다 장점도 많다.

우선 나무 원료 종이보다 강하고 질기며 유연하다. 대마 종이는 재생해서 쓸 수 있는 횟수가 6~7회나 되는 데 반해 나무 원료 종이는 기껏해야 2~3회에 불과하다. 또 대마 종이는 잘 변색되지 않으며 습기, 곰팡이, 해충에 대한 저항력이 강하다.

15세기에 활판인쇄로 찍은 구텐베르크《성경》의 종이 원료는 대마였다. 미국 독립선언서의 초안과 최초의 미국헌법 또한 대마 종이에 쓰였다. 1883년까지 세계 종이 원료의 4분의 3을 대마가 차지했다. 따라서 대부분의 교과서, 기록문서, 출판물은 대마 종이에 인쇄되어 사용되었다. 반 고흐, 렘브란트 등 유명 화가들은 대마로 만든 화폭, 즉 캔버스canvas('삼베로 만든'이라는 의미)에 명작을 남겼다.

경제성 측면에서 볼 때도 나무가 아닌 대마를 원료로 이용하면 종이를 더 저렴하게 생산할 수 있다. 미국 농무부는 1에이커(약 4,047 제곱미터)의 땅에 대마를 재배한다면 같은 면적을 차지하는 나무에서 얻을 수 있는 양보다 네 배나 더 많은 종이를 생산할 수 있다고 밝힌 바 있다.[46]

물론 대마 재배에 제약이 많은 현재로서는 대마를 원료로 종이를 만들면 나무 펄프로 만들 때보다 생산원가가 더 비싸게 들 수 있다. 그러나 대마 재배가 자유화되고 대규모 재배가 늘어난다면 대마를 이용한 종이의 생산 원가는 목재 펄프를 이용할 때보다 매우 낮아질 것이다.

지속 가능한 생태적 에너지원

지구의 대기 중에 방출되는 이산화탄소의 80퍼센트는 석유 관련 제품의 사용과 연소로 말미암은 것이다. 이제 화석연료 사용을 줄이고 바람, 물, 태양, 조력, 지열, 바이오매스(생물 에너지 자원) 등 신·재생 에너지원으로 획기적으로 전환해야 한다. 이용할 수 있는 자연 에너지와 바이오매스는 거의 무한하다. 태양열만 해도 현재 세계 에너지 소비량의 1만 5,000배나 되는 에너지를 포함하고 있다. 바람으로는 35배, 바이오매스로는 열 배, 수력으로는 절반을 얻을 수 있다고 한다.[47] 여기서는 다양한 재생 가능 에너지 중, 바이오매스를 중심으로 이야기하고자 한다.

바이오매스 에너지는 거의 모든 식물체가 생산할 수 있다. 제조 공정도 비교적 간단하다. 발효 과정과 증류하고 수분을 제거하는 공정만 거치면 된다. 이러한 바이오 연료 체계는 화석연료에 비해 몇 가지 중요한 장점이 있다.

첫째, 석유 연료에 비해 이산화탄소와 황산 배출량을 크게 감소시킨다. 옥수수로 만든 에탄올의 배기가스는 기존 화석연료 대비 12퍼센트 적다. 콩으로 만든 바이오디젤은 석유디젤보다 41퍼센트의 온실가스 배기량을 줄이는 것으로 조사되고 있다. 대마의 셀룰로오스 에탄올에서 발생하는 탄산가스와 그 밖의 공기 오염 물질은 화석연료의 3분의 1 수준에 불과하다.

둘째, 재배 지역에서 바로 연료로 전환할 수 있다. 현재 인류의

40퍼센트가 에너지 결핍을 겪고 있는데, 이는 주요 에너지원인 화석연료의 소유권이 일정 지역 또는 특정 국가에 한정되어 있기 때문이다. 로컬 에너지 생산이 늘어나면 에너지 디바이드[48]energy divide 문제를 획기적으로 줄일 수 있고 지역의 일자리를 창출할 수 있으므로, 결과적으로 지역 경제와 독립성 강화에 이바지한다.

셋째, 식물 재배를 늘이는 과정 자체가 대기 중 산소 비율을 높여 공기를 정화하는 결과를 낳는다. 바이오 연료에서 나오는 이산화탄소 등은 새롭게 재배되는 대마가 흡수하고 산소를 방출하게 되므로 지속적으로 재배하면 오히려 공기를 맑게 하는 효과가 있다.

넷째, 화석연료를 채굴하거나 시추할 때와 같은 자연파괴 과정이 없다. 또한 원유 유출 등의 재난이 일어날 염려도 없다.

다섯째, 자동차 기관의 손상이 화석연료보다 현저하게 적다. 따라서 자동차의 수명을 연장시킨다. 엔진 회전력이 높아지고 운전자는 유독가스 대신에 대마 씨의 상큼한 냄새를 즐기며 운전할 수 있다.

여섯째, 화석연료는 언젠가는 고갈된다. 예측 기관마다 차이가 있기는 하지만, 현재와 같은 에너지 사용 추세라면 석유는 40~50년, 가스는 60~70년, 석탄은 130~200년이면 고갈될 것이라고 한다. 바이오매스는 이와 달리 지속적으로 재생산할 수 있다. 매년 경작하거나 자연에서 채취하기만 하면 된다.

일부에서는 최근 들어 본격적으로 생산되기 시작한 셰일가스가 기존 화석연료를 대체할 구세주인 듯 반기기도 하지만, 그 매장량 역시 한정되어 있어 언젠가는 바닥나게 마련이다. 게다가 러시아의 푸틴 대통령은 셰일가스가 새로운 환경 공해를 유발한다고 비난하기도 했다. 셰일가스 채굴과 정제 과정에서는 막대한 온실가스가 배출되기 때문이다. 무엇보다도 셰일가스 역시 화석연료라는 점에서는 차이가 없다.

다른 일부에서는 화석연료는 한정되어 있으므로 원자력 발전을 늘여야 한다고 주장한다. 그러나 원자력의 원료인 우라늄의 사용 가능 기간 또한 기껏해야 일백여 년뿐이다. 게다가 후쿠시마 원자력발전소 등의 사고에서 보았듯이 원자력은 생태계 안전을 심각하게 위협한다.

물론 바이오매스 에너지의 단점이 없지는 않다. 첫째로 생명활동의 결과 기후 변화 등에 영향을 미칠 수 있으며, 둘째, 연중 생산이 어렵고, 셋째, 부피가 크기 때문에 압축하는 기구가 필요하고 창고와 운반비가 많이 소요되며, 넷째, 열분해, 발효처리 및 화학처리 시설이 필요하다는 등의 부정적 측면이 있다. 그러나 장점과 단점을 비교해 봤을 때 바이오매스를 새로운 에너지원으로 적극 활용함으로써 얻는 실익이 매우 크다는 사실을 알 수 있다.

현재 사용 중인 바이오 연료 중에서 가장 대표적인 것은 자동차용 연료로 사용되는 바이오에탄올이다. 이 바이오에탄올 공급원은 세 가지로 분류할 수 있다. 첫째, 자당 성분의 원료로서 사탕수수, 사탕무, 과일 등이다. 둘째, 전분 성분의 원료로서 옥수수, 수수, 밀, 쌀, 카사바, 보리, 고구마 등이다. 셋째, 목질소 성분의 원료로 짚, 갈대,

대마 등의 초본식물과 나무이다.

지금까지 생산되고 있는 바이오에탄올의 원료는 자당 성분과 전분 성분의 농작물이다. 세계에서 가장 많은 바이오에탄올을 생산하고 있는 브라질은 생산량 100퍼센트를 사탕수수로 만들고 있다. 미국의 경우 옥수수가 98퍼센트를 차지하고 있고 중국과 캐나다에서는 옥수수를 70퍼센트, 밀을 30퍼센트 사용하고 있다. 유럽연합 국가들에서는 밀이 48퍼센트, 사탕무가 29퍼센트 사용되고 있다. 아직 곡물이 아닌 초본식물이나 나무 등의 목질소 성분을 사용하는 나라는 거의 없다. 그러나 미래의 바이오에너지 생산은 목질소 성분 원료를 중심으로 방향을 잡아야 한다.

그 이유로는 우선, 곡물을 에너지원으로 사용할 때 발생할 수 있는 식량문제 때문이다. 세계의 인구가 계속 증가하고 있는 상황에서 식량을 생산해야 할 토지에 바이오에너지 작물을 재배한다면, 곡물 가격 상승을 야기하여 결과적으로 저개발국가나 식량이 부족한 가난한 나라의 국민에게 새로운 고통을 안겨 주게 될 것이다. 곡물 가격 상승은 이미 현실로 나타나서 멕시코 같은 나라에서는 폭동 직전까지 가기도 했다. 에너지 디바이드 문제를 해결한다는 명분으로 '식량 디바이드' 문제를 새롭게 만들어낼 가능성이 있는 것이다.

다음으로는, 곡물 바이오매스를 대량 재배하는 과정이 환경문제를 악화시킬 수 있다는 사실 때문이다. 콩과 옥수수 재배 과정은 토양 파괴의 주범인 살충제, 살균제, 제초제, 화학비료의 요구도가 다른 어느 작물의 경우보다도 높다. 다른 한편으로 과거 숲이나 습지

였던 곳을 파헤쳐 바이오에너지 작물을 재배함으로써 대기 중에 새로운 온실가스를 방출하게 된다. 뿐만 아니라 생물다양성을 파괴하고 지표 오염과 유실 등의 환경 파괴가 따르게 된다. 이미 브라질 등 남미 국가에서 일어나고 있는 현상이다.

바이오에너지를 생산하는 작물은 기존 농경지를 감축시키지 않고, 자연자원을 파괴하지 않으며, 인간과 가축의 식량이나 사료와 경합하지 않고, 단위면적당 에너지 생산 효율이 높은 식물이 되어야만 한다. 이러한 점에서 볼 때 대마는 단연 에너지 작물로서 최고의 가치를 지녔다고 할 수 있다. 오래전 미국 농무성은 미국 땅의 6퍼센트에 대마를 재배하는 것만으로도 미국에서 사용되는 전체 에너지를 충당할 수 있다고 밝힌 바 있다.

또한 대마 줄기 전체의 80퍼센트는 속대가 차지한다. 이 속대는 77퍼센트가 셀룰로오스와 헤미셀룰로오스로 구성되어 있다. 옥수숫대나 사탕수숫대보다 월등히 많은 함유량이다. 이 셀룰로오스로는 바이오매스로서 에너지원으로 사용할 수 있는 동시에 생분해성 플라스틱이나 섬유 등의 원료로도 사용할 수 있다.

대마의 바이오매스 생산량도 다른 작물에 비해 결코 뒤지지 않는다. 1에이커 당 약 10톤의 바이오매스를 생산할 수 있다. 품종, 기술, 환경 등 재배 조건에 따라 아주 많은 차이가 있기는 하지만 바이오매스 생산량이 가장 많은 식물로 분류된다.

또한 기름 함유량이 35퍼센트나 되는 대마 종자로는 질 좋은 디젤용 연료를 생산할 수 있다. 1에이커(약 4,047제곱미터)의 땅에서 대마를 생산하여 만들 수 있는 연료량은 3,785리터나 된다.

플라스틱의 공포로부터 해방

석유를 기반으로 한 각종 플라스틱 제품은 1930년대부터 생산되기 시작했다. 대중화되기 시작한 때는 제2차 세계대전 이후이니 채 100년이 되지 않았다. 그러나 플라스틱은 그동안 유리, 나무, 철, 종이, 섬유, 콘크리트 등을 대체하여 왔다. 제품의 효용성을 높이기 위해 치약, 세정제, 스크럽, 화장품 등 보건 관련 제품에도 플라스틱(마이크로비드)을 사용하기에 이르렀다. 캐나다는 위조나 변조가 종이지폐보다 어렵다는 이유로 지폐까지도 플라스틱으로 만들고 있다. 이제 플라스틱 없는 삶은 생각할 수도 없다.

그러나 이들 제품은 사용 후 처리 과정에서 심각한 문제를 일으킨다. 특히 일상에서 사용되고 있는 플라스틱 백이나 일회용 컵과 빨대 등은 대부분 토양, 공원, 길거리, 해양 등에 버려져 오염원이 되고 있다. 회수하여 재활용되는 비율은 10퍼센트도 되지 않는다. 이로 인해 매년 해양에 유입되는 폐플라스틱은 800만 톤이나 되고 현재 해양에 유입되어 누적된 플라스틱은 1억 5,000만 톤에 이른다고 한다. 이 플라스틱 조각들은 오랜 세월 대양을 떠돌고 있다.

태평양 한가운데는 쓰레기가 쌓여 만들어진 거대한 섬Great Pacific Garbage Patch이 있다. 전 세계에서 버려진 쓰레기들이 해류를 타고 모여서 섬 두 개를 이루었는데 그 크기가 무려 한반도의 일곱 배에 달한다. 섬을 이루고 있는 대부분의 쓰레기는 폴리에틸렌PE, 폴리프로펠린PP, 나일론 등이 포함된 석유화합물이다. 플라스틱이 분해되는 데는 무려 500년이나 걸린다고 한다. 매년 버려지는 플라스틱 양은 늘어가고 있으니 시간이 갈수록 쓰레기 섬은 점점 더 커질 수밖에 없다. 특단의 조치를 취하지 않는다면 쓰레기 대륙이 생겨날지도 모르겠다.

이 쓰레기들이 생태계에 미치는 영향은 공포스러울 정도이다. 플라스틱 백, 일회용 컵과 빨대가 잘게 쪼개진 플라스틱을 먹이로 착각하고 섭취한 새가 연간 100만 마리 희생되고 있다. 돌고래, 거북, 고래, 펭귄 등 해양 동물은 10만 마리가 속절없이 죽어가고 있다.

인간의 건강과 생명도 결코 자유로울 수가 없다. 세월이 흐르면서 부서지고 조각난 미세 플라스틱(5밀리미터 미만으로 잘게 쪼개진 플라스틱 조각)은 물고기 등 해양생물 체내에 축적된다. 먹이 사슬의 최상층에 있는 인간이 이런 물고기를 먹게 되면 인체 내의 호르몬 체계가 무너지고 결국 각종 질병 발생의 요인이 된다. 더군다나 바닷물을 활용하여 생산하는 천일염은 물론 수돗물, 맥주에서도 미세 플라스틱은 검출되고 있다. 특히 비누, 치약, 화장품이나 미용용품에 사용되는 마이크로비드(microbead, 1밀리미터보다 작은 조각) 플라스틱은 정수 과정에서도 걸러지지 않는다.

인간은 그동안 플라스틱 제품을 값싸게, 편리하게 사용하여 왔다. 그러나 그 편리성은 이제 값비싼 대가를 요구하고 있다. 적어도 화석연료를 베이스로 한 플라스틱 중에서도 일회용 백, 일회용 컵과 빨대는 사용을 금지하는 것이 마땅하다. 갑자기 전면 금지를 실행하기 어렵다면 건강과 직접 관련이 있는 분야에 사용되는 플라스틱만이라도 하루 속히 생분해성 물질인 바이오플라스틱bioplastic으로 대체해야 한다. 그랜드뷰리서치Grand View Reserch는[49] 2019년 현재 4퍼센트에 불과한 바이오플라스틱의 플라스틱 시장 점유율은 2030년이면 40퍼센트(플라스틱 제품 총 매출액 8,030억 달러 중 3,240억 달러)에 이를 것이라고 예측했다.

바이오플라스틱을 만들 수 있는 원료는 다양하다. 쌀이나 옥수수 등 곡물의 전분을 활용해서 만들 수도 있다. 그러나 식량문제와 결부해 생각한다면 좋은 방법은 아니다. 나무 펄프를 활용할 수도 있다. 그러려면 더 많은 나무를 베어 내야 한다. 이 또한 좋은 선택은 아니다.

최선의 방법은 대마 속대를 활용하여 바이오플라스틱 제품을 생산하는 것이다. 대마 섬유와 속대로 모든 플라스틱 제품을 대체할 수 있다. 이를 기반으로 만들 수 없는 플라스틱은 없다.

이제 소비자들이 미래를 위해 어떠한 변화를 이끌어 낼 것인가를 생각하고 행동해야 한다. 석유화학 기반 플라스틱 제품을 바이오 제품 사용으로 대체함으로써 인간의 삶뿐만 아니라 생태계, 특히 해양 생물들을 죽음의 공포로부터 보호해야 한다.

제 8 장 대마 불법화

: 탐욕과 야합·권력과 음모

대마초의 말린 꽃봉오리

© Evan-Amos

미 정부에서 만든 대마 농사를
장하는 영화 <승리를 위한 대마
(1942, 14분)

한때 백과사전의 대명사처럼 불리던 《브리태니커 대백과사전》에는 대마와 관련하여 흥미로운 내용이 많이 들어 있다. 특히 미국에 주목하여 살펴보자면, 1631년부터 1800년 초까지 미국에서는 대마로 세금을 낼 수 있었고 1763~1769년 사이 버지니아 주에서는 농민이 대마 재배를 거부할 경우 형벌을 받았다. 미국의 많은 주에서 처음 재배한 작물은 대마였으며 20세기 초까지 가장 비중이 큰 환금 작물이었다고도 한다.

조지 워싱턴, 토머스 제퍼슨 등 미국 건국의 아버지들은 대마를 재배했고, 헨리 포드는 자동차 대중화를 선도한 모델티model-T 자동차의 패널을 대마 섬유를 이용한 플라스틱으로 제작했다. 이 대마 플라스틱 패널의 충격 강도는 철강 패널보다 열 배나 강하다고 한다. 또한 휘발유 대신 대마 씨 기름을 자동차 연료로 활용할 목적으로 포드는 자신의 농장에 대마를 재배하기도 했다.

이상의 사례들을 볼 때 20세기 초까지는 미국에서도 세계 다른 어느 지역 못지않게 대마가 경제활동에서 매우 중요한 역할을 차지하고 있었다는 사실을 알 수 있다. 그런데 대마가 '악마의 풀'이라는 오명을 쓰고 혐오의 대상이 된 것도, 대마를 불법화하는 세계적 흐름도, 모두 미국에서부터 시작된 일이다. 이런 변화의 이면에는 소위 '철의 삼각동맹'이라 불리는 정치인, 관료, 이익집단 간의 보이지 않는 커넥션이 숨어 있었다. 인류문명의 소중한 자원으로 공헌해 왔던 대마가 어떤 이유로 누구의 이익을 위해서 두려움과 혐오의 대상으로 전락했는지 살펴보기로 하자.

인종 편견과 마리화나

멕시코에서 온 농업 노동자와 대마초

1910년이 되면서 미국의 남부 캘리포니아와 텍사스에는 멕시코 이민자들이 넘쳐나기 시작했다. 1910년에 일어난 멕시코 혁명이 심화되면서 정부군과 반군 대장인 판초 비야^{Pancho Villa} 세력 간의 유혈 충돌을 피해 멕시코인들, 그중에서도 가난한 사람들이 멕시코와 인접한 미국 남부 지역으로 몰려들었기 때문이다. 1846년부터 2년간 벌어졌던 멕시코와의 전쟁 때문에 미국인들 사이에 아직 멕시코인에 대한 악감정이 남아 있는 시기였다.

  이들은 주로 대농장에서 저임금 노동자로 하루 종일 힘들게 노동해야만 했다. 고된 하루의 노동을 끝낸 후에는 심신의 피로를 풀기 위해 멕시코에서 습관적으로 피우던 대마초를 피웠다. 멕시코로부터 가져온 완성품 대마초를 피우기도 했고 아예 대마를 재배하여 대마초로 조제해서 사용하기도 했다.

공식적으로는 노예제도가 폐지되었지만 미국 사회에서 아직 인종차별이 공공연하던 시기였다. 백인의 식당에는 흑인이 들어갈 수 없었다. 버스에서도 백인이 타면 흑인은 무조건 일어나야만 했다. 그렇지 않으면 경찰에 끌려가 곤욕을 치렀다. 미국의 백인들은 흑인뿐만 아니라 멕시코 이민 노동자도 유색인종이라는 이유로 사람 취급을 하지 않았다. 덩달아 멕시코 노동자들이 피우는 대마초까지도 곱지 않은 눈으로 보기 시작했다.

그런 와중에 1929년 10월, 월스트리트 주식이 대폭락하면서 미국을 비롯한 전 세계에 대공황이 닥쳐왔다. 실직자들이 쏟아져 나왔다. 일자리를 잃은 백인들은 저임금을 견디며 일해 온 멕시코 이민 노동자들을 '일자리 도둑놈'이라 매도하기 시작했다. 전쟁이 남긴 앙금과 인종적 편견에 일자리 문제까지 겹쳐 멕시코인에 대한 혐오가 확산되면서, 멕시코 이민자들의 지친 일상을 달래 주던 대마초에 대한 불쾌감도 강화되었다.

대도시의 흑인

같은 시기 도시에서는 주로 흑인들의 대마초 사용에 대한 반감이 자라나기 시작했다. 남부의 농장 노동자로 일하던 흑인들은 멕시코 이민자에게 자리를 내어주고 새로운 일자리를 찾아 도시로 몰려들었다. 시카고, 뉴욕 등의 대도시는 이내 흑인들로 북적이기 시작했다.

이들 중 남자는 주로 공장에서, 여자는 대체로 가정부로 일했다. 흑인은 리듬감이 뛰어나기로 유명한데 그중에서도 특히 재능 있는 흑인들은 새로운 음악 장르를 개척하기 시작했다. 바로 재즈이다. 뉴올리언스에서 흑인들에 의해 태동한 재즈는 시카고를 거쳐 뉴욕의 할렘으로까지 퍼져나갔다. 흑인이 있는 곳에 재즈가 있고 재즈가 있는 곳에는 흑인이 있는 형국이었다. 그리고 흑인과 재즈가 있는 곳에 또한 따라간 것이 있었으니 바로 대마초였다.

금주시대였던 1920년대 대도시에는 무허가 비밀 술집들이 우후죽순처럼 생겨났다. 손님을 끌기 위해 치열하게 경쟁해야 했던 무허가 술집들의 중요한 경쟁 수단 중 하나가 밴드 음악이었다. 주로 흑인들로 구성된 재즈 밴드가 이런 술집에서 큰 인기를 끌었고, 많은 흑인 뮤지션들이 담배를 피우듯이 대마초를 피웠다. 재즈의 황제라 불렸던 루이 암스트롱Louis Daniel Armstrong, 1901~1971과 듀크 엘링턴Duke Ellington, 1899~1974을 비롯한 당대의 재즈 연주가들 대부분이 대마초를 피웠다고 해도 틀린 말은 아닐 것이다. 대마초가 예술적 감성을 고양시키고 음악적 감각을 진작시키는 효과를 발휘했기 때문이다. (대마초를 상습적으로 사용해온 것으로 알려진 칼 세이건은 "대마초를 피우면 창조성과 통찰력이 고양된다"고 한 바 있다.)

재즈 연주자들은 대마초를 피우는 데서 그치지 않고 노래의 제목과 가사를 통해 대마초를 찬양하기에까지 이른다. 〈머글스Muggles〉〈송 오브 더 바이퍼Song of the Viper〉〈댓 퍼니 리퍼 맨That Funny Reefer Man〉〈바이퍼스 모운Viper's Moan〉〈메리제인Mary Jane〉〈스위트 마리화나 브라운〈Sweet Marihuana Brown〉 등 당시 널리 알려진 재즈곡에서, 머글스, 바이퍼, 리퍼, 메리제인 등은 대마초를 뜻하는 속어이다.

이렇게 되자 백인들은 흑인 등의 유색인종에 대한 차별을 정당화하기 위해 대마초에 대한 거부감을 부채질했다. 대마초를 핑계 삼은 인종 편견과 흑인들에 대한 경멸은 당시의 신문기사를 통해서도 확인할 수 있다. "마리화나가 흑인으로 하여금 백인을 똑바로 쳐다보게 만든다" "마리화나가 흑인으로 하여금 백인의 그림자를 밟게 하고, 백인 여자를 두 번 쳐다보게 만든다" 등 마리화나가 흑인들을 아주 건방지게 만든다는 것이다. 때로는 공포감을 조장하기도 했다. "멕시코인, 검둥이들이 대마초로 백인 어린이들을 유혹한다"는 내용이 그 한 예이다.

1930년대에 이르러서도 이러한 인종차별적이고 공포에 가득한 선동이 계속 이어졌다. 1931년 뉴올리언스의 저널《의료 및 수술 Journal of Medical Implants and Surgery》에 포시어 박사Dr. Fossier는 다음과 같은 기사를 올렸다. "대마초를 피우고 취하면 적대감을 느끼는 사람에게 돌진하여 무자비하게 살육을 저지르고 닥치는 대로 사람을 죽인다."

대마초에 대한 혐오감과 공포감은 이렇듯이 아무런 근거도 없이 별다른 검증도 거치지 않은 채로 퍼져나가기 시작했다.

남부의 남미인과 대마초 금지

인종 편견과 거짓 선동은 마침내 대마초 금지라는 새로운 법을 제정하고 시행하도록 만들기에 이른다. 먼저 캘리포니아 주를 비롯하여 텍사스 주 등 10여 개 주에서 1913년부터 1919년까지 대마초 금지 법안을 통과시킨다. 1919년 텍사스 주 상원에서 이 법안을 상정한 후 벌어진 토론에서 한 상원의원은 "멕시코인은 모두 미친놈들이다. 대마초가 그들 모두를 미치게 만들고 있다"고 발언했다. 1927년도에는 몬태나 주가 대마초 금지 법안을 통과시킨다. 당시의 《몬태나 스탠더드 저널Montana Standard Journal》 기사에 따르면 이때는 또 다른 상원의원이 "사탕수수 농장에서 대마초를 피우던 노동자는 마치 자신이 멕시코 대통령으로 당선되기라도 한 것처럼 떠들면서 모든 정적을 처형하러 가자고 하더라"는 말을 했다.

　　1931년에 이르러서는 남부 지역 대부분을 차지하는 29개 주 정부가 대마초 금지 법안을 제정하게 된다. 금지 법안을 제정한 핵심적인 이유는 두 가지이다. 멕시코인이나 흑인 등 소수인종의 대마초 사용이 늘어간다는 것이 하나였고, 신문에 실린 대마초 사용자의 범죄 기사와 대마초가 정신이상자를 만든다는 날조된 기사가 다른 하나였다.

원래는 백인들의 취향

미국에서 처음 대마초를 사용한 사람들은 1910년대의 멕시코인이 아니다. 또한 미국에서 대마초가 멕시코인이나 흑인들의 전유물이었던 것도 아니다. 마리화나라는 단어가 등장하기 훨씬 전이던 1800년대에 이미 백인들이 대마초를 사용한 바 있다.

시인, 여행가, 저술가이자 외교관이었던 바야드 테일러Bayard Taylor, 1825~1878는 중동 지역에서 지낸 경험을 살려 1854년《사라센의 땅Land of Saracens》이라는 책을 썼는데, 그 안에 실린 〈대마초의 환상〉이라는 글은 대마초 체험을 그린 내용이다. 이 글을 읽고 호기심을 느낀 사람들이 미국에서 처음으로 대마초를 시작했다고 한다. 이 당시에 백인들이 사용한 대마초는 인도나 이집트에서 수입해 온 해시시와 간자 등으로, 도취 성분 비율이 일반적인 마리화나보다 더욱 높은 고급품이었다.

1860년대 뉴욕의 한 회사는 '대마초 캔디'를 만들어 팔기도 했다. "가장 유쾌한 맛이 나지만 전혀 해롭지 않은 자극제"라는 문구가 대마초 캔디 광고였다. 1880년대에는 '해시시 방hashish parlors, hashish house'이 뉴욕에만 500개 정도 있었고 보스턴, 시카고, 필라델피아 등 다른 대도시에도 많이 있었다고 한다. 이곳을 출입하는 주요 고객은 미국 주류사회의 중상류층이었다. 1890년대 일부 금주협회 여성회원들은 남편에게 술을 끊고 해시시를 하라고 권고하기도 했다고 한다. 술 취한 남편은 종종 아내에게 폭행을 가하지만 대마초를 피운 남편은 전혀 그렇지 않았기 때문이다.

이와 같이 멕시코 이민자들이 마리화나를 들여오기 이전부터 미국 사회에서는 중동의 기호품인 대마초가 조용히 퍼져 가고 있었다. 놀라운 사실은 해시시가 대마의 암꽃봉오리에서 추출한 물질임을 당시 미국인들이 전혀 알지 못했다는 점이다.

경제 공황과 인종 차별 심화

1920년대 미국의 대마초 사용 인구가 급증한 데는 1919년에 시작된 금주 정책도 기여했음이 틀림없다. 밀주로 담근 술값이 폭등하는데 술의 질은 오히려 떨어지게 되자 '끊임없이 자극을 찾는 동물'인 사람들은 새로운 자극제로 대마초를 찾아냈다. 금주법이 풍선효과를 초래한 것이다. 때맞추어 '대마초 방'이 생겨나면서 대마초를 싸고 쉽게 구하고 즐길 수 있게 된 것이다.

그러나 대마초가 멕시코 이민자들과 흑인 사회를 중심으로 급속히 확산되던 시기에 경제대공황Great Depression이 시작되었다. 대규모 실직상태가 발생하자 일자리를 잃은 백인들은 이민 노동자들 탓이라 여겨 멕시코인에 대한 증오심과 공격심을 키우게 된다. 이 때문에 멕시코인이 많이 거주하던 주의 정부들은 심각한 사태가 발생하지 않을까 우려했다. 결국 멕시코 이민 노동자들을 압박하여 추방하거나 탄압하기 위한 수단으로 흑인과 멕시코인 등 이민 노동자가 주류를 이루었던 남부 지역 대부분의 주에서 대마초 금지법을 제정하여 시행하기 시작했다. 멕시코인이나 흑인이 많지 않았던 북부 지역에서는 대마초 금지법을 제정하지 않았던 것으로 보아 이 법의 제정의도를 간파할 수 있다.

앤슬링어, 듀퐁, 허스트, 멜론: 탐욕과 야망

앤슬링어의 야욕

1920년대까지만 해도 미국정부 차원에서는 대마초가 사회에 그렇게 유해한 물질이라고 생각하지 않았다. 다만 흑인이나 멕시코인들이 주로 피우던 대마초를, 이미 법에서 금지하고 있는 마약의 대체약물로 마약 사용자들이 사용하지 않을까 우려하는 정도였다. 따라서 마약법 강화를 추진할 때도 처음에는 코카인, 헤로인, 아편, 모르핀 등에 관심을 기울였고 대마초는 통제할 필요가 있다는 정도로만 생각했다.

1914년에 공포된 '해리슨 마약법Harrison Narcotic Act'에서도 마약은 아편과 코카인 그리고 그 추출물을 말한다고 규정하고 있었고 대마초는 문제되는 약물이 아니었다. 1929년에는 '마약수출입법Narcotic Import and Export Act'에 남부 대부분의 주에서 이미 주법으로 금지하고 있던 대마초를 추가해 금지하자는 요청이 있었지만 결국 제외되었다. 1931년 재무성에서 발표한 자료에서도 대마초에 대해서는 특별한 우려를 표하지 않았다. 그런데 어째서 대마초를 대하는 미국 정부의 입장이 갑자기 바뀌게 된 것일까? 그 과정에는 몇몇 사람의 영향력이 크게 작용했다.

그 중 전면에 드러난 인물은 1930년 신설된 미연방 마약국Federal Bureau of Narcotics의 책임자였던 앤슬링어Harry Anslinger, 1892~1975이다. 앤슬링어는 70세인 1962년 사임할 때까지 무려 32년간을 마약국장으로 일하면서 마약과의 전쟁을 진두지휘한 인물이다. 사임한 2년 후에는 유엔 마약위원회 Commsion on Narcotic Drugs(CND)의 미국 대표로 활동하기도 한다.

국장으로 취임하고 약 4년의 기간을 이렇다 할 업적 없이 보낸 앤슬링어는 1934년부터 대마초 금지를 위한 공격적인 캠페인을 시작한다. 1936에 이르러서는 대마초에 대한 부정적인 내용을 다룬 보고서를 다량 발표하기도 했다. 앤슬링어는 대마초를 금지하는 연방 법안을 마련하면서 한편으로는 본인이 직접 대마초의 위험성을 라디오, 신문, 포럼 등을 통해 알리는 등 대마초 금지 정책을 통과시키기 위해 3년여에 걸쳐 치밀하게 추진했다.

그가 의회, 신문이나 포럼 등에서 대마초가 유해하다고 언급한 말에는 과학적 근거가 전혀 없었다. 허황된 거짓말과 날조된 선동뿐이었다. 1937년 의회에서 증언한 말을 들어 보자. "미국에는 10만 명의 대마초 흡연자가 있는데, 이들의 대부분은 흑인, 스페인계, 필리핀인, 그리고 연예인이다. 대마초를 흡연한 이들 연예인을 통해 태어난 사탄의 음악이 재즈와 스윙이다. 대마초는 백인 여인들로 하여금 흑인이나 연예인과 섹스를 하고 싶게 만든다."

앤슬링어는 "대마초는 사람들을 미치광이로 만들고, 범죄를 유발하며, 결국은 죽음에 이르게 한다"든가 "대마초를 피운 검둥이들은 자기네가 마치 백인인 것처럼 행동한다"고 말하기도 했다. 한편으로는 "대마초는 사람을 평화주의자로 만들어 적들에 대해서도 평화롭게 대하도록 한다"고 말하는가 하면 다른 한편으로는 "대마초 한

대만 피워 봐라, 그러면 네 형제를 죽이게 될지도 모른다"거나 "대마초는 폭력을 유발하는 인류 역사상 가장 사악한 마약이다"라고 말하는 등 서로 모순되는 말을 늘어놓기도 했다.

대마초가 폭력을 유발한다는 주장의 근거로 앤슬링어는 십자군전쟁 시기에 기독교도를 대상으로 잔인한 테러를 자행한 이슬람교도의 '암살단' 이야기를 차용하고는 했다. 해시시를 피운 암살단 단원들이 죽음에 대한 공포를 잊어버리고 어떠한 잔인한 행동도 거리낌 없이 할 수 있게 된다는 내용은 마르코 폴로Marco Polo, 1254~1324의 여행기《세계 경이의 서》(통칭 '동방견문록')에도 나온다. 앤슬링어는 기회가 있을 때마다 암살단 이야기를 교묘하게 이용해 당시의 범죄들과 연결지어서 대마초를 사회의 모든 해악과 폭력, 살인 등의 원흉으로 둔갑시키며 공포심을 조장했다. 그러나 이는 이슬람이라는 또 다른 인종적 편견에 기댄, 날조된 선동에 불과했다.

나아가 앤슬링어는 자기의 주장에 반대하는 사람이나 기관에 압력을 가했고, 대마나 대마초에 대해 연구기관이 내놓는 과학적 의견은 묵살했다. 뉴욕시장으로부터 대마 연구를 위촉받은 '편견 없는 과학자 31인회'가 마리화나는 폭력을 일으키거나 사람의 성격을 돌변하게 만드는 성질이 없다는 보고서를 제출했을 때, 앤슬링어는 이제까지 자기가 주장해 온 내용을 완전히 뒤집는 이 보고서 사본을 있는 대로 찾아내 소각해야만 했다. 심지어는 반대자를 마약산업의 앞잡이로 몰아가기도 했다.

일부 비평가들은 앤슬링어가 이런 활동을 벌인 이유를 마약국의 위상을 강화하고 보다 많은 예산을 확보하기 위해서였다고 설명한다. 실제로 1933년 12월 금주령이 폐기되었을 때, 금주법 위반을 단속하기 위해 사용되던 예산이 마약 단속을 위한 예산으로 전용된 사례가 있다. 대마에 대한 앤슬링어의 적대적 활동 뒤에 숨겨진 또 다른 흑막은 뒤에서 더 살펴보기로 하자.

경제계 내부의 암투

한편 미국 정부가 대마 불법화 정책을 실시하게 된 배후에는 합성섬유, 페인트, 합성고무, 플라스틱 등 석유화학 제품을 막 생산하기 시작한 듀퐁Dupont사, 신문 재벌이며 삼림(나무 펄프) 재벌인 윌리엄 랜돌프 허스트William Randolph Hearst, 그리고 이들 회사에 많은 자금을 투자한 당시 재력가이며 재무부장관이던 앤드류 멜론Andrew Mellon이 있었다는 주장이 있다. 멜론은 1901년 걸프오일Gulp Oil을 설립한 거부로 당시 록펠러나 포드를 위시한 최대 갑부 중의 한 사람이기도 하다.

1930년대 들어 대마 산업은 새로운 바람을 일으키고 있었다. 1938년《파퓰러메카닉스지Popular Mechanic Magazine》는 대마가 "새로운 부를 창출하는 작물new billion dollar crop"이라는 기사를 실었다. 신기술이 적용된 대마 탈피기가 발명되어서 대마 가공이 아주 편해지고 비용도 적게 들게 되었다는 내용이다.

대마를 섬유로 사용하기 위해서는 겉껍질인 인피섬유와 속대를 분리해야 한다. 이전까지는 이 작업을 수작업으로 처리하느라 수

많은 노동력과 시간이 소요되었기 때문에 많은 농민들이 대마 재배를 꺼렸다. 노예 제도가 있던 시절에는 주로 노예들이 이 힘든 작업을 수행하였지만 노예 제도가 폐지되자 시간이 많이 걸리는 고된 작업은 비용 상승으로 이어졌다. 이 때문에 대마 재배는 인력이 덜 소용되는 목화 재배로 대체되기에 이른다. 한편 공업 분야에서는 석유를 기반으로 한 나일론과 나무 펄프를 이용한 종이가 생산되기 시작했다.

이런 상황에서 혁신적인 대마 박피기가 속속 개발되었는데, 최종 발명된 박피기는 기계 한 대로 농부들 수백 명을 대체할 수 있는 획기적인 기계였다. 목화를 수확하는 데 에이커당 두 시간이 걸리는데 이 기계를 사용하면 같은 면적에서 대마를 수확할 때 1~1.5시간이면 끝낼 수 있었다.

앞서 인용한 파퓰러메카닉스지의 기사에서는 이 새로운 박피기를 "6,000년 이상을 괴롭혀 왔던 문제가 풀렸다. 이 기계는 대마 겉껍질과 속대를 분리시키는 기계로서 지독한 노동력 소모를 해결할 수 있는 기계이다"라고 소개하였다.

더 나아가 석유류 기반 제품, 석탄 기반 제품을 대체할 대마를 이용한 우수한 제품들이 새롭게 개발되기 시작했고, 대마 섬유를 이용한 종이는 나무 펄프로 만든 종이보다 질은 더 좋으면서 가격은 나무 펄프 종이의 반값에 불과했다. 대마가 새로운 산업의 총아로 부각되기 시작한 것이다. 비슷한 시기에 석유화학을 기반으로 막 특허를 낸 나일론, 셀로판지, 플라스틱이나 기타 합성 제품을 출시하려던 듀

풍사나 나무 펄프를 생산하던 허스트사로서는 이런 상황이 여간 곤혹스러운 것이 아니었다. 대마 산업이 활성화될 경우 이들의 사업에 치명적인 영향을 미치게 될 것이 자명했기 때문이다.

듀퐁사는 1938년에 석탄을 기반으로 나일론을 생산할 수 있는 기술로 특허를 받은 바 있는데 대마로부터도 합성 나일론을 생산할 수 있다. 듀퐁사는 역시 석유 기반의 플라스틱 생산 기술을 개발했는데 대마와 옥수수, 콩 등과 합성해서도 식물성 플라스틱을 만들 수 있다. 듀퐁사의 모든 사업이 대마 산업과 경쟁 관계에 놓이게 되었다. 경우에 따라서는 막대한 자금을 투자해서 개발한 제품에 타격이 오는 것은 물론, 듀퐁사 경영에도 심각한 위기를 겪을 수 있는 상황이었다.

듀퐁사가 발명한 화학 약품으로 나무 펄프를 이용하여 종이 원료를 생산하는 허스트사에게도 대마 산업의 약진은 큰 타격이 될 수 있는 상황이었다. 허스트는 이미 미국 삼림 수백만 에이커에서 나무를 베어낼 수 있는 허가를 얻어 둔 상태였는데, 당시 미국 농무부는 대마 1에이커의 종이 생산량과 삼림 4에이커의 종이 생산량이 맞먹는다고 발표한 바 있다. 앞으로 나무 펄프로 만든 종이는 대마 종이로 전면 대체될 것이라는 예측 자료를 내놓기도 했다. 그렇지만 대마가 불법화된다면 대마 종이를 생산할 수 없게 되고 나무 펄프가 유일한 종이 원료의 역할을 독차지할 수 있다.

석유 재벌이나 석유 관련 연료를 제조하는 재벌들도 대마 산업의 도약에 위기감을 느꼈다. 대마에서 추출한 셀룰로오스로는 가스

엔진에 사용할 에탄올을 만들 수 있고 대마 씨 기름으로는 디젤 엔진용 연료를 생산할 수도 있다. 당시 미국의 많은 정치인들은 유전으로 개발할 수 있는 토지를 소유하고 있었기에 석유 소비량이 감소할 수 있는 상황에 민감할 수밖에 없었다. 결정적으로 당시 재무부 장관이던 앤드류 멜론은 석유를 생산하는 걸프오일의 창업자였다.

그리고 마약국장인 앤슬링어는 멜론의 조카사위였다. 멜론은 앤슬링어를 마약국장으로 임명한 장본인인 동시에, 듀퐁사에 막대한 자금을 투자한 멜론은행의 주요 주주였다. 듀퐁사의 이익과 손해는 바로 멜론의 손익과도 직결되는 문제였다. 그는 또한 펜실베이니아 석탄 광산의 주요 주주였고 석탄을 사용해서 전력을 생산하는 전기회사의 주요 주주이기도 했다. 그가 재정적으로 관련 있던 회사들은 모두 대마 산업과 경쟁 관계에 있던 회사들이다. 대마를 둘러싼 재계의 음모와 정계와 재계 간 유착을 충분히 의심할 만한 상황이다.

당시 듀퐁사는 미국 재무부를 상대로 대마를 불법화해야 한다는 로비를 벌이기도 했다. 대마 자유화 활동가이며《벌거벗은 임금님》의 저자인 잭 헤러는 "대마가 압박을 받는 이유는 도덕적인 문제가 아니라 경제적인 문제 때문이라고 확신한다"고 언급했다.《신과 나눈 이야기Conversation with God》의 저자인 닐 도널드 월시Neale Donald Walsch, 1943 ~ 또한 "대마가 불법화된 이유는 대마 자체의 문제가 아니라 경제 권력자의 잣대 때문"이라고 단언한다. 듀퐁사나 허스트사 그리고 멜론이 그들의 사업과 경쟁 관계에 있던 대마를 불법화하도록 막후에서 조종했다는 것이다.

음모와 유착을 의심하는 데에는 또 다른 이유가 있다. 마약이 문제라면 피우는 마리화나만 금지해도 충분했을 것이다. 당시 미국에서 재배하던 대마는 산업용 대마였을 뿐 대마초 원료로 사용되지는 않았다. 그러나 통과된 법안은 마치 마리화나만 금지하는 것처럼 되어 있으나 실제로는 직물이나 밧줄, 종이 등 다양한 산업 용도로 사용할 수 있는 대마 전체를 사실상 불법으로 규정하는 내용이다. 왜 그래야만 했는가 하는 의문은 결국 정치 권력자, 행정 권력자, 경제 권력자 간의 커넥션에서 답을 찾을 수 있다.

매체를 동원한 가짜 뉴스와 선동

앤슬링어와 허스트는 대마 금지 주장을 펼치기 위해 대중 매체도 적극 활용했다. 신문 재벌 허스트는 주요 도시에서 거의 30개 신문사를 체인으로 운영했는데, 그가 운영하던 신문들은 앞장서서 대마에 대해 허황되고 날조된 정보를 계속 기사로 실었다. "젊은이 살인자" "지옥에 뿌리를 둔 사탄의 풀" "대마초를 피우면 30일이면 악귀가 된다" 등등이 허스트의 신문에서 대마초를 묘사한 말이다.

허스트는 지독한 인종차별주의자로 알려져 있다. 1910년 멕시코혁명 당시 그가 소유하고 있던 멕시코 내의 80만 에이커에 이르는 삼림을 빼앗긴 일로 멕시코인을 특히 증오했다고 한다. 이 때문에 허스트는 멕시코인들이 즐겨 피우던 마리화나를 더욱 싫어했다는 이야기도 있다. 또한 그가 운영한 신문사들은 대중에 영합하는 기사를 센세이셔널하게 부각시키는 황색신문의 원조이기도 하다.

금주법이 폐지되고 3년이 지난 1936년에는《대마초 미치광이 Reefer Madness》라는 홍보영화가 만들어진다. reefer는 속어로 대마초를 뜻한다. 대마초가 금지되면 술 소비가 늘어날 것을 기대한 주류업체들이 영화 제작을 후원했다. 영화는 한 남자가 대마초를 피우고 정신이상이 되어 도끼로 자기 가족 모두를 살해한다는 내용이다. 당시의 모든 영화는 마지막 장면을 "끝The End"이라는 말로 맺는 것이 관례였다. 그러나 이 영화의 끝 장면은 "여러분의 자녀들에게 말하세요 Tell your children"라는 문구로 맺는다. 그 밖에도 대마초를 악의적으로 왜곡한 영화로, 1935년에 제작된《악마의 풀Marijuana: The Devil's Weed》과 1936년에 제작된《청춘의 살인자Marijuana: Assassin of Youth》두 편이 더 있다.

대마 금지 정책은 이와 같이 인종 편견과 공포 조성 등 거짓을 바탕으로 해서 추진되었다. 대중매체를 이용한 여론조작의 대표적인 사례이다. 크리스 콘래드Chris Conrad는 그의 저서인《대마, 미래를 위한 생명줄Hemp: Lifeline to the Future》에서 멜론을 "부패의 교과서", 허스트는 "선동의 대가", 앤슬링어에 대해서는 그가 갖고 다녔던 서류철에 비유하여 "공포의 파일"이라고 지칭한 바 있다.

마리화나세금법

: 거짓이라는 바탕 위에 세워진 법

마리화나세금법의 개요

1937년 4월, 앤슬링어의 주도하에 '마리화나세금법Marijuana Tax Act'이 미국 의회의 수단과방법위원회House Ways and Means Committee에 제출되어 같은 해 10월 1일 발효된다. 법안을 본회의에 상정하려면 관련 있는 다른 위원회들을 거쳐야만 하는 미국 의회의 일반 위원회들과는 달리, 수단과방법위원회는 법안을 직접 본회의에 상정할 수 있는 특별 위원회였다. 이 위원회의 위원장 로버트 도튼Robert L. Doughton은 듀 퐁사의 주요 투자자이기도 했다.

대마초를 거래할 때는 세금을 부과하며 위반시 처벌한다는 규정을 골자로 하는 이 법안의 주요 내용은 다음과 같다.

● 대마초를 상업적으로 판매, 구매, 수입, 재배하는 자나 대마초를 의료 목적으로 처방하는 의사와 수의사, 기타 소지하는 자는 등록하여야 하며 거래시마다 1달러의 세금을 부과한다. 미등록자에게는 세금 100달러를 부과한다(당시 대마초 1온스의 가격은 1달러 정도였다).

● 대마초를 거래, 처방, 소지하려면 마약국에서 1달러짜리 스탬프를 사야 한다. 예를 들어 의사가 환자에게 마리화나를 처방하기 위해서는 마약당국에 가서 1달러짜리 스탬프를 사야 한다. 이때 소정 양식에 의거하여 환자의 성명, 주소, 질병명, 처방일자, 처방량 등을 기록하여 제출하여야 한다.

- 위의 사항을 어기는 자는 5년의 징역형이나 2,000달러의 벌금, 또는 병합 처벌을 받게 된다. 위반 내용에 따라서는 그 이상도 처벌 가능하다. 예를 들면 미성년자에게 대마초를 판매할 경우 종신형까지 선고할 수 있다.

아울러 이 법을 집행하게 될 마약당국과 마약 담당 경찰에게는 막강한 권한을 부여했다.

그런데 마리화나의 유해성을 왜곡, 과장하고 공포심까지 조장해 가며 통과시킨 법안의 내용이 왜 '금지'가 아니고 '세금 부과'일까? 당시 마약에 관해 미국에서 미리 시행되고 있던 연방법은 두 가지가 있었다. 1906년에 제정된 '식품 및 약품 위생법Pure Food & Drug Act'은 코카인과 헤로인을 다루고 있었고, 1914년에 제정된 '해리슨 마약법Harrison Narcotics Act'은 양귀비와 코카인을 다루고 있었다. 여기서 주목할 점은 코카인이나 양귀비 등은 모두 수입품이라는 사실이다.

대마는 수입 물품이 아니고 미국 국내에서 재배되는 작물이기 때문에 연방법으로 규제한다면 위헌 판정을 받을 여지가 컸다. 당시 미국의 헌법은 연방법이 다룰 수 있는 범위를 국제적인 문제 또는 주정부 상호 간의 문제로 한정하고 있었기 때문이다. 이 두 가지 조건 중 어느 쪽에도 부합되지 않는 사안은 주정부가 다룰 문제였다. 실제로 당시 남부 대부분의 주에서는 대마초의 유흥 목적 사용을 금지하는 법률을 제정하여 시행하고 있었다. 결국 대마초 세금법이 대마초를 직접 규제하는 방식이 아니라 조세법의 외형을 채택했던 것은 위헌 논란을 피하기 위한 꼼수였다고 할 수 있다.

　　법안을 처리하는 과정 또한 거짓과 편법으로 점철되었다. 국회에서 이 법안을 설명하고 증언하는 동안 앤슬링어는 어떠한 과학적 증거나 자료도 제시하지 못한 채, 본인이 언론에서 주장했거나 허스트의 신문에 실린 날조된 기사들만을 증거로 제시했다. 이에 대해 당시 의사이며 미국의료협회 법률 고문이던 윌리엄 우드워드 박사Dr. William Woodward는 위원회에 출석하여 "제시된 자료는 모두 선정적인 황색신문의 기사일 뿐이다. 진실된 증거는 하나도 없다. 만일 무지에 근거해서 이 법이 통과된다면 의학계는 이제 막 그 잠재적인 의료적 가치와 효능을 발견하고 있는 대마cannabis를 잃게 될 것"이라며 법안에 대한 반대의견을 밝혔다. 나아가 "우리가 일찍부터 이 법안에 반대하지 못한 것은 마리화나라는 이 모호한 이름이 멕시코 국경을 넘어온 죽음의 풀을 가리키는 이름이라고만 알았지, 이것이 바로 우리나라에서 백년 이상 수많은 병의 치료에 아주 안전하게 사용해 온 대마와 동일한 풀을 가리킨다는 사실을 불과 이틀 전에야 알았기 때문이다. (……) 왜 2년 동안 준비하면서 전혀 정보를 주지 않았는지, 전문가조차도 모르게 비밀로 해 왔는지 이해할 수 없다. 우리는 반대한다"고 말했다. 그러나 그의 말은 철저히 무시당했다. 국회 본회의 중에 의료협회의 의견을 들었느냐는 질문이 나왔을 때 의원들에게 돌아간 답변은 "완전한 동의를 받았다"는 거짓말이었다. 그 결과 하원과 상원에서는 별 이의 없이 법안이 통과되었고 루스벨트 대통령은 1937년 8월 2일 법안에 서명했다.

앤슬링어는 상원에서 "국내 대마 산업은 이 법으로 인해 제한받지 않으며 이제껏 해 온 대로 대마를 재배할 수 있다"고 증언했지만, 법안 통과 이후 미국에서는 산업용으로든 의약용으로든 대마를 사용할 경우에는 복잡한 절차를 거쳐야 했으며 엄청난 세금을 내야했고 이를 어기면 가혹하리만치 엄격한 처벌을 받아야 했다.

이름은 세금법, 실상은 금지법

법 시행 바로 다음날인 1937년 10월 2일, 이 법 시행 후 최초의 범법자가 탄생하게 된다. 덴버 시의 한 호텔에 경찰이 들이닥쳐 58세의 콜드웰과 26세의 모세 바카를 체포했다. 콜드웰은 대마초 판매 사범으로, 바카는 대마초 소지자로 유죄 판결을 받았다. 당시 판사는 "대마초는 모든 마약 중에서 가장, 심지어 모르핀이나 코카인보다도 나쁜 악질적인 마약이라고 생각합니다. 대마초는 사람 그 자체를 파괴합니다"라고 지적했다. 콜드웰은 4년 징역형과 1,000 달러의 벌금을 선고받았고 바카는 18개월 징역형을 선고받았다. 이들은 모두 형기를 채우고야 출소했다. 이들이 체포되고 형 집행을 받은 것은 마약국에 신고하지도 않고 1달러짜리 세금 스탬프를 사지도 않았다는 죄목 때문이다. 그러나 사실 어느 누구도 대마초 세금 스탬프를 구입할 수 없었다. 어느 곳에서도 팔지 않았기 때문이다. 스탬프를 판다 하더라도 마약당국과 경찰 앞에 신분을 완전히 노출한 채 세금 스탬프를 구매할 용기를 낼 사람이 과연 누가 있었겠는가?

이 법 시행 후 미국의 범죄율은 급증하게 되고 교도소는 넘쳐나서 수용시설을 계속 증설해야만 했다. 그래도 모자라 사설 교도소 제도를 새로 만들기까지 했다. 또한 이 법을 집행하기 위해 마약당국의 인원 및 경찰, 판사와 검사 등 공무원을 증원해야 했으며, 행정비용 또한 현저히 증가했다.

또한 이 법안 통과 후 의사나 약사에 의한 대마초 처방은 사라지게 된다. 환자의 비밀을 보장해야 하는 의사 중 어느 누가 대마초를 처방하기 위해 환자의 모든 정보를 노출하는 복잡한 서류를 작성하려 하겠는가? 그리고 결국 1942년에는 미국의 약전藥典에서도 대마는 사라지게 된다.

이처럼 강력한 통제에도 불구하고 1960년대 들어서면서 미국 내에서의 대마초 사용은 급격하게 늘어난다. 베트남에 참전했던 미국 군인들의 반수 정도는 전쟁 스트레스를 이기기 위해 대마초를 피웠다고 한다. 이들이 귀국한 후에도 여전히 대마초를 피우면서 대마초 흡연은 대학생, 청소년 등으로까지 번져갔다. 1969년에는 11세 이상의 미국 청소년 2,400만 명이 적어도 한 번 이상 대마초를 피웠다고 한다.

대마 금지와 〈승리를 위한 대마〉

'마리화나세금법'이 발효되고 있는 와중에 아이러니하게도 미국에서 대마 재배를 장려하던 시기가 있었다. 대마는 군용 로프나 낙하산줄, 군화 끈 등 군수품의 원자재로 사용된다. 제2차 세계대전이 발발한 1941년 당시 미국은 필리핀에서 섬유 원료를 수입하여 군수품을 만드는 데 사용하고 있었다. 그러나 필리핀이 일본에 점령되자 일체의 섬유 원료 수출이 중단된다. 대마는 일본에도 긴요한 군수물자였기 때문이다.

다급해진 미국은 1942년《승리를 위한 대마 Hemp for Victory》라는 제목의 흑백 홍보영화를 만든다. 대마 재배법과 대마의 다양한 사용법을 알리며 대마를 재배하는 농민들에게 많은 혜택을 주겠다고 독려하는 내용이었다. 전쟁 기간 동안 대마를 재배하는 농민이나 그의 자녀들에게는 징집이 면제되었다. 그리고 홍보물을 통해 대마 재배가 군에 입대해 싸우는 것만큼이나 중요한 애국행위임을 강조했다.

1942년에 이들 '애국적 농민'이 대마를 재배한 면적은 1만 4,700헥타르에 이른다. 그러나 대마 재배가 장려된 기간은 4년에 불과했다. 1945년 전쟁이 끝나자 대마 재배는 다시 금지된다. 미국은 이러한 홍보물을 제작한 바 없었다고 부인해 왔었다. 그러나 1989년 잭 헤러 등에 의해 원본이 발견되어 공개되기에 이른다. 현재는 유튜브에서 누구나 당시의 홍보 내용을 볼 수 있다. 대마가 얼마나 중요한 산업 자원인지 단적으로 보여 주는 사례라 하겠다.

통제물질법과 셰이퍼 보고서

조세를 가장했지만 사실상 대마의 재배, 유통, 소지, 사용 등의 행위 전반을 금지하는 효력을 발휘했던 '마리화나세금법'은 1969년에 이르러 폐지되었다. 대법원이 이 법률의 징벌적 조세 내용을 헌법 정신에 위배된다고 판결했기 때문이다. 그렇다고 해서 대마의 수난이 끝난 것은 아니었다.

대마초에 대한 규제는 다음해인 1970년에 '통제물질법Controlled Substances Act'에 통합된다. '통제물질법'은 미국에서는 최초로 단일 시스템을 통해 마약과 향정신성 의약품 사용을 통제한 법률로서, 모든 약물을 스케줄I에서 V까지의 다섯 단계로 분류한다. 이 가운데 스케줄I이 가장 강력한 규제 대상으로, 엘에스디LSD, 헤로인과 함께 마리화나가 여기에 포함된다.

'통제물질법'에 따르면 스케줄I으로 분류되는 물질은 남용의 위험성이 아주 높은 물질로서 미국 내에서 치료 목적으로 사용할 수 없으며, 의료진의 관리 감독을 따른다 해도 안전성을 충분하게 담보할 수 없는 약이나 물질이다. 따라서 스케줄I에 속하면 약으로 처방하거나 사용할 수 없다.

이 기준에 따라 대마초는 강력한 마약으로 분류되어 의료 목적 사용은 물론 연구조차 제한받는다. 명목상으로는 거래시 조세 부과 대상이던 대마·대마초가 이제 법적으로도 명실상부한 금지 식물, 불법 약물로 낙인찍히게 된 것이다.

같은 해에 미국 의회는 대마초를 스케줄I으로 분류한 일과 관련하여 정부의 의견을 물었는데, 이에 대해 건강교육복지부는 "여러 가지 의견이 있고 아직 규명되지 않은 사항들이 있기 때문에 스케줄I 지정을 유지하되, 지금 특별위원회에서 진행하고 있는 조사와 연구의 결과가 나오면 그에 따라 조치하겠다"고 답변했다. 결국 대마는 2018년 12월 31일까지도 스케줄I으로 분류되어 있다가,

2019년 1월 1일부터는 개정된 미국 농업법에 의거하여 산업용 대마에 한해 스케줄I에서 해제되었다.

1969년 대통령으로 취임한 닉슨은 1971년 소위 '마약과의 전쟁'을 선포한다. 그리고 이를 위해 통제물질법 제정에 이어 '대마초 및 약물 남용 위원회Commission on Marijuana and Drug Abuse'를 구성한다. 대마초를 포함한 마약 연구와 이에 대한 국가 정책 권고안 수립을 목적으로 한 2년 한시 조직으로, 위원장은 전 펜실베이니아 주지사였던 레이먼드 셰이퍼Raymond Shafer였다.

닉슨은 이 위원회에서 마약과의 전쟁을 뒷받침할 증거가 제시되기를 기대하였다. 그러나 발표된 보고서는 닉슨을 크게 실망시키게 된다. 〈셰이퍼 보고서Shafer Report〉는 "대마초를 스케줄 시스템에서 제외해야 할 뿐만 아니라 이에 대한 정책은 비범죄화로 전환해야 한다"고 권고하는 내용이었기 때문이다. "대마초의 단순한 소지는 더 이상 범죄라고 할 수 없다. 다만 공공장소에서 대마초를 소지한 경우 압류하거나 몰수하도록 하고, 수익을 목적으로 하지 않는 적은 양의 거래는 더이상 범죄로 취급해서는 안 된다"는 것이다. 그 근거로 "공공의 안전에도 영향을 미치지 않는다. (……) 보건 차원에서 볼 때도 대마초만으로 사망한 경우는 한 건도 없다"는 사실을 들었다. 이 위원회는 "1933년 수많은 문제로 폐기된 금주령을 닮아 간다는 많은 증거가 있다"는 의견을 덧붙였다. 사실상 금지 정책을 폐기하라고 권고한 것이나 마찬가지의 내용이다.

그러나 닉슨은 이를 철저하게 무시해 버린다. 사실 닉슨 대통령은 아직 위원회가 활동 중이던 1971년 5월 기자회견 중에 "위원회의 결론이 어떻게 나오든 간에 본인은 대마초 합법화는 절대 반대한다"고 밝힌 바 있다. 또한 그해 다른 기자회견에서는 "미국 내에서 공공의 적 1호는 마약의 남용이다. 이 공공의 적을 무찌르기 위해서는 필요한 모든 조치를 다하겠다"고 말했다. 뿐만 아니라 닉슨은 마약 단속을 더 강화할 법률안의 제정과 더욱 공격적인 조치를 취할 수 있도록 뒷받침하는 기금 조성을 의회에 요청하기도 했다.

닉슨은 그해에 마약 근절을 위한 조치의 일환으로 백악관 내에 특별 보좌관을 임명한다. 아울러 마약을 더욱 철저하게 규제하기 위하여 1973년 7월 기존의 마약 관련 4개 기구를 통합하여 마약단속국 Drug Enforcement Administration을 설치한다. 1974년 마약단속국의 예산은 7억 2,000만 달러나 되었다. 마약과의 전쟁을 수행하기 위해 더 많은 공무원과 법률 관련 종사자를 고용하고, 새로 발생하는 마약 사범을 수용할 감옥을 짓기 위해서였다. 그러나 단속과 처벌이 강화되면 될수록 대마초 가격은 상승하고 교도소의 인구는 늘어났으며 불법 거래로 돈을 벌려는 범죄조직은 기승을 부리기만 했다.

원래 마약단속국의 주 임무는 국내의 마약 소탕이었지만 시간이 지나면서 그 활동 범위는 세계적으로 확대된다. 2007년 기준으로 미국 내에 250개의 사무소가 있고, 우리나라를 포함한 55개국에 걸쳐 70개의 해외사무소가 설치되어 있다. 또한 각국의 미국 대사관을 통해, 마약 거래를 끊고 대마, 코카, 양귀비를 재배하는 대신 식량 작물을 심도록 유도했지만 별로 성과를 내지 못했다. 특히 해시시의 주

공급국가인 아프가니스탄에 대해선 수백만 달러를 지원하면서까지 불법 재배와 불법 거래를 막으려 했지만 전혀 성과를 내지 못했다. 공급 차단은 사실 불가능하다는 것이 판명되었다.

닉슨 후임으로 취임한 카터 대통령은 셰이퍼 위원회의 대마초 비범죄화 권고를 채택하고자 했지만 불발되고 말았다. 그러나 셰이퍼의 권고는 주 단위에서는 대단한 영향을 미쳐 왔다. 1973년을 기점으로 1979년까지 11개 주에서 대마초의 개인적 소지나 사용에 대해서는 비범죄하는 법률이 통과되었다. 2020년 현재는 15개가 넘는 주가 정도의 차이는 있으나 비범죄화 제도를 채택하고 있다. 대마에 대한 정책은 통치자의 관점에 따라 차이를 보여 왔지만 강력한 통제 일변도에서 점차 완화되는 추세로 나아가고 있음은 분명한 사실이다.

대마초의 국제적 규제

대마초 금지의 기원

대마초 사용을 금지한 세계 최초의 사례는 12세기 말 교황청이 대마초를 비롯한 천연 약초 사용을 금지한 일이다. 당시 기독교회에서는 포도주는 성스러운 것으로 여겼고 알코올에 대해서도 관용적이었으나 대마초 사용자는 심한 고문을 받다가 죽기까지 하였다. 중세 기독교의 약초 사용 금지는 15세기 교황 인노첸시오 8세^{Innocentius VIII,}

1432~1492의 마법 금지령으로 이어졌고, 대마초를 사용한 사람은 마녀 또는 마법사로 몰려 마녀사냥을 당했다.

한편 초기 이슬람교에서는 술은 철저히 금지했으나 해시시에 대해서는 관용적이었고, 현실적으로 해시시는 대중의 기호품이기도 했다. 그러다가 1300년대에 이르러 이집트의 잔인한 통치자로 알려진 소던세이코니Soudon Sheikhouni 왕이 가난한 사람들의 해시시 사용을 금지했다. 위반할 경우 감옥에 보내거나 이빨을 뽑는 형벌을 가했다.

1800년대에 이집트를 점령한 나폴레옹은 현지의 장병들에게 대마초로 만든 음료 섭취나 대마초(해시시) 흡연을 금하는 명령을 내렸다. 이집트에서 종교적 의미로 사용되는 대마초를 프랑스 군인들이 피운다면 나폴레옹의 군령보다 이방 종교가 권위를 얻게 될 것을 염려했기 때문이다. 그러나 실효를 거두지는 못했다고 한다. 영국이 식민지인 인도에서 해시시를 금지했지만 불과 4년 후에 이를 해제한 바도 있다.

이 외에도 지역이나 시기를 달리해서 해시시나 간자 등의 사용을 금지한 몇몇 사례가 있다. 그러나 전통 사회에서 대마초에 대한 금지는 건강상의 문제나 사회적인 위험성 때문이 아니었다. 주로 종교적인 이유나 정치적 의도에서 채택된 지도자의 통치수단이었다고 할 수 있다. 또한 오락용으로의 섭취 행위를 금지한 적은 있어도 섬유 생산을 위한 대마 재배 자체를 금지한 일은 없었다.

국제적 금지로 확산

마약을 겨냥한 국제적 약물 금지는 대마초에 앞서 아편에서부터 시작한다. 1869년 미국의 샌프란시스코와 버지니아는 아편 피우기를 금하는 조치를 시행했다. 당시는 아편, 코카인 등의 마약성 약물들이 버젓이 약국에 진열되어 있었고 누구나 구입이 가능한 시절이었다. 알코올 중독을 치료하기 위하여 모르핀이나 헤로인을 권고하기도 했으며, 중독 개념에 대해서도 충분한 이해가 없었다.

따라서 당시의 아편 규제는 아편 자체의 해로움이나 중독성을 우려한 조치가 아니라 인종 차별을 바탕에 깔고 있던 조치였다. 아편을 피우는 것은 당시 중국인들의 생활습관 중 하나였던 것이다. 요즈음 카페나 커피숍이 있듯이 당시에는 아편굴이 있어서 중국인들은 이곳에 모여서 아편을 피우고는 했다. 백인들은 중국인들이 백인 여자를 유혹하여 아편굴에서 섹스를 할 것이라는 두려움을 느꼈다. 미국연방 차원에서 아편과 코카인을 불법화한 조치는 1914년에 시행된 '해리슨 조세법Harr-ison Tax Act'이다.

마약을 국제적으로 규제하려는 움직임은 미국 주도하에 1909년 상해에서 열린 기초회의에서 시작되었다. 그 후 1912년 헤이그에서 개최된 국제회의에서 국제 약물 협약이 체결되었고 1913년에 2차 회의가 열리면서 국제적 약물 규제가 강화되기 시작한다.

대마초에 대한 국제적 규제는 이보다 약 50년이 지난 1961년에 유엔에서 '마약에 관한 단일 협약Single Convention on Narcotic Drugs'을 체결하면서부터 시작된다. 일체의 마약과 마약류에 대한 규제를 이 법안에 통합하면서 대마초에 대한 규제가 국제적으로 강화되기 시작했다. 물론 미국이 주도했다. 이 유엔 협약에는 우리나라를 비롯해서 73개국이 서명했다.

1960년대부터 향정신성물질의 남용이 증가함에 따라 유엔은 1971년에 향정신성물질에 관한 내용을 보완하여 새로운 협약을 채택했다. 여기에는 97개국이 서명하였다. 이 국제조약의 목적은 크게 두 가지로 요약할 수 있다. 첫째, 의학 목적이나 학문 목적 이외의 마약 생산, 제조, 수출, 수입, 분배, 거래, 소지와 사용을 엄격히 규제하는 것이고, 둘째, 국제적 공조하에 마약 밀매를 저지하는 것이다. 서명한 나라들은 자국 헌법 조항에 위배되지 않는 한 이 국제조약 규정을 법률 또는 규칙으로 채택해야 하며, 고의로 이를 범한 경우 범죄로 규정하여야 하고, 중대한 범죄는 그에 상응하는 적절한 형벌, 특히 징역 등으로 처벌하여야 한다.

이 조약에서는 어느 마약성 약물보다도 대마초를 특히 해롭고 오남용이 많은 물질로 분류하여 엄격하게 다루도록 하고 있다. 미국의 예를 그대로 따라, 마약 등 향정신성물질을 남용 위험성, 중독성, 의료적 가치 등에 따라 4등급으로 나누어 차등 관리하도록 규정하면서 대마초를 가장 위험한 등급인 '스케줄IV'로 분류한 것이다(미국은 스케줄I이 가장 위험 등급).

그러나 대마초를 규제한다고 해서 대마 자체를 규제하지는 않는다는 조항이 있다는 사실에 주목할 필요가 있다. 유엔 조약의 제28조 2항에서는 "산업 목적(섬유와 종자)이나 원예용으로 재배할 경우는 이 조약의 적용을 받지 않는다"고 했다. 산업이나 의료 용도와 유흥용으로의 대마초 사용을 분명히 구분한 것이다.

1988년 유엔은 '마약 및 향정신성물질의 불법 거래 방지에 관한 협약'을 새로 체결하게 된다. 1961년 및 1971년에 체결된 협약 이후 국제적인 약물 범죄조직에 의한 마약 밀수, 밀매가 빈번하게 일어나기 시작하자 이를 소탕하기 위하여 새로운 협약이 요구되었기 때문이다. 전문과 34개 조항으로 구성된 본 협약은 조직적 마약 범죄의 근절을 목표로, 불법 거래에 대한 처벌을 비롯하여 불법 거래에서 얻어진 재산의 동결과 몰수, 범죄인의 인도, 국제 수사의 협력, 마약 등의 원재료나 제조 용구 규제, 선박에 의한 부정 거래의 단속 등의 규정을 포함하고 있다.

우리나라에서의 불법화

대마초의 확산과 파동

우리나라에서 대마를 유흥 목적으로 사용한 시기는 지극히 최근이라고 할 수 있다. 월남전이 한창이던 1965년 이후 한국에 주둔하던 미군들이 대마초를 흡연하자 이들과 접촉이 많던 미군부대 주변의 유흥업소 종사자들, 미군부대 악사와 가수들에게 퍼지기 시작했고 점차 연예인들에 이어 대학생, 청소년들에게까지 확산되기에 이른다.

어디까지나 음성적으로 사용되던 대마초가 사회의 수면 위로 떠오른 시점은 1975년 12월부터 이듬해 1월까지, 당대의 인기 가수들이 줄줄이 쇠고랑을 찼던 소위 '대마초 파동'이라고 할 수 있다. 당시의 자세한 상황은 이 책의 제1장에서 언급한 바와 같다.

이후에도 잠잠해질 만하면 연예인들의 대마초 사건이 터지는 일이 주기적으로 되풀이되었다. 그런 와중에 2004년 배우 김부선이 대마초 규제에 대한 헌법소원을 청구하자 헌법재판소가 이에 대해 대마초 흡연에 대한 처벌이 행복추구권의 침해가 아니라고 판결함으로써, 우리나라에서도 대마초를 둘러싼 논쟁이 본격적인 궤도에 올랐다.

우리나라 대마초 규제의 역사

미 군정령 119호

제2차 세계대전이 끝나고 일본이 항복한 후 한동안 미 군정이 실시된 우리나라에서는 미 군정청에 의해 대마가 처음으로 규제와 통제의 대상이 된다. 1946년 11월 11일 발포된 미 군정령 119호에서 마약 통제 업무에 대마를 포함시킨 것이다.

마약법의 제정

1957년 4월 23일, 유엔의 '마약에 관한 국제협약'에 근거하여 '마약법'이 법률 제440호로 공포된다. 이 법에서는 마약의 범위에 "인도 대마초인 '칸나비스 사티바 엘'[50], 그 종자, 수지 및 제품"을 포함시켰으나 "성숙한 인도 대마초의 경(줄기), 그 제품 또는 발아 불가능한 종

216

자는 제외한다"고 하였다. 따라서 우리나라의 재래종 대마를 재배하는 일은 아무런 문제가 되지 않았다고 할 수 있다.

습관성 의약품 관리법의 제정

1970년 8월 7일 법률 제2230호로 '습관성 의약품 관리법'이 제정되었다. 이 법에서는 습관성 의약품의 범주에 들어가는 대마초를 품종 기준이 아니라 THC 함량을 기준으로 변경하였다. 이로써 우리나라의 재래종 대마도 실질적인 규제 대상에 포함되기 시작한다. 우리나라 재래종 대마는 인도 대마초보다 THC 성분이 약하기는 하지만 도취를 불러일으킬 정도의 THC는 함유하고 있기 때문이다.

대마 관리법의 제정

소위 '대마초 파동'이라는 대사건이 전국을 강타한 후에도 일부 연예인과 대학생 등 청년층으로 대마초 흡연이 퍼져 나가게 된다. 사회를 흔든 사건이 오히려 젊은이들의 호기심을 자극하는 계기가 되었다고 할 수 있다. 급기야 당시 박정희 대통령이 나선다. "연예인들이 대마초를 피우는 것도 문제이고, 특히 학생 사회에 대마초가 많이 들어왔는데 법무부는 학교 당국과 협조해 이를 근절시켜야 한다"고 지시한 것이다.

두 달 만인 1976년 4월 7일 법률 제2895호로 '대마 관리법'이 제정되었다. 유신독재 시절의 초특급 법률 제정이었다. 법률 공시기간이나 공청회 등은 아예 없었다. 과학적 검토나 논리적 접근도 없었다. '습관성 의약품 관리법'에서 대마에 관한 사항만을 별도로 분리하여 더욱 강화한 이 법에는 대마의 재배에서부터 유통, 소지, 사용 전반에 대해 엄격하게 규제하는 내용을 담았다.

그러나 대마의 재배를 원천적으로 봉쇄한 것은 아니고 직물 등 산업용 목적으로 재배하고자 하는 자는 관할 당국의 허가를 받도록 하고 있다. 이와 같이 산업용 목적의 경우 재배를 허용한 법률은 1961년에 제정되고 1971년에 수정된 유엔의 '마약에 관한 단일협약'에 근거를 두고 있다.

대마 관리법의 개정

1989년 4월 1일의 대마 관리법 1차 개정에서는 "대마의 종자피를 흡연 또는 섭취하는 행위를 금지"하는 내용을 추가한다. 1997년 12월 31일의 2차 개정에서는 "대마 및 그 종자의 껍질을 흡연 또는 섭취할 목적으로 대마, 그 종자 및 종자의 껍질을 소지하거나 그 정情을 알면서 대마 종자 등을 매매하거나 매매의 알선 행위를 하는 일"을 금지 사항에 추가하였다.

마약류 관리에 관한 법률

현재 대마와 대마초에 적용되고 있는 기본 법률은 2000년 1월 12일 제정되고 동년 7월 1일부터 시행된 '마약류 관리에 관한 법률'로, 종전의 '마약법'과 '습관성 의약품 관리법'이 폐지되고 1979년 12월 28일에 대체 입법된 '향정신성 의약품 관리법'과 '대마 관리법' 등 마약 관련 여러 법을 통폐합하여 일원화한 법이다. 이 법 중에서 대마에 관한 내용은 1976년에 제정된 대마 관리법과 거의 유사하다. 그러나 대마 관련 규제 내용은 법이 개정되고 새로운 법이 만들어질 때마다 더욱 강화되었다.

마약류 관리에 관한 법률 중 대마초 관련 조항

'마약류 관리에 관한 법률'은 이 법을 제정한 목적을 "마약, 향정신성 의약품, 대마 및 원료 물질의 취급, 관리를 적정히 함으로써 그 오용 또는 남용으로 인한 보건상의 위해를 방지하여 국민 보건 향상에 이바지함"이라고 제1조에서 설명하고 있다.

이 법에서는 관리 대상을 세 종류로 구분하여 제시한다.

- 마약: 양귀비, 아편, 코카 잎과 이들의 파생 물질로서 대통령령으로 정한 것.
- 향정신성 의약품: 인간의 중추신경계에 작용하는 것으로서 이를 오용하거나 남용할 경우 인체에 심각한 위해가 있다고 인정되는 것으로서 대통령령으로 정한다. 엘에스디, 암페타민 등을 포함하며 이에 해당하는 종류는 상당히 많다.
- 대마: 대마초Cannabis sativa L.와 그 수지 및 대마초 또는 그 수지를 원료로 해서 제조된 모든 제품을 말한다. 다만 대마초의 종자, 뿌리 및 성숙한 대마초의 줄기와 그 제품은 제외한다.

법에서 보듯이 대마를 마약으로 부르는 것은 엄격한 의미에서는 맞지 않다. 다만 대마에는 중추신경에 영향을 미치는 물질인 THC

가 있기 때문에 포괄하여 마약류로 분류할 뿐이다. 더군다나 오늘날은 품종 개량을 통해 아예 THC 성분이 전혀 없거나 아주 미약하게 있어 중추신경에 전혀 영향을 미치지 않는 산업용 대마 품종이 많이 나오고 있다. 이 같은 새로운 품종 개발에 법이 뒤따라가지 못하는 실정이기 때문에 법률상 고려가 필요한 사항이다.

이 법의 제3조에서는 대마에 대한 일반 행위의 금지 사항을 다음과 같이 열거하고 있다.

- 식품의약품안전처의 승인 없이 대마를 수입하거나 수출하는 행위
- 대마(대마초를 제외한다)를 제조하는 행위
- 대마를 매매하거나 매매를 알선하는 행위
- 대마 또는 대마초 종자의 껍질을 흡연 또는 섭취하는 행위
- 흡연, 섭취 목적으로 대마, 대마초 종자 또는 대마초 종자의 껍질을 소지하는 행위
- 흡연, 섭취 행위를 하려 한다는 정情을 알면서 대마초 종자나 대마초 종자의 껍질을 매매하거나 매매를 알선하는 행위
- 이를 위한 장소, 시설, 장비, 자금 또는 운반 수단을 제공하는 행위

다음으로는 이러한 일반 행위의 금지 사항을 어겼을 경우의 벌칙 내용을 보도록 하겠다.

- 대마초의 수입, 수출입 목적의 소지, 소유: 무기 또는 5년 이상의 징역
- 대마초의 매매, 매매 알선, 제조 목적의 재배, 대마 제조, 미성년자에

게 흡연, 수수, 섭취(종자 포함)하게 한 경우: 1년 이상의 징역

- 장소, 시설, 장비, 자금, 운반 수단 제공: 5년 이하의 징역 또는 5,000만 원 이하 벌금
- 제4조 1항을 위반(허가받지 아니한 경우)하여 재배, 소지, 소유, 수수, 운반, 보관, 사용: 5년 이하 징역 또는 5,000만 원 이하 벌금

이상에서 보듯이 대마초 관련 일반 행위의 금지 사항을 위반했을 경우 무거운 형벌이 부과된다. 특히 종자에서는 THC 성분이 발견되지 않음에도 불구하고 법률상 제재가 대마 종자에까지 적용되고 있음은 안타까운 일이다.

대마를 재배하려면

우리나라에서 대마초용으로 대마를 재배하는 일은 완전한 불법행위이다. 다만 산업 용도(줄기와 종자를 이용하여 직물이나 기타 용도로 사용)로 대마를 재배할 경우는 그 지역의 시장, 군수 또는 구청장으로부터 허가를 받아야만 한다.

재배 신청자는 '농업·농촌 및 식품산업 기본법'에서 정한 기준에 의한 농업인이어야만 한다. 법률상 농업인이 아니면 재배가 원천적으로 봉쇄되고 있음을 주목할 필요가 있다. 농업인이라 하더라도 금치산자, 한정치산자 또는 미성년자, 정신질환자와 마약류 중독자 등 정신면에 이상이 있는 자는 허가를 받을 수 없다. 또한 금고 이상의 형을 받고 그 집행이 끝나거나, 받지 아니하기로 확정된 후 3년이

지나지 않은 사람도 허가에서 제외된다.

　아울러 대마 재배 허가를 득한 농업인은 매년 5월과 11월 두 차례 재배 상황과 결과를 보고하여야 하며 수확이 완료된 후 목적 수확물인 대마 줄기나 종자 이외의 잎 등 잔존물은 관련 공무원 입회하에 모두 소각하여야만 한다.

우리나라의 마약류 관리, 단속, 수용 억제 기구와 조직

우리나라라에서 대마초를 포함한 마약류 관련 업무는 관리, 단속, 교육과 홍보 등으로 나누어 수행되고 있다. 관리는 의료용 마약류 분야를, 단속은 불법 마약류를, 교육과 홍보, 캠페인은 수요 억제를 중점적인 대상으로 한다. 관리는 보건복지부, 식품의약품안전청이 주관부서가 되고 각 시·도와 지방자치단체가 일선행정 업무를 담당한다. 보건복지부는 법령의 제·개정을, 식품의약품안전청은 마약류 및 원료물질 취급자 관련 사항, 중독자 재활, 오남용 예방, 품질검사, 허가 및 지도 등을 담당한다. 불법 마약류 단속은 검찰청, 경찰청, 해양경찰청이 담당하고 관세청은 주로 밀수 단속을 전담하고 있다. 마약류 수요 억제를 위한 교육, 홍보, 캠페인은 교육과학기술부에서는 학생에 대한 약물 오남용 예방 업무를, 민간 기구인 마약퇴치운동본부는 마약류 예방과 홍보 등의 업무를 관장하고 있다.

제9장 대마초 비범죄화와 합법화

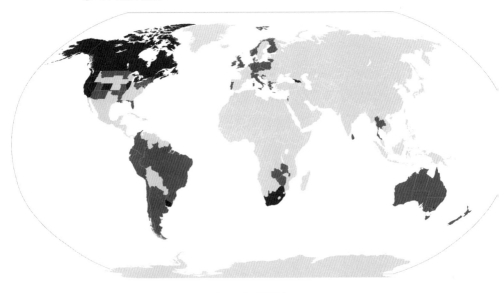

● 모든 용도에 합법

● 의사의 승인하에 합법

의료용 대마를 합법화한 국가(2018)

한계에 이른 대마초 금지

대마초 사범 증가와 사설 교도소

2016년 유엔에서 발표한 〈세계 마약 보고서〉에서는 15~64세의 성인 20명 중 1명, 즉 2억 5,000만 명이 최소한 1회 이상은 마약을 사용했다고 추정했다. 이 중 대마초는 세계적으로 가장 많이 사용하는 마약으로 2014년에만 사용자가 1억 8,300만 명이나 되었다고 한다. 세계 인구의 약 3퍼센트에 해당하는 인원이다.

물론 마약이나 대마초 등의 사용이 워낙 음지에서 은밀하게 이루어지기 때문에 정확한 통계를 집계하기 어려운 일이기는 하다. 더군다나 가장 인구가 많은 중국이나 인도의 통계는 더욱 명확하지 않다. 그러나 발표되는 통계보다 더 많은 사람들이 대마초를 사용하고 있으리라는 사실을 부정하는 사람은 없다.

미국의 예를 들면 12세 이상의 인구 중 10~11퍼센트가 대마초를 사용하고 있다고 한다. 또 다른 자료에서는 18~50세 사이의 인구

중 1억 명 정도가 적어도 한 차례 이상은 대마초를 사용한 경험이 있다고 한다. 군대의 징병 관계자나 경찰의 신규 인원 모집 담당자들은 응모자의 과거 대마초 사용을 문제 삼지도 않는다. 대마초 사용 여부를 테스트한다면 통과할 젊은이가 많지 않기 때문이다. 미국 각 주에서 비범죄화나 합법화 정책을 실시하기 이전까지의 통계에 따르면, 대마초를 소지했다는 이유만으로 체포되는 사람은 연평균 75만 명에 이르렀다. 불법 거래나 판매 행위로 체포된 사람도 연평균 10만 명이었다.

1976년 연방정부의 교도소에 수감된 범죄자 중 대마초 사범의 비율은 16퍼센트였다. 그러나 20년 후인 1996년의 대마초 사범 수감 비율은 놀랍게도 61퍼센트에 이르렀다. 폭력이나 다른 범죄와 상관없이 대마초 단순 소지자로 체포되는 이들의 87퍼센트는 과거 범죄 경력이 없는 사람들이다. 다른 사람에게나 사회에 위해를 끼치지 않은 대마초 사범을 수감하기 위해 오히려 다른 사람에게 해를 끼친 수감자들을 속히 내보내야 할 지경이었다.

또한 대마초 단속과 체포에 드는 직접 비용은 매년 10~15억 달러가 소요되며, 행정 비용, 법집행 비용, 시설관리 비용 등 관련 비용까지 포함하면 40억 달러에 이른다고 한다. 그러나 근년에 들어서 많은 주에서 대마초 단순 소지나 사용을 비범죄화하고, 치료를 위한 대마초 사용을 합법화하거나 나아가 오락용까지도 합법화하는 주가 늘어가면서, 체포, 단속, 수감되는 수는 급격하게 줄어드는 추세이다.

우리나라의 경우 대검찰청의 2018년 《마약류 범죄 백서》에 따르면 2016년 대마초 관련 체포 인원은 1,435명이, 2017년에는 1,727명이었다. 2018년에는 1,533명이 체포되고 161명이 구속되었다. 남녀 비율을 보면 90퍼센트 정도가 남성이고 10퍼센트가 여성이다. 우리나라의 대마초 관련 사범은 미국이나 유럽에 비하면 극히 적은 수라고 할 수 있겠다. 인구 비례로 보더라도 상대적으로 미미한 수치이다.

2000년대에 들어서면서 미국을 비롯해 세계적으로 교도소에 대마초 관련 수감자가 급격히 늘어났는데, 여기에는 1988년 체결된 유엔의 '마약 및 향정신성물질의 불법 거래 방지에 관한 협약'(이하 '마약 금지 협약')이 크게 작용했다고 할 수 있다. '마약에 관한 단일 협약'에 따라 이 협약에 서명한 각 국가는 1961년 이후부터 이미 대마초 재배, 소지, 사용 등에 대해 처벌 규정을 두어 시행해 왔으나, '마약 금지 협약'에서는 처벌 규정을 더욱 강화했기 때문이다.

유엔 협약의 구체적 적용은 각국의 헌법이나 법제도와 원칙에 따라 조금씩 다른데, 특히 미국, 러시아, 중국, 말레이시아, 일본, 한국은 매우 엄격하게 처벌하는 법제도를 채택하고 있다. 그런데 앞에서 보았다시피 어느 나라보다도 대마초를 강하게 통제하는 미국에서는 대마초 사용 인구가 오히려 증가함에 따라 미국은 교도소 포화의 위기를 맞았을 정도이다. 미국에서 민간에 위탁한 사설 교도소가 생겨난 이유의 상당 부분이 대마초 사범 때문이라고 할 수 있다.

이제는 결국 대실패로 끝난 '금주법 시대'의 교훈을 타산지석으로 삼아야만 할 때가 된 것 같다. 금주법 시행 기간 동안 개인들이 불법적으로 화학 처리한 밀주가 수만 명의 생명을 앗아갔고, 죽지는 않았다 하더라도 눈을 멀게 하는 등 치명적인 위해를 초래하기도 했다. 그 유명한 알 카포네 등 소위 마피아라는 이름으로 알려진 범죄조직을 탄생시키기도 했고, 경찰, 검찰, 법원 등 법집행 기관의 업무에 과부하를 불러 오기도 했으며, 부패한 경찰과 공무원, 타락한 정치인 등이 이 때문에 생겨나기도 했다. 나아가 법률에 대한 일반인들의 존중심마저 크게 훼손하는 결과를 낳고야 말았다. 대마초 금지 정책의 결과 역시 이와 비슷한 양상을 보이고 있다.

대마초 정책의 국제적 변화

2006년 유엔의 '마약범죄 사무소Office on Drugs and Crime'는 대마초 금지 협약이 과학적인 검증이나 사실에 입각한 근거 없이 허구적인 요소들을 기반으로 해서 제정되었다고 밝힌 바 있다. 또한 대마는 세계의 어느 곳에서나 잘 자란다는 점을 볼 때 단속을 통해 공급을 차단한다는 것은 불가능하다는 입장을 표명하기도 했다. 이런 상황에 더해, 앞에서 이미 살펴보았듯이 대마초 관련 규제법이 불러오는 결과로는 긍정적 효과보다는 부작용이 오히려 많다. 이 때문에 대마초에 대한 정책을 재검토하여 법적 제재 대상에서 제외하는 움직임이 확산되고 있다.

대마초 사용을 범법행위에서 제외하는 정책은 크게 두 가지로 구분할 수 있다. 하나는 기존의 법을 적용하기를 삼가고 관용으로 대하는 제도이다. 처벌하는 법 조항은 있지만 법대로 처벌하지 않는 제도를 말한다. 이러한 정책을 대마초 '비범죄화decriminalization'라고 한다. 다른 하나는 대마초 사용을 처벌하는 법을 없애서 금지법을 시행하기 이전의 상태로 돌아가자는 것이다. 이러한 정책을 대마초 '합법화legalization'라고 한다. 대마초 합법화 정책은 다시 의료용 합법화와 유흥오락용까지 포함하는 합법화 정책으로 나뉜다.

비범죄화

대마초 비범죄화는 현행법을 유지하면서 대마초의 단순 소지나 사용에 대해서는 법집행 기관으로 하여금 법 적용을 유보하거나 면하게 하는 정책이다. 대마초를 소지하거나 사용하는 일이 법률상 처벌 대상이기는 하나, 소량의 소지나 사용에 대해서 형 집행을 면하거나 경범죄 정도로 완화 적용하는 제도라고 할 수 있다.

현행 대마초 금지 법규는 아무리 적은 양의 대마초를 소지하거나 사용하더라도 고액의 벌금이나 징역형 등의 처벌을 받도록 하고 있다. 결과적으로 폭력 등 다른 범죄 행위 없이 단순한 대마초 소지나 사용만으로 범죄자가 되고 개인적으로는 크나큰 심적 고통을 당하게 된다. 이를 처리하기 위한 경찰, 검찰, 법원 등의 법집행 비용 또한 막대하게 소요되고 있음은 물론이다.

그런데 대마초 정책을 비범죄화로 변경하면 개인적으로 소량의 대마초를 소지하거나 사용하는 자에 대해서는 범칙금 등 행정상의 제재로 대신한다든가 아니면 일체의 제재를 배제하게 된다. 범칙금을 부과할 경우 미국의 경우 대체로 100달러 정도가 된다. 또는 약물

교육 과정 이수나 다른 형태의 징계를 받기도 한다. 특히 첫 번째 적발되었을 경우에는 체포 기록도 남기지 않는 경우도 많다. 물론 벌금의 액수나 처벌 내용은 나라에 따라 또는 미국의 경우 주에 따라 차이가 있다.

대마초 비범죄화 정책은 타인에게 아무런 피해를 주지 않으며 공익에 위해를 끼치지 않음에도 불구하고 자신에게 해로운 행위를 하였다는 이유로 국가가 처벌하는 것은 행복추구권이나 자기결정권 등 개인의 자유에 대한 침해라는 논리에 근거를 두고 있다. 대마초 흡연, 도박, 음란물 거래 등 피해자 없는 범죄에 해당하는 행위는 개인의 자주적 판단과 책임, 또는 도덕과 윤리 규범이나 통상적인 사회적 규제에 맡겨야 한다는 것이다. 현실적으로 대마초 비범죄화 논의와 시행이 촉발된 데는 닉슨 대통령 시절에 제출된 〈셰이퍼 보고서〉의 권고가 크게 작용했다.

현재 대마초 비범죄화 정책을 채택하고 있는 나라로는 독일, 영국, 덴마크, 네덜란드, 오스트리아, 스페인이 있고, 벨기에는 집단적인 사용 행위에 대해서만 처벌하고 있으며, 프랑스와 룩셈부르크에서는 형벌을 감경하고 있다. 스위스에서는 경범죄로 다루고 있고 호기심 등으로 한 번 사용한 경우에는 형을 면제하고 있다. 미국에서는 1973년 오리건 주의 비범죄화 정책 실시를 시작으로 현재는 15개 주에서 이 제도를 채택하고 있다. 우리나라는 여전히 아무런 문제의식 없이 오직 단속과 처벌 위주로만 일관하고 있다.

의료용 합법화

대마초를 유흥이나 오락용이 아닌 치료 목적으로 사용할 경우에는 합법화하는 제도이다. 알려진 바와 같이 대마는 수천 년 이상 많은 질병의 치료를 위해 사용되어 왔다. 특히 최근에는 CBD 등의 대마 추출물이 치료 효과가 있음이 속속 증명되면서 대마의 의료적 가치는 계속 확대되고 있다.

이에 따라 미국의 경우, 대마초의 의료용 사용을 연방법은 절대 금지하고 있지만 36개 주에서는 주정부 결의나 법률로 합법화하고 있다. 이 경우 대마초 사용은 의사의 진단과 처방에 따라야 한다.

그러나 주정부 단위에서 의료용 대마초 사용을 허용한 경우에도 마약단속국이 연방법인 '약물통제법'을 근거로 단속했기 때문에, 초창기에는 의료용 대마 사용을 합법화한 주와 연방정부 간에 심각한 갈등이 초래되기도 했었다. 실제로 주정부의 허가를 받아 대마초를 처방했다는 이유로 연방경찰에 체포되거나 구속되기도 했다.

그러다가 오바마 대통령 시절인 2013년 8월 29일, 법무부의 부장관Deputy Attorney인 제임스 콜James Cole이 작성한 메모가 주정부 검찰에 전달된다. 연방정부는 주정부에서 추진하거나 시행하고 있는 대마초 관련 정책에 관여하지 않겠다는 내용이었다. 이를 통상 콜 메모Cole Memorandum라고 부른다. 이로써 연방정부와 주정부 간 대마초 분쟁은 해소되었다. 트럼프가 대통령이 된 후 2018년 1월 4일부터 콜 메모가 폐기되었지만 이로 인한 갈등은 아직 일어나지 않고 있다.

유흥 목적 사용의 합법화

대마나 대마초의 재배, 가공, 거래, 사용, 소지 등 일체의 과정에 대해 형법 적용을 배제하고 합법화하는 제도로, 비범죄화 정책보다 한층 진전된 제도라고 할 수 있다. 구체적으로, 술이나 담배에 적용되고 있는 것처럼 품질 규제, 사용 연령 제한(성인에 한함), 사용 장소 규제, 판매처 제한, 광고 금지 등 일정한 규칙을 정하여 이러한 조건에 맞는 경우에는 법적 규제 없이 사용을 허락한다는 제도이다. 대마초 단속과 형 집행 과정에 소요되는 비용을 크게 절감할 수 있을 뿐만 아니라, 생산자에서부터 최종 소비자에 이르기까지 세금을 부과할 수 있게 되므로 주정부나 국가 재정에도 유익하고, 범죄율을 크게 줄일 수 있다는 주장에 근거한다.

이미 많은 국가에서 개인적인 오락용 대마초 사용에 대해 비범죄화 정책을 시행하게 되면서 합법화 논의도 늘어 가고 있기는 하지만, 완전한 합법화 정책을 채택한 나라는 현재까지 우루과이와 캐나다 두 나라뿐이다. 미국의 경우 15개 주와 워싱턴 디씨가 오락용 사용을 합법화했다. 우리나라에서는 영화배우 김부선이 제기한 '마약류 관리에 관한 법률'에 대한 위헌 제정 신청이 대법원으로부터 기각된 후로는 대마초에 대한 비범죄화나 합법화에 대한 주장이 공론화된 예가 아직까지는 없다.

비범죄화와 합법화 논쟁의 쟁점

1980년 미국의 마약단속국은 대마초를 스케줄I에서 스케줄II로 재분류하여 달라는 청원을 받았다. 이에 따라 조사한 결과 마약단속국의 수석법관인 프랜시스 영Francis L. Young은 "대마초는 인간에게 알려진 가장 안전한 의학적 물질 중의 하나"라고 결론지었다. 그러나 마약단속국은 대마초를 스케줄II로 분류하여 의학적으로 사용할 수 있도록 허용하는 데 분명하게 반대했다. 아직 과학적 근거나 의학적 검증이 충분치 못하다는 이유에서다.

대마초 비범죄화와 합법화가 세계적 추세로 자리 잡아 가는 와중에도 대마초의 유해성과 규제 문제를 둘러싼 논란은 여전히 끊이지 않고 있는 상태다. 여기서는 대마초를 둘러싼 논란을 쟁점별로 정리해 보겠다.

신체적 유해성과 사회적 위해성

어떤 행위를 범죄로 간주하여 형벌을 부과하기 위해서는 우선 그 행위가 법익을 침해하는 사회 위해적인 것이라야 한다(형법 적용 타당성). 또한 형벌은 법익 침해로부터 사회를 보호하고 질서를 유지하기 위하여 반드시 필요한 수단이어야 한다(형벌 필요성). 따라서 대마초를 흡연하거나 섭취하는 행위를 범죄로 규정하고 처벌하는 일이 타당한가 하는 질문에 답하려면 과연 대마초를 사용하면 본인의 신체에 유해하고 사회에 위해를 끼치는가를 먼저 알아보아야 한다.

미국의 국립 약물중독 연구소는 "1주일에 대마초 다섯 개비를 피우는 사람은 암을 유발하는 화학물질을 매일 담배 한 갑을 피우는 사람만큼 흡입한다"고 밝힌 바 있다. 아울러 "대마초는 420종 이상의 화학물질을 포함한다. 담배에서 발견되는 가장 해로운 물질 또한 포함하고 있다. 예를 들어 대마초 한 개비joint를 피우면 필터가 부착된 담배 한 개비보다 네 배나 더 많은 타르를 흡입한다. 단기적으로는 기억력 상실, 인지 능력 왜곡, 사고와 문제 해결 능력의 결함, 운전 및 운동 능력 저하, 근육 약화, 심장박동 증가, 불안 등의 증상도 발생한다. 대마초의 흡연이나 섭취는 집중력 저하, 목표 달성 의욕 저하 등의 영향을 미치므로, 학생들의 정신 발달에 해로울 뿐만 아니라 모든 연령층에 악영향을 준다"고 설명했다. "대마초를 사용하고 한 시간 지난 사람은 그렇지 않은 사람에 비해 심장발작의 위험이 다섯 배나 높다"는 하버드대학교의 연구결과도 있다.

대마초가 미약하지만 중독성과 의존성, 금단성을 지닌 물질임은 분명하다. 그럼에도 분명한 사실은 앞서 제4장에서 살펴보았듯이 여타의 물질과 비교할 때 대마초가 끼치는 해악의 정도가 현저하게 낮다는 것이다. 영국 브리스틀대학교의 교수로서 뇌 회로와 수용체 연구의 세계적 권위자이면서 마약 관련 기구에서도 오랫동안 일했던 데이비드 존 넛David John Nutt 박사가 세계적으로 권위 있는 주간 의학저널《란셋The Lancet》에 2007년에 발표한 자료(표10)를 보아도 대마초는 담배나 알코올에 비해 의존성과 신체 유해성이 현저하게 낮다.

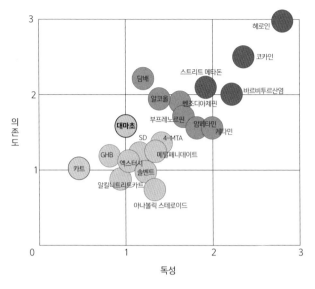

표10. 각종 약물의 독성과 의존도

캐나다의 과학자인 그린스푼^{Lester Grinspoon} 박사 역시 저서인《마리화나 다시 보기^{Marihuana Reconsidered}》(1971)에서 대마초는 담배나 술보다도 훨씬 해롭지 않다고 주장한다. 만일 대마를 다시 자유롭게 사용하게 된다면 의약품 목록 중에서 독성이 없는 물질 목록에 포함시켜야 한다는 것이 그린스푼 박사의 주장이다. 세계보건기구의 마약 컨설턴트이며 캘리포니아대학교 법의학 교수인 조엘 포트^{Joel Fort} 박사 또한 "대마초는 알코올보다 훨씬 안전하다"[51]며 "여러 증거들로 볼 때 대마초는 중독을 일으키지 않을 뿐만 아니라 다른 뚜렷한 폐해도 발견되지 않는다. 대마초 문제는 대마초 그 자체보다도 잘못된 정보

를 유포한 사회의 책임이 크다"고 주장했다.[52]

설령 앞서 소개한 미국 약물중독 연구소나 하버드대학교의 연구 결과가 사실이라 해도 문제는 여전히 남는다. 사회에 해악을 끼치지 않는다면 건강상 문제가 있다 하더라도 개인 보건상의 문제이고 사용자 개인의 취향이자 기호일 뿐이기에 법률이 개입할 사항이 아니기 때문이다. 형벌의 필요성을 충족시키기 위해서는 대마초를 사용함으로써 다른 사람에게 피해를 주거나 사회에 해악을 끼친다는 과학적 증거가 있어야 한다.

결국 대마초 사용을 법으로 처벌할 것인가 하는 논쟁은, 정치나 법의 기반을 과학으로 삼아야 함에도 불구하고 선동과 이데올로기에 둠으로써 발생한 문제라는 점이 날이 갈수록 명백해지고 있다.

관문이론

마약과 관련한 관문이론Gateway Theory이란, 부드러운 마약(연성 마약 soft drug)인 대마초를 사용하게 되면 점차 더욱 강력한 마약(강성 마약 hard drug)인 헤로인이나 코카인 등의 사용으로 이어질 수 있다는 가설이다. 따라서 강성 마약을 사용하지 못하도록 처음부터 연성 마약인 대마초 사용을 금지해야 한다는 것으로, 대마초 사용 불법화 논리를 대표하는 고전적인 이론이다. 이 이론은 1960년대 초에 미국에서 유포된 이래 대마초 사용 금지 법률을 옹호하는 가장 강력한 이론으로 오늘날까지도 활용되고 있다.

이 이론을 뒷받침하는 근거로, 대마초 사용자들이 손쉽게 더욱 강한 환각제의 유혹을 받는다고 2002년 존스홉킨스대학의 블룸버그 공중보건연구팀이 발표한 연구 결과가 있다. 21세 이하의 젊은이 4만 명을 대상으로 약물 남용에 관한 가구조사를 실시한 결과, 대마초 비사용자 그룹이 엘에스디와 같은 환각 유발성 약물을 권유받는 비율은 6퍼센트 정도에 그치는 데 반해 대마초 사용자 그룹이 강성 마약을 경험한 비율은 47퍼센트나 된다는 것이다.[53] 이런 연구에 힘입어 미국의 마약단속국은 2008년에 낸 《대마초 자료집Marijuana Source-book》에서도 관문이론의 지지를 거듭 밝힌 바 있다.

그러나 근래에는 관문이론은 전혀 실체가 없는 낡은 이론이라는 주장이 계속 등장하고 있다. 네덜란드의 틸뷔르흐대학Tilburg University에서 10여 년간에 걸쳐 코카인이나 헤로인 사용자들을 조사한 결과, 그 이전 대마초 사용 여부에 따른 유의차가 없었다고 한다. 또한 미국의 한 의학연구소도 대마초 사용의 결과가 다른 불법 약물 남용으로 이어진다는 결정적인 증거가 없다고 밝힌 바 있다. 랜드 마약정책연구센터Rand Drug Policy Research Center도 1982~1994년간에 연구한 비슷한 결과를 《미국 공공보건저널American Journal Public Health》에 발표했다.

2000년 미 보건국이 실시한 '전국 가정 약물중독 실태조사'에 따르면, 마약으로 이끄는 더욱 강력한 인도자는 술과 담배라고 한다. 그러나 관문이론 지지자가 담배나 술을 애용하는 사람과 강성 마약 사용자들의 연관성을 조사한 사례는 없다. 술과 담배가 마약과 연관성이 깊다고 밝혀지면 담배와 술을 금지해야 한다고 주장해야 하는 부담감 때문일 것이다. 이 때문에 관문이론이란 오직 대마초를 음해하기 위해 의도적으로 만들어낸 편파적인 논리라는 주장도 있다. 미국의 케이토연구소CATO Institute는, 콜로라도 주의 사례를 보면 대마초 합법화 정책 시행 결과로 강성 마약인 코카인 사용자가 늘지는 않았다고 2016년 11월에 펴낸 〈대마초 합법화에 관한 일반적인 오해 Commom Myths about Marijuana Legalization〉에서 밝혔다.

대마초 비범죄화 조치를 시행한 후 강력한 마약인 헤로인 사용자가 오히려 줄어들었고 대마초의 사용자마저 줄었다는 네덜란드의 사례 역시 관문이론의 허구성을 드러내고 있다. 대마초를 엄격하게 금지하고 있는 미국에서는 코카인 등 강성 마약을 사용하는 비율이 33퍼센트인데 비해 대마초에 대해 비교적 자유로운 네덜란드에서는 22퍼센트밖에 되지 않는다.

한편으로 마이클 린스키Michael Lynskey 박사는 2003년 미국의학협회American Medical Association의 저널에서 "대마초의 사용이 오히려 다른 마약에 대한 방어막 역할을 할 수 있다"고 발표해 역逆관문이론을 주장했다. 대마초 사용이 낮은soft 단계의 약물에 만족하고 더욱 강한hard 약물로의 이행을 막는 방어막 역할을 한다는 이론이다.

우리나라에서도 소설가 이외수가 1988년 대마초 사범으로 구속되었을 때, 이 관문이론에 대해 반론을 제기한 바 있다. "포도주 애호가들이 더 취하기 위해 보드카나 소주를 마시는 건 아니다. 포도주만 마시는 사람도 있고 소주만 마시는 사람도 있으며 술이라면 가리지 않는 사람도 있다."

대마초의 의료적 효과

대마의 다양한 치료 효과 때문에 미국 과반수의 주에서는 이미 대마초를 치료 목적으로 사용할 수 있도록 허용하고 있다. 의사의 진단에 따라 치료 목적으로만 필요한 양을 처방토록 하는 내용이다. 민간요법으로는 대마초 잎을 휘발성물질에 담갔다가 살살 끓여서 남은 진액으로 피부암을 비롯해 다른 암을 치료하는 방법도 있다.

그러나 대마초의 의료용 사용에 반대하는 목소리 또한 만만치 않다. 대마초를 장기적으로 사용할 경우 뇌나 신체에 악영향을 미친다는 것이다. 이 입장에 선 사람들은 특히 청소년들에게는 특별한 주의가 필요하다고 주장한다. 그러나 장기적으로 사용할 경우 부작용을 줄 수 있다 하더라도, 현대 의학의 한계로 치료가 어려운 질병이나 말기 환자에게 고통 경감과 치료 효과가 있는 것은 분명한 사실이므로 적절히 사용해야 한다는 의학계의 주장 역시 계속되고 있다.

대마초 금지의 또 다른 부작용

조직범죄의 출현과 폭력, 살인, 테러의 유발

엄격한 법집행은 결국 법망에 대항하는 강력한 범죄 집단을 초래할 수밖에 없다. 금주시대에 마피아 조직이 창궐했던 것처럼 대마초 유통의 막대한 이권을 놓고도 범죄조직 간의 폭력, 테러, 살인사건 등이 세계적으로 거의 매일 발생하고 있다.

특히 미국의 강력한 대마초 금지 정책은 멕시코 범죄조직에 매년 수십억 달러의 폭리를 안겨 주고 있는 실정이다. 멕시코에서 불법 재배, 조제된 대마초가 미국으로 유입되고 있기 때문이다. 칼데론Fe-lipe Calderon이 멕시코 대통령으로 취임하고 마약조직과의 전쟁을 강화한 이래, 마약 관련해서 사망하고 있는 사람이 연간 1만 5,000명에 이르고 있다. 뿐만 아니라 해가 갈수록 사망자 수는 증가하는 경향이 있다.

금지법 시행의 또 다른 부작용

대마초 금지나 규제 제도하에서 대마초 사용자나 소지자 등을 체포, 구금하는 데 드는 비용이 미국의 경우 40억 달러, 영국은 3,800만 파운드, 오스트리아 3억 2,900만 오스트리아달러, 뉴질랜드 1,800만 뉴질랜드달러에 이른다. 이 모든 비용은 국민의 세금으로 충당된다.

그러나 국가별로 15~69세 연령층의 대마초 흡연율을 조사한 바에 의하면 대마초 금지를 유지하고 있는 국가와 비범죄화 조치를 채택한 국가 간에 유의미한 차이가 없다고 한다. 예를 들면 비교적 강한 금지 조치를 시행하고 있는 스웨덴은 13퍼센트, 미국 34퍼센트인데 비해 비범죄화를 시행하고 있는 네덜란드는 19퍼센트, 스페인 20퍼센트, 호주 38퍼센트이다.

다른 한편 대마초 금지 조치가 이루어지고 있는 나라들에서는, 체포된 후 징역형은 면한다 하더라도 장학금 제한(학생일 경우), 운전면허 정지, 취업 제한, 주택융자 제한, 인간관계 악화 등 범죄기록으로 말미암은 인권 피해를 낳고 있다.

법률의 타당성이나 형벌 집행의 필요성에 대해 국민이 납득하지 못한다면 이미 그 법은 신뢰를 상실했다고 볼 수 있다. 실제로 많은 사람들이 지킬 수 없는 법 때문에 수많은 사람이 범법자가 되고 법 집행 과정에서 인권이 유린되고 있는데도 행정상의 제제가 지속된다면, 법을 존중하고 법질서가 지켜지는 사회가 될 수는 없을 것이다.

대마초 품질 관리 문제

대마초가 시장에서 정상적으로 거래된다면 제조와 유통 과정에 관계 당국의 감독과 품질 규제가 뒤따르게 될 것이다. 그러나 대부분의 국가에서 대마초 제조와 거래가 불법으로 이루어지고 있는 상황에서는 품질 규제가 불가능하다. 따라서 살충제, 살균제, 제초제 등에 오염되거나 박테리아, 곰팡이, 기타 균류와 화학비료 성분이 혼입된 대마초가 유통될 가능성이 높다. 당연히 사용자의 건강에 위협이 된다. 실제로 1978년《타임TIME》지에서는 멕시코에서 미국으로 유입되는 대마초에 다량의 농약 성분이 포함되어 있음을 문제화한 바 있다.

　한편 대마초를 피울 때 뜨거운 연기를 들이마시면 호흡기에 해롭기 때문에 봉이나 기화기 같은 도구를 사용할 필요가 있다. 그러나 대마초 금지법은 이러한 도구의 구매나 사용을 가로막으므로 기관지 계통에 위해를 증대시킬 수 있다.

대마초 비범죄화와 합법화 경향

대마초 사용에 대해 현재까지도 여전히 금지 정책을 고수하는 나라가 대부분이지만 그 법을 집행하는 데에는 관용적인 태도를 취하는 추세가 강해지고 있다. 대체로 서양 국가들은 관용 정책으로 나아가고 있는 데 비해 아시아 국가들은 여전히 비관용적이라고 할 수 있다. 캐나다와 우루과이는 대마초의 오락용 사용까지 완전히 합법화했고, 체코와 이스라엘 등 많은 국가에서는 의학적 용도로 사용할 경우에 한해 합법화 정책을 채택했고, 미국의 경우는 과반수의 주가 비범죄화와 합법화 조치를 취한 바 있다.

- 미국: 전체의 50퍼센트에 해당하는 주가 비범죄화나 의료용 합법화 제도를 시행하고 있다. 뉴욕 주나 매사추세츠 주 등은 비범죄화 제도를 취하고는 있지만 의료용 합법화는 시행하고 있지 않다. 반면에 애리조나 주와 워싱턴 주 등 9개 주는 비범죄화는 시행하고 있지 않고 의료용 합법화는 채택하고 있다. 알래스카 주, 캘리포니아 주 등 15개 주에서는 오락용 사용에 대해서도 합법화하였다.

- 체코: 2010년 1월부터 제한적인 합법화 정책을 시행하고 있다. 개인적으로 사용할 목적일 경우 대마초 5그루까지 재배하도록 허용한다.

- 라틴아메리카: 라틴아메리카의 여러 나라들은 과거 대마초 사용에 대해 아주 엄격하게 법을 적용하여 통제해 왔지만 근년에 이르러서는 점진적으로 관용 정책을 향해 나아가고 있다.

- 스페인: 많은 유럽 국가들처럼 대마초의 개인적 사용에 대해 관용적

이다. 개인적 소지와 사적 공간에서의 사용에 대해서는 법을 적용하지 않는다. 그러나 공공장소에서의 대마초 사용은 벌금 등 처벌의 대상이다. 또한 외국인의 경우 대마초를 판매하거나 개인적 목적이라도 구입할 경우에는 불법 거래로 인정되어 형사 처벌을 받게 된다.

- 중부유럽 국가(이탈리아, 독일, 네덜란드 등): 대부분의 중부유럽 국가들은 대마초의 개인적 사용에 대해서는 비범죄화 제도를 시행하고 있다. 물론 현행법상으로는 불법이다. 독일의 수도 베를린이나 주요 대도시에서는 공원이나 바에서 공공연하게 대마초를 피워도 묵인하고 있는 실정이다.

- 동부유럽 국가: 동부유럽 국가들은 몰도바를 제외하면 대마초에 대해 비교적 엄격히 통제하고 있다. 몰도바는 개인적인 사용에 대해서는 관용적인 입장을 취하고 있다. 알바니아, 슬로베니아, 루마니아는 법조항은 매우 엄격하지만 실제 법집행은 점차 느슨해지고 있는 것으로 알려져 있다.

- 서부유럽 국가: 프랑스, 영국, 아일랜드 등은 대마초 사용을 비범죄화하지는 않았지만 제한적으로 법을 집행하고 있다. 특히 영국과 아일랜드는 단속과 처벌을 거의 비범죄화 수준으로 신축성 있게 실시하고 있다. 벨기에와 스위스, 포르투갈은 비범죄화 제도를 취하고 있다. 특히 포르투갈은 모든 마약 사용을 비범죄화한 나라이다. 개인 소비 목적이라면 무슨 마약을 소지했더라도 감옥에 가는 일은 없다.

- 북유럽 국가: 스웨덴을 비롯한 스칸디나비아 국가들은 대마초 관련 범죄를 처벌한다. 아직 비범죄화 조치는 이루어지지 않고 있다. 아이

슬란드와 덴마크는 관용적이다. 노르웨이에서는 오랫동안 합법화 논의가 진행되고 있지만 아직 정책으로 채택하지는 않고 있다.

- 오스트레일리아: 대마초의 소지, 사용, 재배, 판매 등이 모두 불법이다. 그러나 법 집행은 지역별로 다양하게 적용되고 있다. 개인적 소지와 사용은 벌금에 처한다. 남부 지역에서는 25그램까지 100달러의 벌금이, 북부 지역에서는 50그램까지 200달러의 벌금이 부과된다.

- 벨기에: 성인들의 소지, 사용은 비범죄화하고 있다. 물론 다른 범죄를 유발하지 않을 경우이다. 미성년자 앞에서의 사용은 엄격하게 금지된다. 개인 용도로 사용하기 위한 한 그루의 암대마 재배는 비범죄화하고 있다.

- 뉴질랜드: 대마초의 소지, 거래, 사용은 불법이다. 체포될 경우 500달러의 벌금이나 3개월의 징역형에 처한다.

- 스위스: 대마초 거래는 불법이다. 그러나 자가 사용을 위해 가정에서 4그루까지의 대마를 재배할 수 있다.

- 홍콩: 대마초의 소지, 사용, 재배, 밀거래 등을 매우 엄격하게 금지한다. 단순 소지의 경우에도 체포되어 1,000만 홍콩달러의 벌금을 납부하는 동시에 7년 징역형을 살아야 한다.

- 방글라데시: 전국에 걸쳐 대마를 재배한다. 또한 전국에 걸쳐 비교적 자유롭게 사용할 수 있다. 보통 간자, 해시시 형태로 대마초를 사용한다. 방으로 만들어 마시기도 한다.

- 인도: 1980년 이래 재배, 사용, 거래는 불법이다. 그러나 법 집행은 지역에 따라 다양하다. 실제로는 간자, 방 형태로 인도 전역에 걸쳐 사

용되고 있다. 특히 북부 지역이나 인접한 네팔에서는 비교적 자유롭게 사용하고, 일부 지역에서는 정부 허가하에 방 전문점을 운영하기도 한다.

- 일본: 대마초의 소지, 사용에 대해 대표적으로 강력히 처벌하는 나라이다. 0.1그램의 소량일지라도 5년까지의 형벌과 300만 엔의 벌금을 물 각오를 해야 한다.
- 캄보디아: 소지, 사용 등 일절 불법이다. 그러나 싼값으로 용이하게 구입할 수 있고 피울 수 있다. 경찰은 단속을 거의 하지 않는다.
- 말레이시아, 인도네시아: 대마초 관련해서 가장 엄격한 나라이다. 소량의 소지라 하더라도 4년여의 징역형을 각오해야 한다. 많은 양을 소지했을 경우 사형까지 실행하는 국가이다.
- 중국: 중국은 산업용 대마를 세계에서 가장 많이 생산하고 있다. 그러나 대마초의 가공, 소지, 사용, 판매, 구매 등은 엄격하게 처벌받는다. 심지어는 사형까지도 시행하고 있다.
- 러시아: 건조된 대마초 6그램까지는 500~1,000루블의 벌금을 부과한다. 6그램을 초과하여 소지할 경우는 징역형을 부과한다. 개인의 단순 사용은 비범죄화하였지만 공공장소에서 도취 상태로 적발되면 벌과금을 내야 한다.

네덜란드의 비범죄화와 합법화 사례

대마초 비범죄화 조치를 생각할 때 먼저 떠오르는 나라는 네덜란드이다. 세계의 어느 나라보다도 먼저 비범죄화 정책을 시행한 나라이기도 하지만, 대마초를 자유롭게 구매하고 사용할 수 있는 커피숍이 유명세를 얻고 있기 때문이다. 그러나 마치 대마초 천국인 것처럼 알려진 네덜란드에서도 대마초는 여전히 통제 약물에 해당한다.

네덜란드의 마약 정책 변화

네덜란드에서는 1953년부터 대마초 불법화 정책을 시행하였다. 그러나 이 당시에는 일반인에게는 잘 알려지지 않은 식물이던 대마초가 네덜란드에서 대중화하기 시작한 것은 1960년대에 이르러서이다.

강성 마약인 헤로인 사용자가 급격히 늘어난 1970년대 들어서, 대마초에 사회적 위해성이나 개인 보건상의 위험이 있는가 하는 논란이 일어나기 시작했고, 1971년 네덜란드 정부의 마약정책위원회는 소량의 대마초 소지나 사용은 비범죄화하도록 정책제안을 한 바 있다. 결국 1976년부터 비범죄화 조치가 시행된다. 단순한 유흥 목적으로 소량의 대마초를 소지하거나 사용하는 일조차 기소하고 처벌하는 것은 수많은 젊은이들을 평생 전과자라는 오명에 가두어 건전한 사회생활로부터 고립시키는 결과를 가져오며, 이는 오히려 공익에 반하는 일이라 판단했기 때문이다. 2003년부터는 의료용으로 대마초 사용을 허용하고 있다.

대마초 비범죄화로 인해 네덜란드와 인접국가인 프랑스나 독일 등 유럽 국가들과의 갈등이 유발되기도 했으며, 특히 유엔은 네덜란드가 유엔 마약금지조약을 준수하지 않는다고 강력히 비난하기도 했다. 그러다가 2004년부터 벨기에에 이어 스위스, 독일 등의 국가에서 네덜란드 모델을 도입하거나 논의를 확산하게 된다.

대마초용 커피숍

네덜란드에서 대마초가 합법화되었다거나 자유화되었다고 잘못 알려지고 있는 이유는 바로 대마초를 자유롭게 구매하고 흡연할 수 있는 '커피숍' 때문이다. 대마초를 사용할 수 있는 커피숍의 발생은 처음 대마초 비범죄화 조치를 시행할 때만 해도 전혀 예측하지 못한 현상이라고 한다. 비범죄화 조치 이후 자연스레 생겨나서 늘어나기 시작한 것이다.

대마초를 취급하는 커피숍은 1980년대부터 급격히 늘어나기 시작했고 한창 많을 때에는 전국적으로 1,500개까지 이르렀으나 차츰 감소하기 시작하여 2000년에는 800여 개, 2007년에는 700여 개로 줄어들었다. 우후죽순처럼 급증하던 커피숍이 줄어든 것은 규제가 강화되었기 때문이다.

네덜란드 정부는 1991년에 커피숍 운영에 대한 지침을 정하여 커피숍 운영자는 반드시 준수하도록 요구하였다. 커피숍 외부 광고판 설치 금지, 강성 마약(코카인, 헤로인 등) 취급 금지, 소란 등의 문제 발생 방지, 미성년자(18세 미만)에게 판매 금지, 일정 분량(1인당 5그램) 이상 판매 금지 등이 커피숍 운영 지침의 내용이다.

당초 30그램이던 1인당 판매 허용량을 5그램으로 줄였고 업소당 재고량 상한선도 500그램으로 제한했다. 구매자 연령도 16세에서 18세로 상향 조정했다. 뿐만 아니라 중앙정부는 각급 지방자치단체에 커피숍을 폐쇄하거나 커피숍 수를 줄이라는 지침을 내리기도 했다.

2010년에는 한 대형 커피숍이 재고량 한도를 초과해서 보관했다는 이유로 1,000만 유로의 벌금과 16주간의 징역형을 선고받은 일이 있다. 흥미로운 것은 일반인의 대량 거래는 엄중히 처벌하도록 규정하고 있지만 소매를 위한 커피숍의 대마초 다량 구매 행위는 거의 단속하지 않는다는 점이다. 네덜란드에서 대마초를 취급하지 않는 커피숍은 '카페'라고 부른다.

비범죄화 정책하의 단속

대마초를 비롯한 마약의 수입과 수출은 중범죄에 해당한다. 다량의 대마초를 수출입하다가 적발되면 최고 4년형을 받게 된다.

대마초 흡연 상태의 운전은 엄격하게 금지된다. 만일 대마초를 흡연하거나 섭취한 상태에서 신체에 상해가 올 정도의 교통사고를 냈다면 3년 정도의 형을 받게 된다. 상해가 치명적일 경우는 9년 정도의 형을 받게 된다. 아울러 5년 이내의 운전면허 취소가 따른다. 커피숍에 대한 제재도 점점 강화되고 있다. 2003년 11월 네덜란드 법무장관은 커피숍에서의 연성 마약 사용은 내국인에게만 허용하겠다고 발표했다.

대마초 비범죄화 조치에도 2006년의 경우 2만 769명이 대마초 때문에 체포되고 이 중 4,392명이 형을 받았다. 이러한 수치는 마약

범죄에 대해 불관용주의를 채택하고 있는 나라들과 별 차이가 없는 수치이다.

조사 결과에 따르면 15~64세 나이층에서 대마초 흡연율은 네덜란드의 경우 8.0퍼센트, 비범죄화를 시행하고 있는 독일은 4.8퍼센트, 영국 6.6퍼센트, 덴마크 5.5퍼센트, 스페인 10.6퍼센트, 벨기에 5.1퍼센트, 오스트리아 3.5퍼센트이다. 비범죄화 제도를 채택하지 않고 있는 스웨덴은 2.9퍼센트, 아르헨티나 7.2퍼센트, 이탈리아 14.6퍼센트, 칠레 11.3퍼센트이고, 단속과 처벌이 엄격한 일본과 한국은 0.3퍼센트이다.[54] 이 조사 결과를 볼 때, 오래전부터 대마초 비범죄화 정책을 실시하고 커피숍에서 대마초를 사용하고 있는 네덜란드가, 대마초 사용을 엄격하게 통제하고 처벌하는 스웨덴, 한국, 일본에 비하면 높은 수치이기는 하지만, 그 밖의 나라들과 비교하면 대마초 사용 비율이 오히려 낮은 편에 속한다. 대마초를 비범죄화하면 대마초 사용인구가 급격히 늘어날 것이라는 일부 사람의 주장은 과장일 뿐이다.

최근의 전환

1980년대만 해도 네덜란드에서 사용되는 대마초의 대부분은 수지 형태로 밀반입되었다. 그러나 밀반입에 대한 단속 강화와 개인의 소량 사용 허용은 국내 재배 기술의 발전과 품종 개량으로 이어졌다. 그 결과 이제는 국제 시장에서 네덜란드의 대마초는 고급품으로 대접받기에 이르렀다. 실내에서 재배하는 면적도 늘어나고 기술 또한 증대되어 THC 함량이 높은 대마초가 속속 등장하고 있으며 이제는 독특한 향을 가진 품종으로 전환되고 있는 추세이다. 통계에 의하면 네덜란드에서 외국으로 밀수출되는 대마초가 연간 20억 유로(약 4조 원)에 이른다고 한다.

독특한 커피숍 제도 때문에 네덜란드가 대마초 천국인 듯한 오해를 사고 있음은 분명하다. 커피숍 때문에 인근 유럽 각국으로부터 소위 '대마초 관광객'들이 연간 수백만 명씩 몰려든다. 그러나 이로 인한 문제가 계속 발생되자 네덜란드 정부는 커피숍에 대한 규제를 더욱 강화하기 시작했다. 마약 관광이 늘어나면서 인근 주민이 불편을 겪게 되어 민원이 발생하고, 마약 밀매나 법 적용 문제로 유럽연합 국가들과 갈등이 빚어진 것이다. 주로 국경 인근 도시들, 특히 독일과 벨기에가 접경하고 있는 남부의 마스트리히트Maastricht, 펜로Venlo 등지에서 문제가 일어났다. 2007년에는 유럽연합 법원이 외국인에게는 대마초를 팔지 못하도록 판결을 내리기도 했다.

2011년 5월 네덜란드 정부는 드디어, 2011년 말이 되기 전까지는 남부 지역 도시들에서 커피숍에 외국인 출입을 금지해야 한다는 새로운 조치를 발표했다. 아울러 2012년 말이 되기 전까지는 네덜란드 전역에 걸쳐 외국인의 커피숍 출입을 금지하도록 했다. 자국민에 대해서는 비범죄화 정책을 계속 적용하되 외국인들에 대한 커피숍 개방 조치는 2012년으로 끝을 맺게 된 것이다.

또한 자국민이라 하더라도 이제는 무상출입할 수 없도록 했다. 누구든지 커피숍을 출입하고자 하면 등록하여 멤버십을 부여받아야만 하는데, 국내 한 군데에만 등록할 수 있도록 했다. 이제 커피숍은 한 곳당 1,000~1,500명 정도 등록한 회원제로만 운영되었다. 한편 학교와의 거리도 200미터 이상을 유지해야 한다던 규정이 로테르담에서는 250미터 이상으로 강화되었다. 이는 이 지역 커피숍의 반수는 문을 닫아야 한다는 것을 의미했다. 여타 도시들도 과거 10년간에 걸쳐 규제를 강화하면서 많은 커피숍들이 문을 닫게 되었다. 로센달 Roosendaal, 베르헌옵좀Bergen op Zoom 두 도시는 2009년부터 관내의 모든 커피숍에 대하여 문을 닫도록 조치한 바 있다. 이 두 도시는 프랑스와 벨기에 등지로부터 매주 약 2만 5,000명 정도의 마약 관광객이 오던 곳이다. 네덜란드 법무장관은 의회에 제출한 서한에서 "커피숍과 관련된 소란과 범죄를 예방하고 마약 밀매 등을 근절하기 위하여, 커피숍에 대한 무제한 개방은 끝을 내게 될 것이다"라고 밝혔다.

그러나 정부의 새로운 정책에 대한 최종 판단은 지방 의회가 한다. 따라서 여전히 외국인의 출입을 허용하는 지역도 많다. 앞으로는 금지하지만 뒤로는 허용하는 이중적인 정책이라 할 수 있다.

미국의 사례: 캘리포니아, 워싱턴, 콜로라도를 중심으로
점진적인 합법화 추진

미국은 대마초 금지의 종주국이다. 종주국일 뿐만 아니라 자국의 힘을 통해 또는 유엔을 앞세워 세계적으로 대마초 금지를 적극 도입토록 만든 전도사격 나라이다. 그러나 현재는 대마초 금지와 비범죄화 또는 합법화에 이르기까지 주정부마다 서로 다른 정책을 채택하고 있다. 한마디로 미국에서의 대마초 정책과 법 집행은 극과 극이다. 연방법인 '약물통제법'이 대마초 금지의 한 극이라면, 11개의 주에서 소량의 개인적인 소지나 사용, 제한적이기는 하지만 개인 재배까지를 합법화한 정책이 또 하나의 극이라고 할 수 있다.

미국에서의 비범죄화는 1973년 오리건 주에서 시작되어, 1975년에는 캘리포니아 주가 개인적 유흥을 위하여 1온스(약 28그램) 이하를 소지한 경우 벌금 100달러를 부과하는 법을 시행하게 된다. 1온스 이상을 소지하거나 학교 내에서의 소지 또는 2차 3차 위반인 경우, 판매하거나 재배하다가 체포된 경우는 더욱 엄중히 처벌하도록 하였다. 처음에는 벌금 100달러를 물더라도 체포 기록은 남았으나, 캘리포니아를 시작으로 100달러의 범칙금 부과는 유지하되 체포 기록은 남기지 않는 제도로 바뀌었다. 같은 해 알래스카 법원은 개인적인 흡연을 위해 1온스 이하를 소지한 행위에 대해서는 프라이버시 보호 기본권 조항에 따라 합법이라는 판결을 내렸다.

이를 계기로 여러 주에서 약간의 차이는 있으나 비범죄화 조치를 시행하기에 이른다. 형사 처벌 대신 벌금, 교육, 치료 등을 병행하는 조치도 이루어진다. 또한 많은 주에서 경찰 등 법 집행기관이 업무 우선순위에서 대마초 단속을 마지막 순위로 돌리는, 즉 단속을 최소화하는 방향으로 변화하고 있다.

캘리포니아는 1975년 대마초 비범죄화를 도입한 이래 의료용 대마초 합법화를 추진했고, 2010년 10월 한결 진전된 대마초 법안을 통과시켰다. 영화배우 출신 주지사 아놀드 슈왈제네거는 1온스 이하 소지에 대해서는 실질적인 비범죄화를 내용으로 하는 상원법률 1449법안에 서명했다. '개인적 단순 소지는 경범죄에서 교통법규 위반과 같은 규칙 위반 수준으로 경감'시키는 내용이다.

새로운 법을 실시하기 이전까지는 대마초를 소지하거나 사용하다가 체포될 경우는 징역형은 면하더라도 최고 100달러까지 벌금을 내야만 했다. 벌금 액수는 새로운 법에서도 변하지 않았지만, 이전에는 체포된 사람이 반드시 검사와 판사 앞에 출석해야만 했으며 체포 기록이 남았다. 경범죄에 해당하기 때문이다. 캘리포니아에서만 과거 10년간 대마초 소지로 인해 체포되어 법정에 출두한 사람만 50여만 명에 이른다. 그러나 새로운 상원법률이 시행됨으로써 단순소지자의 경우 법원에 출두하지 않아도 되고 체포 경력이 남지 않게 되었다. 나아가 결국 2018년부터는 유흥 목적의 대마초 사용까지도 합법화하는 것으로 정책이 바뀌었다.

비범죄화 초기 연방정부와의 갈등

미국 연방정부와 주정부 간에는 2010년을 전후한 수년 동안 대마초 비범죄화 문제를 둘러싸고 상당한 갈등과 혼란이 발생했다. 2011년 마약단속국 등의 기구는 캘리포니아, 몬태나, 콜로라도 주 등에 있는 대마초 조제 및 판매소(의료 목적으로 의사의 처방을 받은 환자들에게 판매할 수 있다고 주정부가 인정한 곳)를 폐쇄하겠다고 위협한 바 있으며, 실제로 이후 샌프란시스코의 4개 판매소 등 10여 개 판매소가 폐쇄되었다. 연방정부는 주정부의 관련 공무원들에게 대마초의 조제 및 판매 시스템을 재고할 것을 명령하기도 했다.

특히 연방정부와 갈등이 심했던 주는 캘리포니아다. 캘리포니아 주 북부의 작은 도시 오클랜드에는 '대마초 전문 대학'이라 불리는 오크스텔담Oaksterdam대학이 있다. 대마 자유화 운동가로서 대마초를 직접 실내재배하기도 하며 대마초 조제 판매소도 운영하는 리처드 리Richard Lee가 설립했다. 대마초의 실내 재배, 조제, 사용 등에 대해 가르치는, 캘리포니아의 대마초 합법화운동의 심장부라고 할 수 있는 이 대학을 2012년 4월 2일 국세청 직원, 마약단속국 직원, 연방 보안관 등이 급습했다. 습격 당시 연방 공무원들은 전기톱과 대형 망치까지 휴대하고 있었다고 한다.

곧 이어 연방정부 요원의 습격에 항의하는 시위가 뒤따랐다. 시위대는 "연방정부는 대마초 제조 판매소에 대한 습격과, 환자와 그 도우미들에 대한 잔인한 협박을 중단하라"며, 의료용 대마초 제조 판매소를 폐쇄시킨다면 이들 환자들은 결국 지하시장으로 내몰리고 품질이 보장되지 않는 대마초를 사용할 수밖에 없을 것이라고 주장했다.

역시 2012년에 캘리포니아 의학협회는 대마초 사용 비범죄화 또는 합법화에 만장일치로 찬성하기도 했다. 다른 한편으로는 캘리포니아 주 등 5개 주의 상·하원 의원 일곱 명이, 대마초의 의학적 사용을 허용하는 주정부의 정책에 간섭하지 말라고 오바마 대통령에게 요청한 일도 있다. 연방 공무원이 대마초 약국을 급습하여 단속하는 일은 결국 대마초가 필요한 환자들을 암시장으로 내모는 결과만을 초래할 뿐이라는 의견도 함께 밝혔다.

대마초를 둘러싼 연방정부와 주정부 간 갈등은 2013년의 콜 메모Cole Memorandum 이후 현재까지 소강상태이다.

전면 합법화 실시

오랜 갈등을 거친 끝에 캘리포니아 주에서는 2016년 말 주민투표를 거쳐, 2018년부터는 오락용 대마초까지 합법화한다는 내용의 '성인 대마초 사용 법Adult Use Of Marijuana'이 통과되었다. 이 법에 따라 캘리포니아 주에서는 치료 목적이든 오락·유흥용이든, 대마초의 사용은 위법이 아니다.

위싱턴 주와 콜로라도 주, 오리건 주 등은 주민투표를 거쳐 2014년부터 오락용 사용에 대해서도 합법화 조치를 시행하고 있다. 미시건 주는 2018년 중간선거 때 주민투표를 실시하여 오락용 합법화를 통과시켰다. 이제는 모두 15개 주가 오락용 대마초 합법화 정책을 시행하고 있다. 21세 이상의 성인에 한하여 대마초 판매 허가를 받은 상점에서만 구입할 수 있고 공공장소에서는 사용할 수 없다. 대마초의 재배, 가공, 테스트 시설 등을 법으로 규제하고 있으며 대마초 판매점dispensary과 판매자의 자격 관련 인·허가사항도 법으로 정했다. 개인적 재배는 주에 따라 6그루에서 12그루까지 허용하는데, 반드시 울타리를 치고 출입을 제한하는 장치를 하여야만 한다.

합법화의 결과

현재 미국의 26개 주에서 대마초 비범죄화 또는 오락용까지 합법화 정책을 시행하고 있으며, 비범죄화 내용을 담은 법률안이 제출되어 심의 중이거나 제출을 준비하는 주도 점점 늘어가고 있다. 이러한 정책의 변화는 여러 가지 긍정적 효과를 낳고 있다.

첫째, 지하경제를 이루고 있던 대마초 산업이 상당 부분 지상으로 올라오게 되었다. 규제와 세금 정책 등이 적정하다면 대부분의 생산자나 소비자들은 합법적인 생산과 소비 채널을 이용하게 될 것이다. 이에 따라 대마초의 품질이 좋아진다. THC나 CBD 함량을 조절할 수 있음은 물론 품질의 안정성도 확보되며 소비자는 안심하고 구입할 수 있게 된다.

둘째, 금지법을 집행하는 데 소요되었던 막대한 예산이 절감되고 세수는 증대했으며 새로운 일자리가 창출되었다. 2014년부터 오락용 대마초 사용을 합법화함으로써 미국에서 대마초 금지 정책 종말의 신호탄을 쏘아올린 콜로라도 주의 사례를 살펴보자. 2017년 콜로라도 주가 대마초 관련 산업에서 거둔 세수는 2억 4,700만 달러에 이른다. 콜로라도 세수 총액의 2.3퍼센트를 차지하며 주류 판매에 따른 세수의 세 배를 초과하는 금액이다. 반면 마약 단속 예산은 4,000만 달러를 절약했다고 한다. 또한 대마초 연구, 재배, 가공, 유통 등의 분야에서 새로운 일자리 3만 8,000개가 창출되었다. 이 일자리는 버드텐더budtender(대마초를 조제하거나 판매하는 종사자)말고도 재배자, 가공업자, 전문 운반 종사자, 시험연구소 종사자 등을 포함하는 수치이다. 버드텐더(바텐더에서 따온 용어)라는 단어는 대마초 합법화 후에 생겨난 새로운 일자리의 이름이다. 이들은 지방정부로 부터 면허를 받아야 한다. 이외에도 경비원, 컨설팅 종사자 등 간접 고용효과까지 포함하면 새로 창출된 일자리는 약 5만 5,000개에 달한다. 콜로라도 주는 공립학교 기금 출연과 마약 예방을 포함한 공중 보건, 주민 건강 관련 프로그램 편성을 위해 마리화나 관련 세수 중 4,000만 달러를 시용했다.[55]

셋째, 대마초 불법 생산, 유통 과정과 관련된 각종 강력 범죄, 부정부패 등이 현저하게 줄어든다.

넷째, 방사선 치료를 받는 환자, 녹내장 환자, 기타 만성 환자의 치료와 고통 경감을 위해 대마초를 합법적으로 사용할 수 있게 된다. 현재 법을 위반하며 치료에 대마초를 사용하고 있는 환자들은 불안감을 해소하고 품질도 신뢰할 수 있게 되므로 치료 효과를 높일 수 있다.

물론 비범죄화나 합법화의 결과로 긍정적 효과만이 따를 것이라고 예상하는 것은 아니다. 대마초 사용 인구가 증가하리라는 점이 가장 대표적으로 우려되는 사항이다. 그러나 이 점 또한 크게 우려할 문제가 못 된다는 것이 지배적인 의견이다. 2001년에 대마초 사용에 대해 거의 합법화 수준까지 개방한 포르투갈의 경우, 개방 초기 잠시 증가했던 사용자 수는 얼마 지나지 않아 다시 감소했다고 한다. 네덜란드의 대마초 흡연율도 대마초를 금지하는 다른 나라들과 비교해서 별 차이가 없다. 미국에서 오락용 대마초 사용을 가장 먼저 합법화한 콜로라도 주와 워싱턴 주의 경우에도, 합법화 정책 실시 이후 성인 사용자가 약간 늘기는 했지만 전체적으로 볼 때 특별한 유의차는 나타나지 않았다는 조사 결과를 케이토연구소가 밝힌 바 있다. 결국 대마초 사용을 금지하든 합법화하든 대마초 사용 인구는 크게 변화하지는 않는다는 것이다.⁵⁶

미국 각 주의 대마초 정책 현황

- 치료용 대마초와 오락용 대마초를 모두 합법화: 알래스카, 캘리포니아, 콜로라도, 오리건, 메인, 매사추세츠, 네바다, 버몬트, 워싱턴, 미시간 등 11개 주에서 채택하고 있으며 워싱턴 디씨 등 몇 개의 시에서도 시행하고 있다.

- 치료용 대마초 합법화: 33개 주에서는 치료용 대마초의 소지, 거래, 운반, 재배를 법에 정한 바에 따라 허용한다. 세부 규정은 주마다 조금씩 차이가 있으며, 특히 대마초 치료가 허용되는 대상 질병이 주마다 다르기 때문에 주의해야 한다.

  암, 간질, 발작, 다발성경화증, 후천성면역결핍증 등의 질병에 대해서는 33개 주 모두가 처방을 허용하지만 녹내장, 파킨슨병, 소모성증후군 등의 질병에는 대마초 처방을 허용하지 않는 주도 있다.

- 오락용 대마초 비범죄화: 15개 주에서 채택.

- 그 밖의 경우

  사례1) 미네소타 주에서 소량의 대마초 소지는 비범죄 행위이지만, 거래하거나 소량이라도 재배하는 행위는 범법행위이다.

  사례2) 델라웨어 주 등 여러 주에서는 대마초 소지에 대해서는 비범죄화 정책을, 거래, 운반, 재배는 의료용에 한해 합법화 정책을 적용하고 있다.

세계 최초로 대마초를 합법화한 나라들

우루과이

치료용이냐 오락용이냐를 불문하고 국가 차원에서 최초로 대마초를 합법화한 나라는 우루과이이다. 대마초를 조제하기 위한 대마의 재배와 유통, 사용에 이르기까지 전 과정을 체인화하여 합법화하는 법안을 정부가 제출하고 2013년 7월에 하원에서, 이어 동년 12월 10일에 상원에서 통과시켰다.

상원에서의 표결은 16 대 13이라는 근소한 차이로 통과되었다. 그만큼 반대 여론도 높았다. 특히 교육 분야 종사자, 정신 분야 전문가, 의료 분야 전문가들의 반대가 심했다. 합법화 후의 부작용을 우려했기 때문이다. 그러나 무히카Mujica 대통령은 "이번 조치는 마리화나 사용 촉진이 아니라 불법 거래로 인한 조직범죄를 근절하는 데 주요한 목적이 있다"고 말했다. 합법적 거래를 위한 조건은 다음과 같다.

• 사용 연령은 18세 이상 성인이어야만 한다.

• 정부 데이터베이스에 등록하여 모니터링에 응하여야 한다.

• 대마초 1그램의 가격은 2.5달러이며, 한 달 구입량은 40그램을 넘어서는 안 된다.

- 등록된 판매소(약국)에서만 구입하여야 한다.
- 가정에서는 1년에 여섯 그루의 대마초용 대마를 재배할 수 있고 480 그램의 대마초를 조제할 수도 있다. 이때에도 관계당국에 등록하여야만 한다. (클럽이나 조합은 99그루까지 재배할 수 있다.)

2014년 4월부터 시행되고 있는 이 법은 오직 내국인에게만 적용되고 있다. 인근 남미 국가로부터의 '대마초 여행'을 막기 위해서다. 인구 330만의 작은 나라인 우루과이에서 수감자의 3분의 1은 마약 관련 사범이다. 이 중 대부분이 대마초 관련 사범이라고 한다. 이법이 시행된다면 대마초 관련 수감자는 훨씬 줄어들게 분명하다. 대마초 합법화 조치는 그 밖에도 사회, 문화면에서 다양한 변화를 불러올 것으로 예상된다.

따라서 대마초를 심각한 사회문제로 고심하고 있는 남미 국가들을 위시한 여러 나라가 우루과이의 실험을 주시하고 있다. 2014년 이후 수년간의 모니터링 결과는 대마초 합법화를 놓고 찬성과 반대의 뜨거운 논란을 벌이고 있는 많은 나라들에게 시금석이 될 것이 분명하다.

우루과이의 합법화 이후 눈에 띄는 변화는 마약 관련 범죄가 약 20퍼센트 줄어들었다는 점이다. 합법화를 추진하면서 가장 기대했던 부분이다. 그래도 불법거래는 활발한 편이다. 그 이유는, 공인된 대마초 판매소의 부족, 수요에 미치지 못하는 공급량, 종류도 두 가지 정도에 THC 함량이 낮은 것만 취급하는 등 수요자의 다양한 욕구를 충족시키지 못하기 때문이다. 이른바, 프리미엄급을 원하는 사람들은 고급 대마초를 밀거래해서 이용한다고 한다. 가정에서도 여섯 그루까지 재배가 가능하기 때문에, 외국인에게 음성적으로 판매되는 부작용이 일어나기도 한다. 우려했던 청소년의 대마초 사용은 미미하게 증가했지만 대마초 사용에 따른 위험요인(운전 등 안전활동, 임신부)에 대한 인지도는 아직도 낮은 편이다.

그럼에도 불구하고 우루과이의 대마초 합법화는 성공적이라는 여론이 일반적이다. 이에 따라 대마초 사용에 대해 완고한 입장을 견지해왔던 인접 라틴아메리카 나라들에서도 대마초 금지 규제를 완화하거나 해제하려는 움직임이 일어나고 있다. 아르헨티나가 의료용 대마초 사용을 합법화했고, 브라질은 의료용 대마초 수입을 허가했다. 콜롬비아, 푸에르토리코, 칠레는 의료용 대마초의 생산을 합법화했다.

캐나다

오랫동안 대마 재배와 대마초 사용을 금지하는 정책을 실시한 끝에 1998년 산업용 대마의 재배를 공식적으로 허가한 캐나다는 이어 2001년부터 치료 목적의 대마초 사용을 합법화하였고, 2018년 10월 17일부터는 오락용 대마초에 대해서도 합법화 정책을 시행하고 있다. 우루과이에 이어 세계에서 두 번째로 대마초 사용을 전면 합법화한 나라가 되었다.

캐나다에서 대마초 비범죄화와 합법화를 논의하기 시작한 지는 꽤 오래되었다. 2002년에는 의회의 한 위원회가 "소량의 대마초를 소지하거나 사용했을 경우 처벌이 지나치게 엄격하니 비범죄화를 검토하라"고 법무부 장관에게 권고한 바 있었다. 2007년 온타리오 법원은 "소량의 대마초 소지가 불법이라는 판단은 헌법 위배 소지가 있으니 정부는 관련 법률을 재검토하라"는 판결을 내렸다. 정부는 10여 년에 걸쳐 권고 사항을 검토했는데, 특히 2015년 취임한 트뤼도Justin Trudeau 총리는 대마초 합법화에 적극적인 관심을 보였고 이를 위한 특별위원회를 구성하기도 했다.

오랜 논란을 거쳐 2018년 6월 18일 '대마초법Cannabis Act'이 캐나다 하원에서 통과되고 19일에는 상원에서 통과되었다. 그리고 다음날 마침내 트뤼도 총리가 "2018년 10월 17일부터는 오락용 대마초 사용은 더이상 법 위반 행위가 아니다"라고 선포하기에 이르렀다.

이 법에 명시된 주요 내용은 다음과 같이 요약할 수 있다. 첫째, 18세 이상의 성인은 말린 대마초를 30그램까지 소지할 수 있고 허가 받은 판매소에서만 구입할 수 있다. 둘째, 자가 사용 목적으로는 한 가구당 4그루의 대마초용 대마를 재배할 수 있다. 셋째, 대마초용 대마로 가정용으로 식품이나 음료를 조제할 수 있다. 시장 판매는 1년 후부터 가능하다. 그러나 청소년에게 대마초를 주거나 판매하는 행위, 대마초 관련 범법 행위에 청소년을 이용하는 경우는 14년까지의 중형으로 처벌하도록 규정했다. 작은 나라인 우루과이와 달리 캐나다는 G7 과 G20 소속 국가로서는 최초로 대마초 사용을 전면 합법화한 나라이기에 앞으로 캐나다의 대마초 합법화 정책이 다른 나라에 미칠 파장은 매우 크리라고 본다.

　한국인이 캐나다 여행 중 오락용 대마초를 사용한다면 어떻게 될까? 속인주의 원칙에 따라 '마약류 관리에 관한 법률'의 적용을 받아 당연히 처벌받게 된다. 오락용 대마초 흡연이 합법화된 미국의 주에서 대마초를 구매, 소지, 사용하였다가 적발될 경우도 마찬가지다.

의료용 대마초를 합법화한 그 밖의 나라들

대마초의 오락용 사용은 금지하지만 의료용 사용은 허용하는 나라는 현재 45개국에 이른다. 의료용 대마초 사용을 합법화하는 나라도, 사용 인구도 앞으로 더욱 늘어갈 것이 분명하다. 미국의 시장조사 기관인 '그랜드뷰리서치Grand View Reserch'는 2025년이면 세계 의료용 대마초 시장의 규모가 558억 달러(약 63조 6,000억 원)으로까지 성장하리라고 전망하고 있다.

벨기에
녹내장, 다발성경화증, 에이즈, 만성통증 등 일반 약으로 치료할 수 없는 질병에 한해 의사의 처방하에 대마초를 사용할 수 있다.

이스라엘
이스라엘의 보건당국은, 의료책임자가 기존의 약으로는 치료할 수 없다고 밝히며 대마초 사용을 권고할 경우 의료 목적의 대마초 사용을 허용한다. 특히 항암치료로 고통받는 환자의 부작용을 완화하려는 경우나 골수 이식 환자들에게 사용하고 있다. 이때 사용할 대마초는 관계 당국의 감독하에 재배된 대마초를 무료로 제공한다. 안전성과 품질을 국가가 책임지고 있는 셈이다.

영국

영국은 2018년 11월1일부터 의료용 대마초 합법화 정책을 시행 중이다. 합법화 과정에선 아주 특별한 계기가 있었다. 심한 뇌전증을 앓고 있는 6세와 12세의 어린이가 대마 성분이 함유된 약을 복용한 후 증세가 놀랍도록 호전되었다. 그러나 당시 대마 성분이 함유된 약은 불법이었으므로 당국은 이들이 사용하던 약을 몰수했다. 그러자 6세 환자 어린이의 증세가 악화되어 생명이 위험한 상태로 입원하기에 이른다. 이러한 내용이 보도되고 여론이 들끓고 원성이 커지자 정부는 시급히 법률을 마련하고 행정 절차를 진행해 의료용 대마초 사용을 합법화하게 된다. 영국에서 CBD 오일은 의사의 처방 없이도 합법적으로 사용하고 판매할 수 있다. 다만 THC 성분은 0.2퍼센트 이내일 경우에만 합법이다.

멕시코

멕시코는 이미 2009년 8월부터 자가 사용 목적으로 5그램 이내로 대마초를 소유할 경우 비범죄화 정책을 적용하여 왔다. 의료용 대마초 사용을 합법화한 것은 2017년 6월부터이다. 단, 이 경우 THC 함량이 1퍼센트 이내인 것으로 한정하였다. CBD 함량은 제한 없다.

이탈리아

이탈리아에서는 의사의 처방에 따라서만 대마초를 사용할 수 있다. 처방 없이 대마초를 소지하거나 사용한다면 엄하게 처벌한다. 소량이라도 1~6년의 징역형을 받는다.

태국

태국은 대마초를 비롯한 마약류 사용을 매우 엄격하게 단속하고 처벌해 온 나라 중 하나였으나, 2018년 12월 25일 아시아에서는 최초로 의료용 대마초를 합법화한 나라가 되었다. 의료용 대마초를 사용할 수 있다는 법안을 국회 입법회의에서 만장일치로 통과시킨 것이다. 법안은 의료용 대마초의 생산, 수출, 소지, 사용 등은 국가기관의 엄중한 감시와 통제하에 관리하고, 의료용으로 대마초를 사용하고자 하는 환자는 의사의 처방전을 제시해야 한다는 내용을 담고 있다.

대마초 비범죄화와 합법화, 누가 반대하나

대마초 비범죄화 또는 합법화 결정이 확산되어 가는 와중에도 이러한 변화에 반대할 뿐만 아니라 오히려 대마초 관련 규제와 처벌을 더욱 강화해야 한다고 적극적으로 로비 활동까지 하는 집단들도 있다. 대마초 금지 정책을 실시하게 된 과정에서 보았듯이, 금지 정책을 지속해야만 기득권을 누릴 수 있기 때문이다.

담배회사와 주류회사

담배와 술도 약물이다. 이 약물로 인해 세계적으로 매년 수백만의 사람들이 목숨을 잃고 있다. 그러면서도 담배회사와 주류회사들은 인간의 건강을 담보로 매년 막대한 돈을 벌고 있다. 대마초를 합법화할 경우 담배회사와 주류회사는 강력한 경쟁 상대와 직면하게 된다. 지금까지처럼 계속 막대한 이윤을 내기는 사실상 어려워질 것이 분명하다. 이들은 조직적으로 많은 돈을 들여 대마초 비범죄화나 합법화를 반대하는 강력한 로비스트였다.

그러나 미국에서 대마초 사용을 비범죄화하거나 합법화하는 주가 늘어가는 것이 거스를 수 없는 흐름이 되자 주류회사는 CBD 등 대마 성분이 들어간 술 제조에 관심을 갖기 시작했고, 담배회사들 역시 대마초 성분이 들어간 담배를 출시코자 노력해 왔다. 현재는 CBD 성분이 들어간 담배는 물론 CBD가 함유된 맥주가 시장에서 판매되고 있다.

제약회사

대마초의 의학적 효능은 오랜 역사 동안 인류에 공헌하여 왔다. 암 환자들에게는 매우 중요한 약임에 틀림없을 뿐만 아니라 녹내장 환자들에게는 아직까지 대마초만 한 약은 없다고 한다. 그 밖에도 에이즈, 다발성경화증 등 100여 종류 넘는 질병의 예방 및 치료에 사용될 수 있는 약이다.

세계의 어느 지역에서나 특별한 재배 기술 없이도 누구나 재배할 수 있는 대마초는 굳이 제약회사의 비싼 공정을 거치지 않더라도 손쉽게 자가 치료용으로 활용할 수 있다. 민간요법으로 대마초 추출액을 만들 수도 있다. 이렇게 된다면 제약업계는 큰 타격을 받을 수밖에 없다. 따라서 제약회사는 당연히 대마초 합법화에 반대하는 세력이다. 주류회사와 제약회사는 '마약 없는 파트너십Partnership for Drug-Free'에 엄청난 후원금을 제공해 왔다.

그러나 대마초 사용 합법화가 진행되고 있는 현재 제약회사 또한 THC와 CBD 등의 성분이 포함된 신약 개발에 노력을 기울이고 있다. 이미 알약과 스프레이, 정제 형태의 약이 출시되고 있다.

목화업자와 목화를 기반으로 한 의류업자
대마 섬유는 목화보다 질기면서 재배하거나 가공하는 과정에서 장점이 많다. 대마가 의류용 섬유의 주류로 나서게 된다면 목화업자나 목화를 기반으로 한 의류업자 또한 타격을 받을 수밖에 없다.

목재업자와 제지업계
대마는 목재 펄프를 대체해서 모든 종류의 종이를 만들 수 있다. 건축자재 가운데 많은 품목도 목재 대신 대마 가공품으로 대체할 수 있다. 이미 주택 자재 분야에서 수많은 제품들이 출시되고 있다. '마리화나세금법' 제정 과정에도 삼림 재벌 허스트가 깊이 관여했듯이, 대마를 세계적으로 자유롭게 재배할 수 있게 된다면 나무 펄프를 사용하지 않고서도 모든 종류의 종이를 만들 수 있기 때문에 산림재벌들은 타격을 입게 될 것이다.

화석원료 유류업계

대마로 만든 바이오디젤 연료는 어떤 식물로 만든 바이오디젤보다도 우수하다. 이 때문에 독일 기술자 디젤Randolph Diesel이 식물성 기름을 사용할 수 있는 디젤 엔진을 만들었을 때, 이에 놀란 석유재벌들은 휘발유 가격을 낮게 책정하여 판매함으로써 바이오디젤의 시장 진입을 막았다. 그러나 마리화나세금법이 통과되어 미국 내에서 대마를 재배할 수 없게 되고 대마 산업이 붕괴되어 바이오디젤 생산이 불가능해지자 그들은 휘발유 가격을 점진적으로 높이더니 나중에는 열 배나 높여 독점 이윤을 축적해 왔다. 대마가 자유화되고 화석연료를 대신해서 바이오연료가 생산, 보급된다면 화석연료를 기반으로 한 석유업계는 당연히 큰 타격을 입게 될 것이다. 뿐만 아니라 화석연료를 기반으로 한 플라스틱 산업 분야에도 부정적인 영향을 미치게 될 것이다.

부패한 정치인, 관료

어느 나라에나 부패한 정치인과 관료는 있게 마련이다. 경제적 기득

권자의 로비를 받아 대마초의 법률적 자유화를 철저하게 반대하면서 이들은 마치 국민을 보호하기 위한 주장인 양 그럴듯한 이론을 앞세운다. 국민들에게 잘못된 정보를 끊임없이 주입시키고 거짓을 말한다. 언론을 계략적으로 동원하기도 한다.

사설 교도소 종사자

미국은 1984년부터 민간업자에게 감옥을 아웃소싱하고 있다. 이렇게 된 이유 중의 하나로 대마초 범죄자의 증가가 한몫을 한 것은 틀림없다. 대마초 금지가 강화되던 시기 대마초 사범이 매년 80여만 명 체포되고, 이 중 벌금이나 경범죄 판결을 받은 대부분을 수용할 단기 수용시설이 필요했고, 교도소에 수감되는 인원도 상당했기 때문이다. 죄수가 많아질수록 민간 교도소는 지속적인 고수익을 올릴 수 있다. 민간 교도소 운영자들은 당연히 대마초 사범에 대해 중형을 선고하기를 바랄 것이다.

마약 단속 기관

법률 당국은 언제나 국민을, 특히 청소년을 보호하기 위하여 대마초의 비범죄화나 합법화에 반대한다고 생각할 수 있다. 그러나 실상은 그렇지 않다. 만일 대마초가 합법화된다면 마약을 단속하고 위반자를 검거하고 기소하고 재판하고 변호하는 수많은 사람들이 일자리를 잃게 될 것이다. 그들은 스스로 봉사자라고 말하지만 사실은 권력자이다. 자기의 일자리가 빼앗긴다면 그 제도를 누가 좋아할 것인가?

마약 딜러

대마초 사용을 금지하는 시대는 불법 거래자들에게는 호시절이다. 불법 거래와 사용으로 인한 체포 위험성 때문에 대마초가 비싼 가격으로 거래되어 폭리를 거둘 수 있는 수단이 되지만, 합법화된다면 이들의 돈벌이는 급감할 수밖에 없다. 대마초 딜러들이 비범죄화나 합법화를 왜 좋아하겠는가?

갱단과 마약 카르텔

대마초가 금지 약물로 분류되고 통제됨으로써 범죄조직인 딜러, 갱단, 카르텔이 양산되었다. 결국 음지에서 막대한 폭리를 취하면서 대마초를 암시장에서 거래하거나 미국 등에 밀수출하는 과정에서, 갱단이 개입한 폭력과 총성이 난무하고 살인도 비일비재로 일어난다. 우리는 때때로 멕시코 정부의 법집행 기관과 마약 갱단 사이에 형성된 카르텔에 대한 이야기를 듣는다. 만일 대마초 사용이 합법화된다면 마약 갱단과 카르텔 조직은 와해될 것이다.

우리나라에서 대마초 금지를 둘러싼 논쟁
: 영화배우 김부선과 대마초 파동

김부선의 위헌심판 제청 신청

영화배우 김부선은 2002년부터 여러 차례 대마초를 피운 혐의로

2004년 구속되었다. 1심 선고에 불복하여 항소를 제기한 김부선은 다른 한편으로 '마약류 관리에 관한 법률'의 대마초 관련 처벌 조항이 개인의 행복추구권을 침해하는 조항이라면서 '위헌법률 제청 신청서'를 제출했다. 당시 김부선이 제시한 제청 사유는 다음과 같다.

첫째, 대마초는 신체에 대한 위해 정도가 낮고 사회적으로도 유해하지 않다. 둘째, 대마초는 환각제가 아니다. 셋째, 대마초는 사회적으로 위험하지 않다. 넷째, 소량의 대마초 사용에 대해서는 처벌하지 않는 것이 세계적 추세이다. 다섯째, 현행 대마초에 대한 처벌 규정은 헌법에 위배된다.

그러나 수원지법 재판부는 위헌심판 제청을 기각했다. "대마초 처벌 법조항은 대마의 흡연, 수수를 금지하고 그 위반에 대해 형벌을 가함으로써 신청인의 행복추구권을 제한하고 있으나 목적의 정당성, 방법의 적정성, 피해의 희소성, 법익의 균형을 갖추고 있으므로 헌법에 합치"하며 "대마 규제는 법 감정과 시대 상황이 맞지 않을 정도로 비합리적이라고 볼 수 없다"는 이유였다.

김부선의 위헌신청

김부선은 곧 헌법재판소에 헌법소원을 제기한다. 대마초가 술, 담배보다 훨씬 약한 약물이며 그 위해성이 낮음에도 불구하고 처벌이 과도하다는 점을 지적하며, '마약류 관리에 관한 법률'상 대마초 흡연자에 대한 처벌 조항이 과잉 처벌 금지의 원칙, 행복추구권, 평등권에 위배된다는 내용이었다.

이에 헌법재판소는 1년이 지난 2005년 11월 24일 재판관 전원 일치로 합헌 결정을 내렸다. "단순히 법률 규정 자체가 향정신성 의약품과 대마 자체가 가진 위험성의 비례 관계를 엄격히 지키지 않았다는 이유로 과잉 금지의 원칙에 반하지 않으며, 처벌 내용이 행복추구권을 침해하는 것이라고 볼 수 없다"는 이유였다. "대마는 소량이라도 환각 상태를 일으킬 수 있는 THC 성분을 함유하고 있고 (중략) 대마 사용이 허용되는 경우 술과 담배의 경우보다 심각한 폐해를 일으킬 수 있을 뿐만 아니라 대마 사용으로 인한 환각 상태에서는 다른 강력한 범죄로 나아갈 위험성도 배제할 수 없다"고 덧붙이기도 했다.

나아가 평등 원칙에도 위배되지 않는다고 보았는데, "술과 담배는 오래전부터 기호품으로 자리 잡아 음주 또는 흡연 행위에 대한 단속과 처벌이 비현실적일 뿐만 아니라 대다수의 국민이 범죄자로 처벌될 수 있어 형사 정책상 바람직하지 않은 반면, 대마는 1960년대 중반에 비로소 환각 목적의 흡연 물질로 알려진 이래 1970년대 중반경 그 이용이 확산되었을 뿐만 아니라 대마 사용에 대한 규제가 우리의 법 규정과 시대적 상황에 맞지 않을 정도로 비합리적이라고 볼 수 없다"는 것이었다.

헌법재판소 판결에 대한 의견

먼저 헌재 재판부가 대마와 대마초의 차이와 개념에 대한 기본적인 지식조차 없었음을 언급해야겠다. '대마'는 국제적인 통용어로는 칸나비스cannabis이다. 영어로는 헴프hemp라고 한다. 식물 자체의 이름이다, '대마초'의 세계적인 통칭은 마리화나^{marijuana}이다. 대마초는 암대마의 잎이나 꽃봉오리를 말리고 가공해서 흡연 또는 섭취하는 것을 통칭한다. 도취를 일으키는 THC가 그 부위에만 있기 때문이다. 대마초는 식물의 일부분인데, 식물 전체를 표현하는 대마라는 용어를 사용했음은 잘못이다. 대마와 대마초를 분명히 구분해서 사용해야만 했다.

헌재는 판결문에서 대마초의 위험성을 세 가지로 지적했다. 대마초를 피우면 환각 상태에 이른다, 대마초를 피운 후 강력한 범죄로 나아갈 위험이 있다, 대마초는 술이나 담배보다 폐해가 높다는 것이다. 그러나 이러한 주장은 지금까지 살펴본 바와 같이 과학적 사실과 객관적 근거가 전혀 없는 추측과 가설에 불과하다.

일반적으로 환각 작용이란 환각이나 환상 등 실재하지 않는 감각을 느낌으로써 폭력 등을 유발할 수 있는 상태를 말한다. 환청, 환상, 환취, 환미, 환촉 등의 감각으로 분류할 수 있다. 그러나 대마초의 이른바 도취 효과는 이와 달리, 온몸이 나른해진다고 느끼게 만드는 정도에 불과하다. 때문에 대마초를 피운 상태에서는 오히려 마음이 안정되고 평화로워진다.

술과 담배가 개인의 신체나 사회에 위해를 끼칠 가능성이 대마초보다 높다는 점도 이미 살펴본 바와 같다. 뿐만 아니라 대마초를 피운 후 다른 범죄를 저지른 사례가 없음에도 불구하고 단순히 일어날 수 있다는 가능성만으로 처벌하는 것은 형법 정신에 비추어볼 때 타당하지 못하다. 마치 '당신이 범죄를 일으킬지 모르니 교도소에 가

두고 처벌을 하겠다'라는 것과 무엇이 다른가. 술이나 다른 마약을 함께 섭취하지 않고 순전히 대마초만 피운 후 강력한 범죄를 일으킨 사례는 전혀 없다. "대마초를 피운 후 강력한 범죄로 나아갈 위험이 있다"는 재판부의 판단은 이른바 관문이론을 적용한 것이나, 관문이론은 이미 낡은 이론으로 판명이 났다(236쪽 참고).

판사는 법률가로서 해당 법률에 대한 과학적 사실과 객관적 근거를 토대로 법적인 판단을 내리는 중차대한 직무이다. 그러나 김부선의 헌법소원 판결은 이러한 직무 가치를 지니지 못하고 추측과 가설을 근거로 했다는 비판을 면할 수 없다. 게다가, 우리나라의 마약 관련법은 유신정권 당시 기본법이 제정되었고, 이 법이 이데올로기적인 법 감정에 기대 국민들에게 대마초가 마치 사악한 마약이라도 되는 듯한 잘못된 정보와 가치관을 심어왔다는 점은 전혀 고려하지 않았다. 재판관 전원이 합헌에 동조하였고, 단 한 사람의 소수의견도 없었음은 그저 놀라울 뿐이다.

김부선이 헌법소원을 제기한 상태에서 2004년 12월 9일에는 김부선과 113명의 예술인들이 모여 '대마초 합법화 및 사회적 금지 해제를 요구하는 문화예술인 선언'을 발표했다. 2005년 3월 2일에는 연예계, 학계 등에서 681명이 모여 '대마초 비범죄화'를 촉구하는 기자회견을 열기도 했다. 이들은 민주사회에 합당한 논의와 대마초 비범죄화를 요구하는 선언문을 발표했다.

제10장 대마 관련 산업 동향

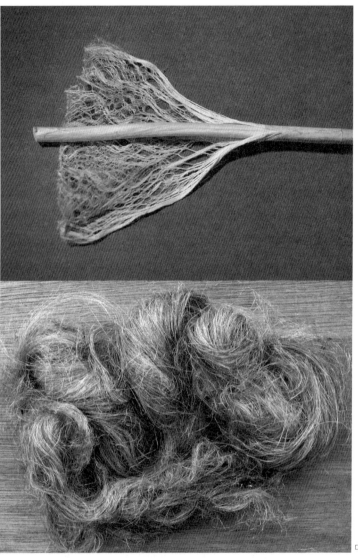

대마 줄기·섬유

한때는 석유를 검은 황금$^{black\ gold}$이라고 불렀다. 지금도 세계 최고의 거부들은 유전을 갖고 있거나 석유 관련 기업을 경영하고 있다. 그들이 엄청난 부를 축적하는 동안 대다수의 사람들은 석유가 제공하는 생활의 편리함과 유익함을 누려 왔다. 이제는 석유나 석유를 기반으로 한 제품이 없는 생활은 상상하기조차 힘든 형편이다.

그러나 인류는 뒤늦게나마, 석유를 기반으로 한 산업이 우리가 사는 세대는 물론 우리 후손들에게까지 심각한 문제를 야기한다는 사실을 깨닫기 시작했다. 환경과 생태계를 생각하고 미래 세대를 생각하는 사람들이 늘어나면서 삶의 지속 가능성에 대한 논의가 각 분야에서 전개되고 있다.

이러한 시대적 분위기에 힘입어 한때 악의 풀처럼 금기시되던 대마가 새롭게 각광받고 있다. 친환경 소재로서 무한한 활용 가능성을 지녔을 뿐만 아니라 재배 과정 또한 다른 식물에 비해 뛰어나게 환경 친화적인 작물이기 때문이다. 과학과 기술이 발달함에 따라 예전에는 생각지 못했던 다양한 물질까지도 대마를 활용하여 만들 수 있게 되었다. 연료, 건축자재, 온갖 플라스틱 종류, 시멘트, 철을 기반으로 한 제품, 목재, 면화 등의 모든 제품은 대마를 사용해서 대체 제품을 만들 수 있고, 석유를 기반으로 해서 만들 수 있는 모든 제품 역시 대마로 만들 수 있다.

이에 따라 대마의 생산, 제조, 유통은 물론이고 대마와 연계된 다양한 산업 분야에 대한 투자가 증가하고 있다. 대마에는 '녹색 황금green gold', 대마 산업에는 '녹색 산업green industry'이라는 별명이 붙었고, 골드러시gold rush에 빗댄 '그린러시green rush'라는 말이 생겨나기도 했을 정도이다.

대마 활용 주요 산업 동향

대마와 자동차

자동차 산업에서 대마는 두 가지 용도로 활용할 수 있다. 첫째는 대마로 바이오디젤biodisel이나 바이오에탄올bioethanol을 만들어 연료로 이용하는 방법이다. 둘째는 대마 섬유를 주재료로 자동차의 내·외장재를 제작하는 방법이다.

자동차 산업의 개척자 헨리 포드Henry Ford, 1863~1947는 대마의 특성과 유용성을 잘 알고 있었다. 대마를 생산하는 농장을 소유하고 있었으며 "자동차는 토양에서 자란다"고 말할 정도로 농업과 자동차 산업의 연계성을 강조하였던 포드는, 대마에서 추출한 기름을 연료로 자동차를 시험 운행하기도 했다. 바이오에탄올을 연료로 사용하는 기술을 모델티Model-T에 적용하기도 했지만 시판하지는 못했다. 그는 1925년《뉴욕타임스》기자에게 "미래의 자동차 연료는 과일, 채소, 각종 식물들로부터 조달한 에틸알코올이 될 것이다"라고 말하기도 했다.

또한 포드는 1941년 대마와 밀짚, 사이잘 섬유에서 추출한 70퍼센트의 셀룰로오스 섬유와 30퍼센트의 수지 결합체를 1인치당 1,500파운드의 수압으로 압착해서 만든 플라스틱으로 강화 패널을 만들었다. 이 대마 플라스틱의 강도는 당시의 철제 패널보다 열 배나 강했다고 한다. 포드가 직접 해머로 내리치는 시험에서 깨지거나 찌그러지지도 않았다. 마리화나세금법이 시행되고 있던 시기였기에 이 기술 또한 상용화되지는 못했다.

디젤 엔진을 발명한 독일의 발명가 루돌프 디젤Rudolf Diesel, 1858~1913도 포드와 같은 생각을 했다. 경유를 사용하는 디젤엔진의 문제는, 경유에 포함된 유황 성분이 공기 오염을 유발한다는 점이다. 이런 문제를 예측이라도 한 듯 루돌프 디젤은 식물체를 기반으로 한 기름이 자신이 만든 엔진의 연료로 사용될 것이라 기대했다. 그는 미래에 화석연료가 고갈될 경우 이를 대체할 바이오디젤의 원료는 대마라고 믿고 있었다. 1900년 세계박람회에 땅콩 기름을 연료로 한 자동차를 전시하기도 했다.

자동차와 디젤엔진의 선구자인 포드와 디젤이 공히 식물 자원을 기반으로 한 연료를 기대하고 실제 자신이 만든 자동차를 식물성 기름(땅콩 기름, 대마 기름)으로 시험 운행까지 했던 것이다. 그러나 1937년 '마리화나세금법'이 통과되자 대마 기름을 이용한 자동차 기획은 사라지게 된다.

대마 연료

포드와 디젤의 꿈이 무산된 지 80년이 흐른 지금, 그들의 꿈이 서서히 다시 깨어나고 있다. 석유 자원의 고갈과 가스나 경유가 환경에 미치는 폐해 때문에 바이오 연료를 이용한 차량이 증가하고 있으며, 이에 따라 바이오에탄올과 바이오디젤의 사용량도 날로 증가하고 있다. 2001년에는 미국의 한 환경단체가 대마 연료를 이용한 자동차로 북미대륙 순회 여행을 한 일도 있다. 7월 4일 워싱턴 디씨를 출발하여 동년 10월 2일 돌아오기까지 총 1만 6,000킬로미터를 운행한 것이다.

미국 내에서 대마 재배를 허용하고 대마 등의 식물성 자원을 이용하자는 캠페인을 목적으로 이런 대마 연료 자동차 여행을 기획할 만큼, 바이오디젤은 많은 장점이 있다. 우선 기존의 엔진뿐만 아니라 기존의 디젤 저장고도 그대로 사용할 수 있다. 그리고 황산을 배출하지 않을 뿐만 아니라 생분해성으로 독성이 거의 없다. 안전성도 디젤석유보다 높다. 디젤석유의 인화점은 섭씨 53도이지만 바이오디젤은 섭씨 147도이다. 마지막으로, 앞의 제7장에서 살펴보았듯이 에너지 디바이드 해소에 기여할 수 있다.

대마 섬유로 만든 자동차 부품

몇 가지 금속 부품을 제외한, 본체, 차대, 내장재, 플라스틱 부품, 안전 유리, 심지어 윤활유와 페인트에 이르기까지, 자동차에 들어가는 대부분의 부품은 대마로 만들 수 있다. 1941년에 이미 대마를 주원료로 한 생분해성 플라스틱 자동차 제작을 시도했던 포드의 뒤를 이어, 오늘날에도 호주와 영국의 연구자들은 자동차의 보닛, 패널, 대시보드 등의 제품을 대마와 같은 식물체 섬유로 생산하는 방법을 연구하여 실용화하고 있다.

플라스틱 부품의 원료로 식물체를 사용할 경우 자동차의 무게를 30퍼센트 정도 줄일 수 있다고 한다. 이는 곧 자동차의 연료 효율을 대폭 증가시킬 수 있음을 의미한다. 대마와 같은 식물 섬유는 강철보다 더 강한 물질로 만들 수 있기 때문에 안전도도 높일 수 있고, 금속에서 나타나는 부식을 막을 수 있어 자동차의 수명 연장에도 기여하게 된다. 생분해성이기 때문에 자동차를 폐기할 때에도 환경에 미치는 피해를 줄일 수 있다.

이미 지엠GM, 혼다Honda, 로터스Lotus, 메르세데스Mercedes, 포르쉐Porche, 볼보Volvo 등의 기업에서는 대마, 아마 섬유를 합성하여 각종 패널 등을 제작하고 있다. 특히 메르세데스사는 씨클래스C-class 생산 과정에서 자동차 한 대당 20킬로그램 정도의 대마를 사용하고 있다. 에이클래스A-class는 대마 등의 천연섬유가 포함된 부품을 26개나 사용한다. 한편 로터스 사는 2008년 런던 모터쇼에서 대마로 만든 자동차 패널과 인테리어 부품을 사용한 스포츠카를 선보이기도 했다.

자동차 회사들이 사용하는 대마 섬유는 목받침, 의자 등받이, 트렁크 라이너, 엔진과 변속기 덮개, 실내 천장 라이너, 앞과 뒤의 패널 등을 만드는 데 들어간다.

1941년 헨리포드는 '모델T'를 개발했다. 강철 대신 대마 플라스틱 후드와 휘발유 대신 대마 기름을 사용하는 모델이었다. 최근의 추세는 내연기관 대신 전기차가 대세가 되고 있다. 배터리는 대체로 리튬lithium이나 그래핀graphene을 기반으로 한다. 가격이 매우 비싸다. 환경에도 긍정적이지 못하다.

지속 가능한 환경과 효율성 있는 배터리 연구가 계속되면서 대마가 대체재로 부각되고 있다. 캐나다에 있는 앨버타 대학의 미틀린Darid Mitlin 연구 그룹과, 미국의 켄터키 주에 소재한 FWGFacilith Working Group의 로버트 스미스Rovert M. Smith 등이 대마 섬유를 이용하여 배터리를 제조하는 연구를 진행하고 있다. 초기 단계이기는 하나 리튬이나 그래핀 배터리보다 여덟 배 성능이 좋으면서 가격은 비교할 수 없을 정도로 저렴하다고 한다.

이는 실리콘 밸리의 작은 연구와 시험들이 오늘날 세계를 놀라게 하듯이 대마가 자동차 산업과 지속 가능한 지구를 위해 놀라운 결과를 가져올 수 있는 전망을 보여준다. 대마 배터리가 자동차에 장착된다면 "자동차는 농장으로 부터 나온다"라는 포드의 예언 성취가 마침내 이루어지는 셈이다.

대마와 건축자재

대마를 이용하면 섬유 보드, 마룻바닥재, 천정재, 벽체용 보드재, 패널, 칸막이재, 벽토 반죽, 단열재, 소음 완충재, 강화 콘크리트, 벽돌, 생분해성 플라스틱, 각종 파이프, 코킹caulking재, 페인트 등, 주택이나 일반 건축에 필요한 대부분의 자재를 생산할 수 있다.

대마를 건축자재의 원료로 사용한 가장 오래된 사례는 유네스코 세계문화유산으로 등록된 인도의 엘로라 석굴이다. 6세기부터 10세기까지에 걸쳐 조성된 이 인공 석굴 사원에는 조성 당시, 그러니까 지금으로부터 약 1,500년 전에, 바닥, 벽, 천장 등을 미장하는 데 천연 점토에 10퍼센트의 대마 섬유를 배합한 하얀 색깔의 재료를 썼다. 2014년 이 동굴을 정밀 조사한 인도의 고고학 화학분야 전문가 싱Rajdeo Singh과 식물학 교수 사르데잘M. M. Sardesal은, 미장재에 혼합된 대마 성분이 동굴 내 온도와 습도를 조절하고, 해충 침입을 차단하며, 불의 확산을 저지하고, 공기를 정화하는 등의 역할을 했는데, 특히 해충의 활동을 막아 벽화를 보전하는 데 크게 기여했다고 주장한다. 실제로 대마 원료를 사용하지 않은, 기원전 1세기부터 기원후 7세기에 걸쳐 건축된 인근 아잔타 석굴의 벽화가 해충 때문에 25퍼센트 손상된 사실과 비교하면, 엘로라 석굴의 벽화가 1,500여 년 세월을 이겨내며 존속할 수 있었던 데는 대마의 해충 저지 기능의 역할이 컸음을 알 수 있다.[58]

또한 5~8세기에 프랑스 지역을 지배한 메로빙거 왕조Merovingian 시대에 대마 모르타르를 교각 건축에 사용한 일도 있다. 석회나 점토 등의 재료에 대마 섬유를 섞으면 압축 강도가 놀랍도록 증대하기 때문에 이 다리는 오늘날도 여전히 견고하다고 한다. 대마와 아마 섬유로 로마 콜로세움의 차일Velarium을 만든 것은 건축의 부대시설로 대마 재료를 이용한 사례이다. 근대에 이르러 1813년에는 영국에서 강화 인조석을 만드는 데 대마를 사용한 바 있는데 이 돌은 자연석보다 강도가 뛰어났다.[59]

대마로 만든 콘크리트를 '헴프크리트hempcrete'라고 부른다. 대마를 뜻하는 hemp와 concrete에서 crete를 차용하여 합성한 단어이다. 고대에는 단순히 대마 섬유에 석회와 물을 섞어 사용했지만, 최근에는 주 원료인 대마 속대에 사용하는 응고제가 석회, 고령토, 포즐란, 시멘트 등으로 다양해졌고 응용 분야도 넓어지고 있다. 헴프크리트 분야에서 단연 앞서가고 있는 나라는 프랑스로서 '이소샹브르Isochanvre, 칸노스모스Canosmose, 샹브리블로크Chanvribloc, 칸노비오트Canobiote' 등 다양한 상표의 제품을 출시하고 있다. 각 제품에 따라 사용하는 첨가물이 다르다. 이 제품들을 기반으로 벽돌을 만들면 매우 가벼워서 작업하기가 편리하다. 기존 콘크리트 벽돌 무게의 7분의 1밖에 되지 않는다. 지금까지의 연구 결과에 따르면 대마 벽돌이나 대마 모르타르의 특성은 아래와 같다.

- 단열 효과와 소음 차단 효과가 탁월하다.
- 통기성이 좋아 건강에 좋다.
- 방수 기능과 습기 방출 기능이 뛰어나다.
- 쥐, 흰개미, 곤충, 곰팡이, 박테리아 등의 차단 효과가 좋다.

- 무게가 가벼워 작업하기 편리하다. 금이 가거나 부스러지지도 않는다.
- 유연성이 높아 태풍이나 지진이 많이 발생하는 지역에 매우 좋다.
- 마감재를 사용하지 않아도 된다.
- 불연성이므로 화재 대비에 좋다.
- 겨울에 따듯하고 여름에 시원하다.
- 건축 수명이 기존 주택은 50~100년 정도인데 대마 주택은 천년도 갈 수 있다.
- 부식되지 않는다.
- 시멘트 등에서 나오는 유해 독성이 없다.
- 구조면에서나 견고성에서도 재래 건축에 떨어지지 않는다.
- 기존 건축보다 건축 폐기물이 적다.
- 공급이 원활하게 되면 건축비가 매우 저렴해질 수 있다.

　　환경이나 생태에 대한 관심이 부각되고 건강지향적인 삶의 욕구가 늘어나면서 대마를 기반으로 한 건축자재로 지은 주택 시장은 날이 갈수록 증가하는 추세이다. 많은 나라들이 이 분야에 나서고 있지만 여전히 앞서가는 나라는 프랑스로 매년 250채 이상의 대마 주택을 짓고 있다. 영국, 호주, 캐나다, 아일랜드, 미국에서도 대마 주택이 꾸준하게 증가하고 있다.

대마 화장품

인간의 피부는 민감한 감촉기관일 뿐만 아니라 체온 조절, 과도한 수분 손실 방지, 해로운 외부 물질이나 세균 등 미생물의 침투 방지 같은 중요한 기능을 담당한다. 그런데 피부가 건조해지면 건강하고 탄력 있는 피부 상태를 유지하기 어렵다.

그러나 건조하고 더운 공기나 태양광에 장시간 노출되는 등의 환경적 요인이나 노화 등의 요인이 작용하면 피부에서 지방질이 감소하게 되어 결국 피부가 얇아지고 건조해진다. 이러한 상황이 더욱 악화되는 것을 방지하고 촉촉한 피부를 유지하기 위해서는 피부에 지방질이나 영양을 공급해 주어야 한다. 한마디로 적절한 화장품을 사용해야 한다.

대마 씨 기름은 고급 화장품 원료로서 대단한 가치를 지니고 있다. 역사적으로도 고대 로마인들과 중세의 유럽인들이 대마 씨 기름을 원료로 만든 연고나 로션, 목욕 제품을 사용했다고 한다.

대마 씨 기름에는 필수 지방산이자 불포화 지방산인 오메가3와 오메가6가 포함되어 있는데 이 중 일부만이 단일 불포화 지방산이고 80퍼센트에 이르는 양은 다중 불포화 지방산이다.[60] 대마 씨 기름의 화장품 원료로서의 가치는 불포화 지방산, 그중에서도 다중 불포화 지방산을 많이 함유하고 있다는 데 있다. 이들 지방산이 과도한 피부 수분 손실을 방지하고 거친 피부를 치유하는 역할을 할 뿐만 아니라 피부 속 지방질 생성에도 크게 기여하는 것으로 알려지고 있다. 화장품 테스트 과정에서 필수 지방산이 피부 노화 과정을 억제하는 역할을 한다는 것이 밝혀진 바 있다. 특히 다중 불포화 지방산이 피부 건조증이나 손상된 피부를 회복시키는 아주 중요한 역할을 하는 것으로 확인되었다.

이뿐 아니라 대마 씨 기름은 감마 지방산gamma linoleic acid을 함유하고 있다. 감마 지방산은 신경성 피부염, 건선, 피부 상처 등의 치료에 많은 도움이 된다. 만일 음식으로 대마 씨나 대마 씨 기름을 섭취하면서 대마 씨 기름이 함유된 화장품을 사용한다면 피부 건강에 매우 유익할 수 있다. 특히 건조한 피부, 비늘이 일어나는 각질 피부, 거친 피부 등에 매우 효과적이다. 이집트의 마지막 여왕인 클레오파트라는 기원전 시대에 이미 윤택한 피부를 위하여 대마 기름을 화장품으로 사용했다고 한다.

오늘날 대마를 이용한 피부나 두피 관련 화장품 제품은 수십 가지에 이른다. 각종 로션, 크림류, 바디 제품, 샴푸, 린스, 입술 연고, 비누, 샤워젤, 목욕제, 두피 치료제, 선크림까지 다양한 제품이 있다. 유럽이나 미국, 캐나다, 호주에서 판매하고 있는 고가의 대마 화장품은 인터넷상에서 쉽게 찾아 구입할 수 있는데 특히 캐나다가 이 분야에서 앞서가고 있다. 우리나라에서는 샴푸, 린스, 비누 등이 출시되고 있지만 아직 그 호응도는 미약한 편이다. 군소업체에서 생산하다 보니 홍보력이 지극히 미약한 탓이기도 하겠지만 대마초에 대한 혐오감이 주는 영향도 크다 하겠다.

대마와 옷

세계 대부분의 지역에서 가장 일반적으로 입던 삼베옷은 시간이 흐르면서 차츰 면이나 합성섬유 등에 밀려났다. 그러다가 최근 들어 환경과 생태에 대한 관심이 커지고 대마 섬유의 위생적 기능이 재인식되면서 의복 재료로서 대마에대한 관심이 부각되기 시작했다.

앞에서도 살펴보았지만 대마는 지구상의 섬유 작물 중에서 가장 친환경적인 식물이다. 오늘날 세계에서 가장 많이 사용되는 천연섬유 원료인 목화와 견줄 때 대마의 단위면적당 생산량은 세 배에 이른다. 각종 화학섬유가 유발하는 피부 트러블로부터도 자유롭다. 항균 등의 특성을 고려하면 위생이 특히 요구되는 어린이용 기저귀와 여성용 생리대로서는 가장 우수한 재료라고 할 수 있다. 또한 여름철 냉감 소재의 직물로 대마 직물을 능가하는 것은 찾기 힘들다.

이제는 유럽을 중심으로 대마 섬유로 만들 수 있는 모든 종류의 의복 제품이 출시되고 있다. 미국, 프랑스, 영국 등 선진국에서는 대마 패션hemp fashion이 새로운 경향으로 자리 잡아 가고 있다. 생태, 환경문제에 대한 대응으로 세계의 유명 디자이너들이 대나무 섬유나 대마 섬유 등 자연친화적 소재를 이용한 다양한 시도를 선보이고 있는 것이다.

미국이나 유럽의 주요 백화점이나 온라인 쇼핑몰에서 대마 섬유로 만든 온갖 옷이나 가방, 지갑, 신발을 찾는 것은 어려운 일이 아니다. 바지, 티셔츠, 모자, 이브닝웨어, 정장, 웨딩드레스, 속옷, 양말, 수건, 식탁보, 커튼에 이르기까지 직물로 만들 수 있는 모든 제품이 생산되고 있고 쉽게 구할 수 있다.

대마로 만든 직물은 100퍼센트 대마 섬유 제품에서부터 대마와 목화 섬유를 혼합한 제품, 대마 섬유와 실크를 혼합한 제품, 대마와 합성 섬유를 혼합한 제품 등 다양한 종류가 있다. 대마 섬유 함유량이 많을수록 생태와 건강에 좋기는 하지만 다른 원료를 혼합한 제품이 지니는 장점도 있기 때문에 용도에 따라 선택하는 것이 좋다.

대마 섬유로 만든 의복은 관리상 주의와 관심을 기울여야만 한다는 것이 결점이라면 결점이다. 주름이 잘 지고 수축될 수 있으므로 세탁시 찬물을 사용하고 검은 옷과는 별도로 세탁하는 것이 좋다. 건조기 사용보다는 자연건조를 하는 것이 대마 소재 옷의 기능을 살리면서 오래 입을 수 있는 방법이다.

대마와 치료약 개발

대마나 대마초에 대한 과학이 발달하기 전에는 자연 상태의 대마에서 잎이나 암꽃송이를 채취하여 잘 말려서 담배처럼 피워 약으로 사용했다. 최근 들어서는 대마의 주요 약 성분인 THC나 CBD 함량을 달리하는 품종을 개발하여 환자의 질병에 따라 맞춤형 대마초를 처방하기에 이르렀다. 따라서 대마초를 약으로 사용할 경우는 의사의 진단에 따라 환자에게 맞는 대마초나 대마 추출물 약을 사용하는 것이 중요하다.

그러나 대마초 자체를 약으로 사용하는 데는 불편함이 따른다. 특히 어린이나 노인들이 사용하기에는 어려움이 많다. 대마초를 피우므로 발생하는 도취high 증상을 싫어하는 사람도 있다. 이런 문제를 해결하기 위해 진액을 추출한 오일 제품이 출시되고 있다. 대표적인 것이 CBD 오일과 릭심슨 오일RSO, Rick Simpson Oil이다. CBD 오일은 대부분 기업에서 생산하지만 릭심슨 오일은 민간요법으로 조제된 오일이다. 두 가지 다 말린 대마초를 사용하여 추출한 외용약이지만 내용이나 추출 방법은 아주 다르다.

CBD 오일

대마의 칸나보이드 중 대표적 성분인 THC에는 도취 효과와 치료 효과가 있고 CBD에는 치료 효과만 있다. 이제까지 알려진 CBD의 효능은 수십 가지에 이른다. 이에 따라 북미 지역에서는 수많은 CBD 제품이 알약과 오일 형태로 쏟아져 나오고 있다. 허가받은 대마초 관련 전문 판매점에서 구입하는 것이 원칙이지만 상품에 따라서는 인터넷상에서도 구입할 수 있다.

THC가 함유된 대마초 사용은 위법인 지역이 많지만 CBD 제품에는 THC가 거의 포함되지 않기에 사용이 훨씬 자유롭다는 장점이 있다. 제품 형태도 팅크제, 기름, 캡슐, 연고, 스프레이 등 다양하다. 또한 THC와 CBD 함량 비율도 15:1, 5:1, 2:1, 1:1 등으로 구분되어 있기 때문에 용도에 맞는 제품을 선택하는 것이 중요하다. 의사의 처방에 따르는 것이 원칙이지만 판매소의 전문 상담원이나 판매원과 상담할 수도 있다. 그들을 가리켜 버드텐더Budtender라고 부른다. 많은 사람들이 가정에서 CBD액(팅크제)을 만들어 사용하기도 한다.

가정에서 만드는 방법은 대체로 다음과 같다. 우선 대마초 중에서 CBD 함량이 높은 대마 암꽃송이를 잘 말린 다음 가루로 만든다. 고농도 순수 알코올(솔벤트)이나 글리세린 용액에 섞어 유리병에 담아 4~5주 동안 햇빛이 잘 드는 곳에 놓아둔다. 때가 되면 이를 체로 잘 걸러내고 그 추출액을 점적기dropper에 담아 사용한다. 오래 보관하려면 냉장고에 넣어둔다.

CBD 액은 THC 성분이 극히 낮아 도취 증세를 발생시키지 않는다. 문제는 아직은 이들 CBD 제품을 미국 식품의약국이 인정하거나 허가하지 않고 있다는 점이다. 미국 농업법에서는 산업용 대마의 재배나 사용을 허용하고 있으나 의약품 등에 적용되는 통제물질법에서는 대마초와 칸나보이드를 여전히 스케줄I으로 분류하고 있기 때문이다. THC 성분이 없는 CBD 제품도 여전히 불허한다는 것이 미국 식품의약국의 입장이다.

산업용 대마에서 추출한 CBD는 미국 대부분의 주에서 합법화되었지만 대마초용 대마에서 추출한 CBD 사용은 대마초 사용을 규제하는 주에서는 사용이 제한되고 있다.

릭심슨 오일(RSO)

대마초와 관련해서 가장 유명한 민간요법 치료제라고 할 수 있다. 릭심슨이 개발한 기름이라고 해서, 대마초 자유화 운동의 세계적인 리더 잭 헤러가 명명한 바에 따라 통상 이렇게 부른다. 대마와 대마초에 관한 경전과도 같은 책《벌거벗은 임금님》을 쓴 잭 헤러는 릭의 오일을 매우 신뢰했다.

캐나다인 릭은 의사도 과학자도 아닌 엔지니어였다. 병원에 근무하던 그는 보일러실에서 유독가스에 질식하여 기절했다가 발견되어 응급실에 실려 갔는데 후유증으로 이명과 어지럼증을 얻었다. 처방약은 효과가 없었다. 그러다가 대마초를 사용해서 효과를 보게 된다. 이 사건이 일어난 지 몇 년이 지난 2003년 그의 몸 세 곳에서 피부암이 발견된다. 수술을 받았지만 효과가 없었다. '버지니아 대학에서 THC로 생쥐의 암세포를 죽인다'는 30여 년 전의 방송 프로그램 내용을 기억해 낸 릭은 생쥐의 암을 죽일 수 있다면 자기의 암도 치료할 수 있을 것이라 생각했다. 스스로 대마초 치료제를 만들기로 결심한 릭은 대마초에서 추출한 농축액을 붕대에 발라 피부암 부위에 감았는데 4일이 지난 후 풀어 보니 암 증상이 사라졌다고 한다.

그때부터 릭은 스스로 대마초를 심고 가공하여 오일을 만들어 필요한 사람에게 무료로 나누어 주었다. 10년에 걸쳐 그가 조제한 오일을 사용하여 치료된 사람은 5,000명이나 된다고 한다. 이 과정에서 그의 집은 수차례 경찰에 급습당했고 2,600그루의 대마는 베어져 버려졌다.

지금 릭 심슨은 캐나다나 미국 입국이 금지되어 제3국에서 살고 있다. 그리고 자신이 만든 대마 오일을 더이상 무료로든 유료로든 나누어주지 못하고 있다. 미국이나 캐나다에서는 대마초를 임의로 가공하거나 무료로든 유료로든 분배할 수 없는 데다, 그의 대마 오일은 고농축 THC를 함유하고 있기 때문이다. 그의 이야기는 2008년에

〈치료로부터 달아나다Run from the Cure〉라는 다큐멘터리로 만들어져 유튜브에 올랐다. 세계적으로 수백만 건이 조회되었고 헤아릴 수 없는 많은 사람들에게 도움을 주었다고 한다.

줄여서 통상 RSO라고 부르는 릭심슨 오일을 만드는 개요는 다음과 같다. 먼저 THC 함유량이 아주 높은 인디카 계열의 대마초 품종을 선택해서 잘 말린다. 큰 물통에 대마초 원료를 넣고 솔벤트를 부으면서 나무 주걱으로 약 4분간 잘 저어 주고 부족한 솔벤트를 보충한다. 걸러낸 다음 다시 대마초를 넣고 솔벤트를 보충하면서 수 분간 저어 준다. 걸러낸 액체를 밥솥에 넣고 섭씨 100~110도를 유지하면서 뚜껑을 열어 놓아 계속 증발시킨다. 호박색으로 되면서 끈적끈적해질 때까지 달인다. 우리나라의 조청 만드는 과정과 흡사하다. 그러나 알코올을 열로 증발시키는 과정이기에 대단히 위험할 수 있다. 이렇게 만든 농축액의 THC 농도는 90퍼센트 내외라고 한다. 인디카 계열 대마는 신체의 질병 치료에 효과적이고 정신질환 치료에는 사티바 계열의 대마가 효과적이라 한다. 더 자세한 설명은 그의 공식 홈페이지Phoenixtears.ca를 참조할 수 있다. 우리나라에서 RSO 조제는 불법이다.

대마 약용 제품의 전망

대마초는 오랫동안 약으로도 사용하거나 실험할 수 없도록 법적으로 금지되었기 때문에 아직 임상실험을 거쳐 출시된 대마 의약품은 에피디올렉스나 사티벡스 등 몇 가지에 불과하다. 그러나 통제물질법상 대마나 대마초의 스케줄 등급이 하향 분류되고 미국 식품의약국에서 허용하는 약품이나 식품으로 개발된다면 신약과 기능성 식품들이 쏟아져 나올 것이 분명하다.

THC, CBD를 함유한 술, 음료, 식품 시장의 확대

CBD를 함유한 제품으로는 치료제 외에도 CBD를 첨가한 맥주와 음료, CBD가 함유된 무알코올 음료, 차, 과자, 빵, 대마 드레싱, 대마 마요네즈, CBD 껌, 초콜릿, 팅크제 등이 있다. 이들 다양한 식료품과 음료 제품은 미국 식품의약국의 허가와 관련 없이 출시되고 있거나 출시를 서두르고 있다. 담배회사들도 THC 또는 CBD 성분이 함유된 담배를 제조하는 일에 관심을 기울이고 있다. 주류회사도 CBD가 함유된 새로운 술 개발에 노력하고 있다.

대마와 축산

말을 많이 사육하는 영국에서는 오래전부터 대마 속대를 축사의 바닥 깔개 등으로 사용해 왔다. 대마 속대를 바닥 깔개로 사용하면 얻을 수 있는 효과는 첫째, 축사 내의 먼지 발생이 거의 없어 쾌적하다는 점이다. 둘째로 대마 속대는 어느 바닥 깔개 재료보다도 흡습성이 강해 바닥을 뽀송뽀송한 상태로 유지해 준다. 대마 속대는 자체 무게의 네 배까지 수분을 흡착한다. 셋째, 가축 분뇨에서 나오는 암모니아로 축사에는 악취가 많이 발생하는데, 대마 속대가 이를 획기적으로 경감시킨다. 넷째로 축사 바닥을 부드럽고 푹신하게 만들어 가축의 부상을 예방한다. 요약하자면 대마 속대 깔개를 사용하면 가축의 안전과 위생에 도움이 되므로 결국 생산성 향상에 기여하게 된다.

기타
오스트리아의 젤포기술사Zellfo Technology는 대마 원료로 플라스틱 수지를 개발했다. 헴프스톤Hempstone이라고 부르는 이 물질은 헴프크리트보다 고급화된 원자재로, 악기류, 스피커, 디자인 가구 등을 만드는 데 사용한다.

주요 나라의 대마 산업 동향

유럽연합
1800년대 중반까지만 해도 유럽의 각 나라에서 대마는 중요한 농작물 중 하나였다. 그러나 1961년에 발효된 유엔 협약에 따라 대부분의 유럽연합 국가들은 산업용 대마라 할지라도 일체의 재배, 소유, 거래를 금지하게 된다. 그러다가 1990년대 후반에 들어서자 엄격한 통제하에 산업용 대마의 재배를 허가하기에 이르렀다. 1997년에는 영국, 독일 등이 산업용 대마의 재배를 허가했다.

　유럽연합에서는 프랑스가 대마 산업의 중심지이다. 19세기 중반 무렵 프랑스 전역에서 대마를 재배한 면적은 10만 헥타르가 넘었다. 그러나 1960년대에 들어서면서 재배 면적은 급격히 줄어 700헥타르 정도로까지 줄어들게 된다. 프랑스만이 아니라 유럽의 모든 나라들에서 일어난 현상이었다.

예전에 비해 비교가 안 될 정도로 급격하게 감소했다고는 해도 지금도 프랑스의 대마 재배 면적은 다른 나라에 비해 넓어서, 유럽연합 27개국 전체 대마 재배 면적 중에서 50퍼센트 이상을 차지하고 있다. 1996년 유럽연합 전체의 대마 재배 면적은 1만 8,000헥타르였다. 이 중 약 60퍼센트에 해당하는 1만 1,700헥타르를 프랑스가 차지했다. 다음으로 영국이 2,000헥타르 내외, 덴마크가 1,000헥타르 내외, 그리고 이탈리아와 체코가 1,000헥타르 미만이었고 기타 국가들에서는 미미하게 재배하는 실정이다.

2010년대 들어서 유럽연합 전체의 대마 재배 면적은 1만~1만 5,000헥타르 내외를 오가고 있다. 2011년부터는 독일의 대마 재배 면적이 꾸준하게 증가하고 있는데, 바이오에너지 분야에서 대마를 사용하기 때문이라고 한다. 2016년 유럽연합 국가 전체의 대마 재배 면적은 2만 4,300헥타르에 이르러 최근 들어 가장 많은 면적으로 늘어났다.

생산 현황

유럽에서 생산되는 대마 섬유는 연간 대체로 8만~10만 톤에 이르고 있다. 농민들은 주로 계약재배 형태로 대마를 재배한다. 유럽 농민들이 대마를 재배하는 주된 이유는 대마가 유럽연합의 보조금 지급 대상 작물이라는 이점과 함께 부가가치와 일자리 창출 효과가 크기 때문이다. 대마는 밀과 비교할 때 일자리 창출 효과가 네 배 크고, 그 밖의 다른 작물과 비교해도 지역경제에 불러오는 부가가치가 높다. 저장 및 가공 과정에서 더 많은 인력이 필요하고 관련 분야의 생산을 유발하기 때문이다.

유럽 지역에서는 대마를 보조금 지급 대상 작물로 분류하여 1988년부터 생산 보조금을 지급해 왔다. 1999/2000년 시장 기준년도의 보조금은 생산량과 관계없이 헥타르당 662.8유로로, 헥타르당 650~800유로이던 평균 생산비와 맞먹는 금액이었다. 그 후 보조금 액수가 다른 작물에 비해 높다는 판단에 따라 2001/2002년 기준년도부터는 생산량 기준으로 보조금을 지급하도록 제도를 바꾸어 톤당 75.63유로로, 다음 해에는 톤당 63유로로 낮추게 되었다. 가공업자에게도 톤당 90유로의 보조금을 지급했다.

유럽연합의 대마에 대한 보조금 지급 제도는 어느 나라보다도 대마 산업이 활성화되어 있지만 보조금 제도가 없는 캐나다로 하여금 유럽과의 경쟁을 힘겨워 하게 만드는 요인이기도 하다. 그러나 유럽연합의 보조금 지원 정책은 점진적으로 감축하는 기본 계획하에 운용되고 있다. 보조금 제도가 철폐될 경우 유럽 국가들의 대마 재배 면적은 많이 줄게 될지도 모른다.

그러나 기술의 발달에 따라 대마 재배와 가공 과정에서의 자동화, 기계화는 계속 진전될 것이고, 무엇보다도 대마를 이용한 각 분야의 부가가치 제품들이 속속 등장하고 있기에, 대마의 미래는 상당히 밝다고 보는 것이 전문가들의 견해이다. 특히 천연 제품 및 친환경 제품의 선호, 온실가스 감축 등 범지구적인 과제에 대한 대응 등으로 유럽은 물론 세계적으로도 재배 면적은 확대될 것이다.

캐나다

캐나다는 미국이 1937년 '마리화나세금법'을 시행한 다음해인 1938년부터 일체의 대마 재배나 소지 및 유통 등을 사실상 금지해 왔다. 1961년 유엔이 산업용 대마와 대마초를 구분해서 대마 재배는 회원 각국의 재량에 맡겼지만, 캐나다는 미국의 금지 정책과 발맞추어 금지 조치를 지속했다. 그러다가 1994년 시험과 연구 목적이라는 명분으로 헴프라인Hempline이라는 회사에 재배 허가권을 발급한다.

헴프라인은 온타리오 주의 담배를 재배하던 땅 6에이커에 캐나다 보건부가 인정한 THC 함량이 낮은 5개 품종을 유럽에서 수입해 처음으로 대마를 파종했다. 재배 과정은 관계 당국의 엄격한 통제와 감시를 받았으며, 정부로부터 보조나 지원은 일절 없었다. 오히려 경찰의 감시 비용까지도 회사가 부담했다. 회사는 첫 수확물 중 일부를 오리건 산림청에 보내 대마 섬유를 이용한 벽지 가공과 속대를 이용한 난방용 펠릿pellet 가공 실험을 의뢰했다.

4년에 걸친 실험과 연구 과정은 성공적으로 끝났다. 캐나다 보건 당국은 1998년 3월 12일, 60년간의 대마 재배 금지 조치를 해제하고 THC 함량이 0.3퍼센트 이하인 품종에 한해 마침내 재배를 허가하기에 이르렀다. '통제약물법'의 부속 규정으로 산업용 대마의 품종, 재배, 가공, 유통에 관한 세부사항을 다룬 '산업용 대마 규정Industrial Hemp Regulation'을 법제화한 것이다. 법 통과 후 지속적으로 다양한 제품을 개발해 온 캐나다는 근래에는 대마 관련 식품과 화장품 등의 분야에서 괄목할 만한 성장을 보이고 있다.

첫 해인 1998년에 재배를 허가받은 농민은 241명, 재배 면적은 2,370헥타르였다. 그 다음해인 1999년에는 750명의 농민에게 재배를 허가했다. 면적은 1만 4,031헥타르로서 전년도보다 무려 여섯 배로 늘어났다. 그러나 그 후 허가증 발행 건수와 재배 면적은 상당한 진폭을 보이게 된다. 재배 면적 증가에 따라 생산량이 증가한 대마 섬유나 속대 등 부산물을 가공 또는 소비할 수요처가 따르지 못했기 때문이다. 부가가치 형성을 위해 생산에서 소비에 이르기까지 이어지는 과정, 소위 가치사슬value chain을 충분히 형성하지 못한 결과였다. 수요가 뒤따르지 않는 상황은 미국 소재 대규모 가공 공장인 마니토바Manitoba의 부도를 초래했고, 결국 대마 재배 농민들에게도 손실이 발생하게 되었다.

수요 부진의 가장 큰 이유는 주 수입국이던 미국의 대마 관련 제품 수입 금지 조치였다. 캐나다로부터 대마 관련 제품 수입이 크게 증가하자 미국 마약단속국은 2000년부터 대마뿐만 아니라 관련 제품에 대해서도 전면 수입 금지 조치를 시행했다. 다행히 대마 관련 제품 수입 제한 조치가 불법이라는 2004년 미국 법원의 판결에 따라 수입 금지 조치가 해제되자 대마 재배 면적은 다시 늘어나기 시작했다.

캐나다 10개 주 가운데 대마를 재배하는 지역은 9개 주에 걸쳐 있다. 뉴펀들랜드Newfoundland 주는 기후 조건이 대마 재배에 불리하기 때문에 재배하지 않는다. 초기에는 캐나다 전체 대마 재배 면적 가운데 50퍼센트 이상을 마니토바 주가 차지하고 온타리오 주가 그 뒤를 이었으나 2007년 이후로는 서스캐처원Saskatchewan 주가 가장 많은 재배 면적을 차지하기 시작했다. 점진적으로 증가해 온 캐나다 대마 재배 면적은 2017년에는 5만 5,854헥타르로 최대에 이르렀는데, 서스캐처원 주의 재배 면적이 그 중 약 40퍼센트를 차지한다.

산업용 대마 인증 품종은 2004년에 24종으로 늘었고 현재는 27종으로까지 늘어났다. 인증 품종도 재배 초기에는 프랑스 등 유럽에서 수입하여 사용했으나 근년에는 캐나다에서 자체 개발한 여러 품종이 수입 품종과 함께 자리 잡아 가고 있다. 모든 인증 품종은 관련 법에 따라 THC 함량 0.3퍼센트 이하인 저마약성이다.

캐나다의 대마 관련 가공 공장들은 종자를 이용한 제품을 다른 나라의 기업들보다 다양하게 개발해 왔다. 각종 스낵류로부터 대마 단백질 가루hemp protein flour, 껍질 벗긴 속씨hemp heart, 식용 기름, 맥주, 비누, 샴푸, 로션·보습제·향수 등의 화장품에 이어 페인트에 이르기까지 매년 상품 목록을 늘려 가고 있다. 물론 대마 섬유를 활용한 각종 의류 제품 개발도 활발하다. 이러한 제품들은 세계적인 관심을 불러일으키고 있으며 매출이 꾸준하게 증가하고 있다.

한 가지 특기할 만한 사실은 유기 제품을 찾는 소비자 취향에 맞추어 유기 재배 농가가 늘고 있다는 점이다. 대마 재배 농가의 3분의 1 이상이 유기 인증을 받은 농가이다. 또한 캐나다 국립 연구소National

Research Council Canada와 대마 의류 업체가 제휴하여 생산하고 있는 고품질 대마 의류도 주목할 만하다. 대마 섬유 처리 과정에 효소를 기술적으로 활용하여 한결 부드럽고 흰 직물을 생산하게 된 것이다. 이 직물은 2010년도 캐나다 동계 올림픽 대표팀의 유니폼으로 사용된 바 있다.

미국은 캐나다가 생산하는 대마 관련 제품의 주요 수입국이다. 친환경, 건강지향 제품의 수요는 계속 늘어나지만 대마 재배는 금지되어 있었기 때문이다. 대마 관련 제품의 해외 매출 가운데 90퍼센트 정도가 미국에서 발생되고 있으며 그 수요는 날로 늘어 가고 있다. 2007년 대마 종자(불임처리 해야 수출입 가능)의 대미 수출은 2006년 대비 세 배 늘어난 약 200만 달러였다. 대마 씨 기름 수출은 85퍼센트, 섬유류 수출은 65퍼센트 증가했다.

캐나다에서 대마 재배가 합법적이라고는 하지만 제한 요소는 여전히 많다. 캐나다 농민으로서 대마를 재배하고자 하는 자는 '산업용 대마 규정'에서 요구하는 서류를 작성하여 관계 당국에 제출하고 허가받아야 한다. 주된 기재 내용은 재배지 현황(주소, 면적 등), 대마 재배 목적(섬유용, 종자용 등), 품종 등이다. 관련 규정을 좀 더 자세히 들여다보자면 다음과 같다.

- 대마를 재배하고자 하는 자는 대마 재배지의 '대마 생산가공 협회'에 등록하여야 한다. 이때 과거 범죄 경력, 마약 관련 사범 전력 등의 사실이 없어야 한다. 과거 10년 동안 범죄 경력이 있으면 허가권은 발급되지 않는다.

- 재배 품종은 반드시 저마약성(THC 0.3퍼센트 이하)으로 인증된 품종으로서 적정한 시험을 거쳐 안전이 보장된 품종이어야 하며 해당 지역별로 고지된 것에 한한다.
- THC 시험을 위해 재배 대마 조직 샘플을 요구할 경우 재배자는 응해야만 한다. 시험 관련 비용은 재배자가 부담한다.
- 관련 공무원은 THC 측정을 위해 자유롭게 대마 재배지를 출입할 수 있어야 한다.
- 종자 생산의 경우 THC 함량 최대치는 10ppm 이내여야 한다.
- 대마 생산 및 유통에 사용하는 자동차나 관련 장비는 철저하게 세척해야 한다.
- 대마 재배 허가권은 1년 단위로 발급한다. 계속 재배할 경우에는 매년 새롭게 허가받아야 한다.

중국

대마 재배 역사가 6,000년이나 되는 중국 역시 유엔의 권고를 받아들여 1990년 대마 재배를 불법화하는 조치를 취했다. 개인이 대마초를 많이 소지할 경우 사형에 처하기까지 한다. 그러나 종자 생산이나 산업용 대마 재배에 대해서는 규제하지 않았다. 따라서 산업용 대마를 꾸준하게 재배해 왔으며, 세계에서 대마 재배 면적이 가장 넓은 나라이다. 최근(2014년) 윈난 성의 대마 재배 면적은 4만 8,600헥타르, 헤이룽장 성은 5만 2,600헥타르에 이른다. 윈난 성의 재배 면적만 해도 캐나다와 유럽연합의 재배 면적을 합친 것보다 넓다. 2008

년 11월에 한국에서 열린 아시아 대마 산업 국제회의에서 한마산업
투자유한공사漢麻産業投資有限公司의 대외주임 왕룽王嶸은 중국 전체의
대마 재배 면적이 2만~3만 헥타르라고 발표한 바 있는데, 그로부터[61]
6년이 지나는 사이 헤이룽장 성의 재배 면적만 해도 중국 전체의 배
가 넘는 면적으로 훌쩍 늘어난 것이다. 이 같은 통계를 통해 알 수 있
듯이, 중국의 대마 재배 면적은 지금까지 꾸준히 늘어 왔고 앞으로도
더욱 늘어날 전망이다.

그러나 현재까지도 중국 전체를 아우르는 산업용 대마 관련법
은 제정되지 않고 있다. 그리고 중국 정부 차원에서 대마에 대한 통
계를 발표하지도 않는다. 이 때문에 정확한 재배 현황은 알 수 없고
다만 성 단위의 통계나 정보에 근거해 추정할 뿐이다. 현재 중국 전
체에서 대마를 재배하고 있는 지역은 대략 20개 성에 이르는 것으로
알려져 있다. 특히 윈난 성, 헤이룽장 성, 산시성, 안후이성 등의 몇
개 성에서는 대마 재배와 가공이 매우 활발하며 기술면에서도 앞서
있고 세계 수출 시장을 주도하고 있다.

윈난 성은 중국 각 성 중에서 가장 먼저 산업용 대마를 구분하
고 재배와 가공에 관한 법률을 제정하여 2010년 1월 1일부터 시행하
고 있다. 헤이룽장 성은 2017년부터 산업용 대마 재배에 대한 별도
의 법을 제정하였다. 두 성을 제외한 다른 지역에서는 별도의 관련법
을 갖추지는 않았지만 산업용 대마 재배는 자유롭다. 윈난 성과 헤이
룽장 성의 관련법에 의하면 산업용 대마로 인정받으려면 건조 대마
의 THC 함량이 0.3퍼센트 이내인 품종이어야 한다. 캐나다와 동일

한 수준이다. 대마를 재배하거나 가공하고자 하는 자는 사전에 허가 받아야 하며 재배와 가공 과정에서 관계 당국의 테스트나 보고 요구 등의 규제에 따라야 한다. 관련 절차는 캐나다의 경우와 대동소이하기 때문에 생략한다.

중국에서 생산한 대마는 주로 섬유를 뽑아 방적사와 직물 또는 완제품의 원료로 사용한다. 중국에서 가장 큰 대마 섬유 가공 공장이 있는 산시 성에서는 매년 5,000톤의 방적사, 1,000만 미터의 직물과 15만 점의 직물 완제품을 생산하고 있다. 산시 성을 비롯한 중국 각지에서 생산, 가공된 섬유 제품은 주로 미국, 유럽, 일본, 한국, 홍콩 등으로 수출된다. 미국은 2013년 한 해 동안에만 중국으로부터 3,700만 달러어치 대마 제품을 수입했다. 세계 대마 생산량의 반 이상을 차지하는 중국은 대마 섬유 제품의 세계적인 공급자인 셈이다. 또한 인피 섬유와 속대를 이용하여 직물 이외에도 각종 종이, 벽지, 대마 숯, 대마 펠릿, 각종 일회용 제품의 소재로 사용되는 대마 속대 가루granules, 실내외 건축자재 등 다양한 제품이 나날이 새롭게 등장하고 있다.

대마 섬유 분야에서 세계 시장을 장악하고 있는 중국은 최근 들어 대마 씨를 활용한 기름이나 껍질 벗긴 속 알갱이 등을 이용한 식품 등으로 대마 상품의 영역을 넓혀 가고 있다. 안후이 성은 2014년부터 캘리포니아의 한 회사와 제휴하여 대마 씨 가공 제품을 개발해 왔다. 중국의 여러 업체가 대마 씨 기름과 식품에 대해 미국, 일본, 유럽연합으로부터 유기농 인증과 위생관리시스템인 해썹HACCP 인증까지 이미 획득하였다고 한다. 우리나라 시장에서도 중국산 식용 대마 씨는 캐나다 제품과 경쟁하고 있다. 단백질 식품, 식용 기름, 간장, 각종 빵과 비스킷 등 대마 씨를 활용한 식품의 종류는 갈수록 다양해지고 있으며, 대마 씨와 그 기름을 활용한 화장품으로 먹는 미용 제품, 바르는 제품, 선크림, 립스틱, 스킨로션 등이 다양하게 출시되고 있다.

중국에는 대마 관련 연구소들이 많은 것으로 알려져 있다. 보다 질 좋은 대마 제품 개발에 힘써 온 이들 연구소에서는 근래에 들어 산업용 대마의 꽃봉오리와 잎에서 CBD를 추출하는 데 관심을 기울이기 시작했다. 윈난 성에서만 3개의 연구소나 회사가 CBD를 추출하여 활용하기 위한 허가를 받은 바 있다. 이미 CBD가 함유된 에너지 음료가 출시되기도 했다. 이를 위해 THC 함량은 낮추고 CBD 함량은 높이는 품종 개량 노력도 진행되고 있다. CBD 성분이 매우 중요한 치료 성분이라는 사실이 속속 밝혀짐에 따라 대마 주산지의 연구소나 관련 회사들이 CBD 추출과 이를 함유한 제품 개발에도 큰 관심을 기울이고 있는데, 앞으로 중국발 새로운 치료약이나 식용 제품이 출시되리라 기대해 본다.

다른 한편으로는 중국 인민군에서도 대마 연구소를 설립하고 군수품에 대마를 활용할 방안을 연구하고 있다. 사실 중국의 군부가 대마에 직접 관심을 기울인 지는 비교적 오래되었다. 1970년대에 베트남과 국경 전쟁을 치를 당시 베트남의 덥고 습한 기후 때문에 중국 군인들은 고전해야만 했다. 이에 대한 해결책을 찾기 위해 대마 직물의 항균 작용, 자외선 차단 기능, 통풍 기능, 경량 성능, 빠른 건조 기능 등을 연구하여 군복과 관련 제품에 적용하고자 한 것이다. 중국 군부는 2006년부터는 윈난 성에서 연구 목적으로 1만 2,000헥타르 면적에 대마를 재배하고 있다. 이 연구소는 THC 함량이 0.09퍼센트인 산업용 대마의 신품종을 개발해 내기도 했다.

중국 농가에 가장 큰 소득을 안겨 주는 품목은 벼농사이지만 기후나 물 문제로 벼를 재배할 수 없는 지역의 농민들은 주로 콩을 재배하여 왔다. 그러나 콩으로 얻을 수 있는 소득은 벼 재배와 비교할 때 반도 되지 못하는데, 콩 대신 대마를 재배할 경우 벼에는 미치지 못하지만 콩에 비해서는 배 이상의 소득을 얻을 수 있다고 한다. 최근 들어 대마 제품의 수요가 크게 늘어나면서 대마 제품 가공회사의 규모가 커지거나 새로 건설되고 있을 뿐만 아니라 대마 자체에 대한 수요도 크게 늘어나고 있는데, 이에 따라 콩을 재배하던 많은 농민들이 대마 재배로 작목을 전환하게 되었다. 회사나 성 단위에서 종자를 무상 공급하고 재배 기술을 지원할 뿐만 아니라 경우에 따라서는 수확도 회사가 대행해 주니까 농민 입장에서는 상당히 좋은 조건인 셈이다. 특히 가난한 지역으로 손꼽히는 신장新疆 지역과 네이멍구內蒙古 자치지역에 2020년까지 대마 재배를 확대할 계획이다.

대마 직물은 재배 지역 환경과 기후에 따라 직물의 질감이 다르다. 중국 남부의 덥고 건조한 지역에서 생산된 대마 섬유는 올이 굵고 견고한 직물에 적합하고, 리넨처럼 부드럽고 얇은 직물을 생산하는 데는 서늘한 지역에서 재배한 대마가 알맞다고 한다. 중국 영토는 아열대 지역에서부터 아한대 지역에까지 걸쳐 있기에, 용도에 따른 다양한 대마 섬유 생산이 가능하다. 민간이나 군에서 운영하는 중국의 다양한 대마 연구소들은 지역별로 적합한 품종이나 재배 기술, 가공 기술 등을 개발하기 위해 부단한 노력을 기울이고 있다. 그 결과 총 600여 가지에 이르는 대마 섬유와 가공 기술 분야의 국제특허 가운데 300여 가지 이상을 중국이 갖고 있다. 앞으로도 중국의 대마 관련 특허는 더욱 늘어나리라 예측된다.

미국

미국은 5년마다 '농업법Farm Bill'을 개정하는데, 2014년에 개정되어 2018년까지 적용된 농업법에는 주목할 만한 내용이 들어 있었다. 제한적이나마 산업용 대마 재배를 허용하기로 한 것이다. 그 주요 내용은 세 가지로 요약할 수 있다. 첫째, 대마 재배가 미국 농업이나 농민에게 유익할 것인가를 주제로 고급 연구기관에서 연구하거나 주정부에서 인정하는 파일럿 프로그램을 수행하는 경우에 한정해서 대마 재배를 허용한다. 둘째, THC 함량 0.3퍼센트 이하의 품종으로 오직 종자와 섬유를 사용하기 위해서만 재배할 수 있으며 오락용으로는 사용할 수 없다. 셋째, 2014년의 연방 농업법에 상응하는 자체 법을 제정하여 세부적인 규정을 정한 주에서만 산업용 대마를 재배할 수 있다. 이에 따라 2018년에 대부분의 주정부가 산업용 대마를 재배할 수 있도록 법제화를 끝냈다.

이어 2018년 12월 11일에는 미국의 새로운 '농업법'이 하원의 찬성 369표 반대 47표, 상원은 찬성 87표 반대 13표라는 압도적인 표차로 통과되었다. 12월 20일에는 트럼프 대통령이 이 법안에 최종 서명했다. 방대한 법률 중에서 대마 관련 핵심 사항은 산업용 대마를 스케줄I에서 해제했다는 점이다. 이로써 산업용 대마는 콩이나 옥수수, 담배와 마찬가지로 합법적인 농작물로 농민의 선택에 따라 자유롭게 재배할 수 있게 되었다.

아직 초기 단계이기는 하지만 미국 대마 산업의 특징은 CBD를 활용한 건강 및 의료용품 생산에 주력하는 모양새라는 점이다. 투자 동향을 조사, 연구하는 전문 기관 시비인사이트 CB Insights는 대마 산업이 의학, 제약, 건강과 미용, 농업, 전자상거래, 식품, 알코올, 담배, 직물, 플라스틱, 종이, 건축, 무알코올 음료, 애완동물 사료, 스포츠 음료, 관광 등 미국 내 23가지 주요 산업 분야에 큰 영향을 미치리라는 연구 자료를 발표했다. 코카콜라사만 해도 이미 CBD 성분을 베이스로 한 음료 개발을 추진 중이라고 한다. 아마도 탄산음료 기피현상을 돌파하기 위한 전략이 아닌가 싶다. 미국 식품의약국은 CBD를 첨가한 식품을 아직 허가하지 않고 있으나 앞으로 긍정적인 변화가 예상된다.

대마초가 합법화된 캘리포니아 등에서는 CBD 함유 제품 이외에도, THC가 함유된 초콜릿, 팝콘, 아이스크림, 쿠키, 음료수 등을 공공연히 판매하고 있기도 하다. 시티City사는 대마초 함유 탄산음료인 캘리포니아드리밍California Dreaming을 '기분이 좋아지면서 머리는 가벼워지는 음료'라고 선전하면서 판매하고 있고, 베보Beboe사는 대마초 사탕을 판매하고 있다. 담배와 술 회사들 역시 대마 성분이 함유된 상품을 발 빠르게 개발하고 있다.

신속하게 진행되고 있는 관련 회사들의 상품 개발과 소비자 관심에 힘입어 대마 관련 시장 규모는 기하급수적으로 늘어 갈 전망이다. 시비인사이트는 2022년 시장 규모를 320억 달러(약 38조 원)로 추정한 바 있다.[62] 새로운 농업법이 의회를 통과하던 날인 2018년 12월 11일《워싱턴타임스》지는 대마의 산업화를 위해 수년간 노력한 매코널Mcconnel 상원의원의 발언을 보도했다. "농민 소득이 감소하고 있고 농민들의 어려움이 가중되는 이때에 산업용 대마를 자유롭게 재배할 수 있게 된 일은 농업의 미래를 밝게 할 것"이라는 내용이었다. 그의 말은 농민이 어려움을 겪고 있는 우리나라에도 적용할 만하다.

러시아

러시아는 20세기까지는 세계에서 대마를 가장 많이 재배한 나라였지만 최근 들어서는 중국이나 캐나다보다도 뒤처지고 있고 대마 관련 제품 생산도 다양하지 못하다. 그러나 러시아는 대마 재배를 합법화한 나라이다. 다만 건조 대마의 THC 함량이 0.1퍼센트 이내인 품종으로만 한정하고 있다. 미국, 중국, 캐나다 등이 0.3퍼센트, 유럽연합이 0.2퍼센트로 제한하는 데 비해 매우 낮은 기준을 적용하고 있는 것이다. 이 엄격한 기준에 맞춘 품종 25가지가 러시아에서 생산되고 있다.

북한

북한은 공식적인 통계와 정보를 알 수 없는 대표적인 나라이다. 대마 관련 정보도 공식적인 통계는 입수하기 어렵다. 다만 쪼가리 정보에 의지해서라도 북한의 대마 산업 현황을 살펴볼 수 있을 뿐이다.

(주)안동대마방직(김정태 회장)은 2005년 북한과의 합영회사인 대마방직공장을 북한에 설립하여 2008년에 가동하기 시작했다. 공무원이면서 대마 관련 전문가로 2005년 개업식에 참석했던 김경식의 보고에 따르면, 2005년 6월 북한의 《노동신문》은 "전 군중적 운동으로 온 나라를 대마 숲으로 뒤덮자"면서 대마를 '민족 섬유'로 중시하였다고 한다. 북한에서는 1980년대부터 산업용 대마를 유지작물로 분류하여 재배를 법적으로 허용해 왔다는 것이다. 공장 설립 당시 북한은 대대적으로 대마를 재배하여 옷이나 직물 제품을 생산할 계획이었다. 그러나 2008년의 천안함 사건 이후 한국 기술자들의 북한 출입이 중단되면서 대마 공장은 거의 가동할 수 없게 되었고 그 상태로 오늘에 이르렀다.

공장은 정상적으로 가동되지 않지만 북한에서 대마 재배가 상당히 활성화되고 있는 점은 분명하다. 미국의 대마 옹호 단체인 '대마협회Ministry of Hemp'에 따르면 북한의 산업용 대마 생산량은 중국, 캐나다, 미국, 프랑스, 칠레의 뒤를 이어 세계 여섯 번째를 차지한다고 한다. 평양 인근에서만 4만 7,000제곱미터의 면적에 대마를 재배하고 있다는 것이다. 이를 증명하듯 자유아시아방송Radio Free Asia은 북한이 대마 재배를 당 차원에서 독려하고 있다는 보도를 "북, 대마 재배 군중적 운동으로 확대"라는 제하에 내놓은 바 있다.

또 다른 정보를 통해 북한의 대마초 유통 상황을 엿볼 수 있다. 서울 연합뉴스는 2016년 12월 7일자 자유아시아방송 보도를 이용하여, 나진시에서는 북한을 방문한 중국인들에게 별다른 제약 없이 대마초를 팔고 있다고 전한 바 있다. 북한 주민들은 대마초 판매를 손쉽게 돈을 버는 방법이라고 소개하면서, 킬로그램당 30위안에 대량으로 수집한 대마초를 중국에서는 킬로그램당 500위안에 거래하고 있다고 전했다.

북한이 산업용 대마를 대대적으로 생산하는 주요 목적은 섬유를 이용하여 옷이나 직물을 만드는 것과, 종자를 생산하여 식용기름을 짜고 그 찌꺼기를 사료로 사용하는 것 두 가지이다. 특히 최근 대마 생산을 독려하는 데는, 핵무기 개발에 따른 유엔의 제재로 중국으로부터의 원유 수입이 제한받기에 이르자, 대마로 바이오 연료를 생산코자 하는 의도가 숨어 있다고 한다. 대마 연료는 주로 군사용 드론의 연료로 사용된다고 한다. 북한에서는 대마초를 역삼이라고 부른다.

산업용 대마 재배가 합법인 나라

오스트레일리아, 뉴질랜드, 오스트리아, 미국, 캐나다, 칠레, 중국, 덴마크, 핀란드, 프랑스, 독일, 영국, 헝가리, 이탈리아, 인도, 일본, 네덜란드, 포르투갈, 폴란드, 루마니아, 러시아, 슬로베니아, 스페인, 스웨덴, 스위스, 이집트, 한국, 태국, 우크라이나, 북한 등 30개국에서 산업용 대마 재배를 합법화하였다(우리나라의 경우 합법이지만 규제가 까다로워 불법에 가까운 합법이라고 할 수 있다).

녹색 황금의 시대가 열리고 있다

대마와 대마초는 더 이상 위험 약물이 아니다
: 치료용 합법화의 길을 연 유엔의 결의

2019년 2월 세계보건기구의 독립기구인 마약중독에관한전문가위원회는 유엔의 마약에관한단일조약Single Convention on Narcotic Drugs(1961)의 스케줄Ⅳ에서 대마를 제외하도록 권고했다. 스케줄Ⅳ는 남용의 위험이 가장 높아 치료용으로도 사용할 수 없도록 분류된 약물이다. 이번 결정은 역설적으로 대마가 남용의 위험이 높지도 않고 치료약으로 사용할 수 있는 약물임을 나타내준다. 이에 따라 2020년 12월 2일 53개국으로 구성된 유엔의 마약위원회는 찬성 27표, 반대 25표, 기권 1표로 세계보건기구의 권고를 의결했다. 국제적으로 대마에게 '마약'의 족쇄를 채운 지 59년 만에 그 사슬을 푼 획기적인 결정이다.

사실 앞서 본 바와 같이 대마는 수천 년 전부터 많은 나라에서 치료용으로 사용해왔다. 당초 위험 약물로 분류하고 치료용으로 사용할 수 없다고 제정한 것이 잘못이었기 때문에 2020년 유엔의 의결은 과거의 잘못된 결정을 바로 잡은 것에 불과하다. 과거 대마를 위

험 약물로 분류하고 치료약으로 사용할 수 없다고 앞장섰던 미국이
이번에는 등급 해제에 앞장섰다.

회원국은 유엔의 결정에 의무적으로 따를 필요는 없으며 자국
의 정치, 사회, 경제, 국민 감정 등을 고려하여 기존 법에서 통제하고
있는 대마 관련 사항을 새롭게 정할 수 있다. 그러나 이미 45개의 나
라에서 대마를 치료용으로 합법화하고 있는 현실에서 유엔의 결정
은 대마를 여전히 위험 약물로 취급하고 있는 나라들에게 상징적 의
미가 크다고 할 수 있다. 대마를 치료용으로 합법화한다면 의료, 공
공 건강 분야의 연구와 개발, 관련 산업의 투자와 제품 생산 등이 촉
진되어 국가산업 발전에 크게 기여할 수 있다. 이미 많은 주에서 치
료용으로 대마를 합법화한 미국이나 오락용으로도 합법화한 캐나다
가 그 예를 잘 보여주고 있다. 우리나라의 대마 관련 산업의 변화도
눈여겨볼 사항이다.

미국 하원의 치료용 대마 합법화 의결

2020년 12월 4일 미국 하원은 찬성 228표, 반대 164표로 대마 관련
법안을 의결했다. 우선, 치료용 대마 합법화의 길을 열었다. 찬성 결
의는 민주당이 주도했다. 주 내용은 연방법인 통제물질법상 최고 위
험등급인 스케줄I(유엔은 스케줄IV 등급)으로 분류해온 대마와 그 추
출물을 스케줄 등급에서 해제하는 것이었다. 그간 미국의 통제물질
법상 대마는, '의료적 가치가 없고 남용의 위험성이 높아' 어떤 경우
에도 사용할 수 없도록 규제돼 왔다. 1970년 법 제정 이래 50년 만의

일이었다. 이로써 대마를 치료용으로 사용할 수 있도록 법제화한 주정부와 연방 정부 간에 심각한 수준으로 치닫던 대마와 대마초 관련 갈등도 사라지게 되었다.

이 법이 통과되면 대마를 통제하는 연방 정부의 권한은 사라지게 된다. 대마 관련법이 필요하다면 그것은 주 단위에서 알아서 다룰 일이다. 미국은 1996년 캘리포니아주를 시작으로 이미 36개 주가 의료용 대마를 합법화했고, 15개 주가 오락용 대마도 합법화했다. 따라서 연방법으로 대마와 대마초를 통제하는 것은 더 이상 의미가 없다고 볼 수 있다.

또한, 이 법안은 대마초 관련 경미한 범죄에 대해서 기록을 삭제하도록 했다. 폭력이나 2차 범죄 없이 단지 대마초를 피웠다고 해서 평생을 주홍글씨를 달고 살아야 하는 것은 또 다른 형벌이고 고통이기 때문이다. 더구나 대마초 관련 처벌은 유색 인종에게 집중되어 끊임없이 인종차별 논란을 일으켜왔다. 그들은 범죄기록 때문에 취업이나 학자금 대출 등에 제한을 받아 또 다른 고통을 겪어오고 있다. 사실 연방법과 상관없이 이미 범죄기록 말소를 시행하는 주들이 늘어가고 있다. 일리노이 주를 예로 들면, 대마초 사용 합법화 이전에 발생된 범죄기록 삭제의 혜택을 받은 사람이 50만 명에 이른다.

하원의 찬반 토론 중 한 의원은 "대를 이어 연방 정부가 이 나라 국민들에게 거짓말을 해왔다"고 주장했다. 당초 대마에 대한 처벌법인 1937년 마리화나세금법은 거짓을 바탕으로 만들어진 법이라는 것이다. 또 다른 의원은 "마약과의 실패한 전쟁은 결국 개인의 삶과

가정과 사회를 엉망으로 만들었다. 이제는 끝장내야 한다"고 했다. 이제 법안은 상원으로 넘어갔다. 상원은 2021년 1월 현재 공화당 50석 민주당 50석 동수이다. 캐스팅보트는 부통령이 쥐고 있다. 통과가 당연해 보이지만, 바이든 대통령 취임 초기이고 합법화를 반대하는 공화당과 정치적인 다른 변수들이 산적해 있기 때문에 낙관을 할 수는 없다. 상원에서 통과가 늦어지거나 설령 부결된다 하더라도 미국의 각 주나 다른 나라들에게 주는 상징적 의미는 크다. 아직 대마에 대한 엄격한 기준을 갖고 있는 미국의 주들은 합법화에 대한 고려를 새롭게 할 수 있고, 우리나라처럼 아직 치료용으로도 합법화하지 않은 나라들에게는 자국법의 합법화 개정을 촉진할 것이다.

경북 산업용 헴프 규제자유특구

정부는 2020년 7월 6일 국무총리 주재로 3차 규제자유특구위원회를 열고 일곱 개 지역을 특구지역으로 선정했다. 이 중에는 경북 산업용 대마특구도 포함되어 있다. 경상북도는 특구의 목적을 '그린 바이오 대마 규제자유특구를 통한 국가산업 육성 및 부가가치 창출'로 정했다. 사업 기간은 2020년 8월 1일부터 2024년 7월 31일까지 4년간이다. 사업 지역은 안동시 임하면, 풍산읍 일원과 기타 지역 등 약 34만 제곱미터이다. 우리나라의 '마약류관리에관한법률'에 의하면 대마 재배자는 농업인이어야 하며, 재배 후 줄기 이외의 모든 잎과 꽃 등은 관계 공무원 입회하에 전량 소각해야 한다. 또한 마약류 취급 자격 없이 재배, 소지, 소유, 운반, 보관 등을 금지하고 있다. 그러나 '특구'는 일정 기간 또는 일정 지역에 한하여 기존의 규제를 면제받거나 유예받는 '규제 샌드박스'의 대상이 된다. 따라서 대마특구에서는 농업인이 아닌 특구 사업자가 대마를 재배할 수 있고 또한 법상 폐기해야 하는 대마의 잎과 꽃을 채취할 수 있다.

이 사업의 대마 재배와 관리에 참여하는 기관은 안동대학교 등 열세 개 기관이다. 이들이 참여하는 재배와 관리 등에 한하여 규제샌드박스가 허용된다. 핵심 사업은 대마의 잎과 미수정 암꽃에서 고순도 CBD(isolate CBD)만을 추출해서 원료 의약품으로 수출하는 것이다. 국내 유통은 불법이다.

우리나라에서 CBD가 포함된 제품을 만드는 것은 이번이 첫 시도다. 미국, 캐나다, 중국 등은 오래 전부터 수많은 연구기관과 기업이 참여하여 CBD가 포함된 의약품과 식품, 음료, 과자류, 주류, 담배 등을 생산하고 있고, 이들이 시장에 붐을 일으키는 중이다. CBD는 더 이상 신물질이 아니고 추출 기술 또한 신기술이 아니다. 오히려 CBD가 포함된 새로운 제품에 기회가 있다고 할 수 있다.

늦었지만 이 사업이 우리나라의 대마를 활용한 녹색 황금 사업의 시작이 되기를 소망한다. 우려도 많다. 사업 기간 4년이 지나서 원래 법으로 돌아가야 한다면 사업의 지속성이 없게 된다. 또한 이미 많은 나라의 기업이 샌드박스 없이 대마 관련 사업을 하고 있고 기술 축적이 상당한 수준에 올라 있는데 수출만을 목적으로 한다면 위험 부담이 클 것이다. 그렇기에 내수의 문을 열어야 한다. 우리나라 의약 분야와 건강산업 분야의 시장은 대마 사업이 발전할 수 있을 만큼 충분히 크다고 생각된다. 또한 몇몇 기업만 참여하게 한다면 창조력 있는 수많은 연구기관이나 기업은 기회를 잃을 수 있으며 또 다른 규제박스가 될 수도 있다. 규제 샌드박스가 아니라 누구나 참여할 수 있는 개방형 운동장의 문을 열어야 한다. 그래야 세계 속 경쟁이 가능하다. CBD는 도취 성분이 없다. 규제를 해야 할 이유가 없다. 근본적 해결은 치료용 대마를 합법화하거나 (가칭)산업용대마발전법을 제정하여 치료용 이외라도 산업화할 수 있는 문호를 법적으로 열어 둠이 마땅하다.

제11장 대마 활성화를 위한 제언

512년경 아랍에서
출판된 책의 대마 그림

세계무역기구WTO 체제와 자유무역협정FTA이 확산되면서 우리나라 농업은 점점 더 경쟁력을 잃어 가고 농민들은 새로운 소득 작목을 애타게 찾고 있다. 도농 소득격차는 매년 벌어지고 있고 농촌에서는 급격한 노령화와 공동화 현상이 심화되기에 이르렀다. 해결책의 일환으로 대마 산업 육성을 제안한다. 친환경 제품에 대한 욕구가 대세인 오늘날 대마 제품의 가능성은 무궁무진하다.

우리나라의 '마약류관리에관한법률'은 대마와 그 추출물은 마약류로 분류하여 치료약으로도 사용할 수 없다. 이는 유엔의 회원국으로서 1961년에 제정된 '마약협정'에 따라 국내법을 정했기 때문이다. 그러나 유엔이 2020년 12월 대마와 그 추출물을 최고 위험등급에서 해제하여 치료용으로 사용할 수 있도록 결의한 만큼, 우리나라도 상응한 조치가 필요하다. 계속 대마를 마약으로 규제하고 처벌 위주로 나아간다면 세계 속에서 시대착오적인 나라가 될 것이다. THC를 활용한 도취용 대마초는 별도로 규제하더라도 도취 성분 없이 치료 효과가 큰 CBD 등은 합법화함이 마땅하다. 법이 규제에만 신경

쓰느라 치료받을 수 있는 환자의 권리를 외면해서는 안 될 것이다.

대마 산업 촉진법을 제정하자

우리나라는 2000년에 '마약류 관리에 관한 법'을 제정하여 대마 산업에 강한 족쇄를 채웠다. 캐나다가 '산업용 대마 활성화 법Industrial Hemp Regulation'을 만들고 시행한 지 2년이 지난 뒤의 일이다. 가장 엄격히 대마를 금지하던 미국에서도 산업용 대마의 합법화를 선언했다. 중국은 주요 성 단위로 '대마 산업 발전 법'을 제정, 시행하고 있다. 이와 같이 다른 나라에서는 족쇄를 풀어가는 추세인데 우리나라만 여전히 더욱 강한 족쇄를 채우고 있는 셈이다.

새로운 농작물을 제품화할 경우 시장이 성숙하는 데까지 15~20년이 걸린다고 한다. 캐나다가 산업용 대마 재배를 허용한 지 20년이 되었다. 그 사이 국제적으로는 대마나 대마초에 대한 인식이 많이 바뀌었고 대마 관련 산업이 새롭게 확장되고 있다. 대마 재배 면적은 계속 늘어가고 있고 재배에서 가공, 유통 분야에 이르기까지 새로운 일자리가 생겨나고 있다. 연구가 진전되면서 부가가치 높은 상품들이 매년 출시되고 있다.

그러나 우리나라는 이러한 변화에 대해 아무런 대응을 하지 못하고 있다. 더 늦기 전에 관련법을 제정해야 함은 물론, 재배와 관련된 기술 개발과 기계화, 가공 기술 연구, 관련 인프라 구축, 그리고 최종 소비자들의 친숙성 높이기 등 수많은 과제를 해결해야 한다. 먼저 법 제정시 고려해야 할 사항들을 살펴보자.

용도 구분과 주관 부서

현재 대마와 관련된 우리나라의 기본법은 '마약류 관리에 관한 법률' 이다. 대마에 대한 현행법 시행 과정에서 드러나는 문제로는 두 가지 를 들 수 있다. 첫째는 대마를 마약류로 분류하여 단속과 처벌 대상 으로 간주할 뿐, 산업 원자재로 활용하는 방안에 대해서는 거의 고려 하지 않는다는 점이다. 둘째는 주관부서 문제이다. 대마 관리를 주관 하는 부서는 보건복지부이다. 대마를 재배하고자 하는 농민은 시군 보건소를 통해 보건복지부 산하기관인 식품의약품안전처(식약처)의 허가를 받아야 한다. 통계 작성도 식약처 소관이다. 단속과 처벌은 검찰과 경찰에서 담당한다. 농업을 담당하는 농림축산식품부의 역 할은 전혀 없다.

이러한 상태에서 대마 산업을 촉진하기는 불가능하다. 무엇보 다도 관련법 정비가 시급하다. THC 성분이 포함된 대마초 관련 사항 은 현행법에 따르더라도 산업용 대마에 대해서는 현행법에서 분리 하여 별도의 법을 제정함이 마땅하다.

THC 함량을 0.3~0.1퍼센트로 제한하여 이미 대마 산업을 활 성화시키고 있는 캐나다, 미국, 중국의 사례를 참고하여 우리나라도 (가칭)'대마 산업 촉진법' 또는 '대마 산업 발전법'을 제정하기를 촉구 한다.

'대마 산업 촉진법'을 만든다면 당연히 농림축산식품부가 관장하여 정책을 수립하고 기술 지도와 지원을 담당토록 해야 한다. 농림축산식품부는 산하 기관인 농촌진흥청을 통해 품종을 개발해야 한다. 섬유용, 종자용으로는 THC 함량이 낮은 품종을 용도에 맞추어 다양하게 개발해야 하고, 의약용으로 THC 함량이나 CBD 함량을 조절한 품종 개발에도 힘써야 한다. 농민에게는 재배와 가공에 대한 금융 지원은 물론 기술 지원을 아끼지 말아야 한다.

종자 관리는 국립종자보급소가 담당하면 된다. 재배를 원하는 농민은 시·군 단위 농업기술센터에 소정의 서류와 조건을 갖추어 등록하거나 허가받도록 하면 될 것이다.

대마를 대체 작목으로

우리나라에서는 해마다 여의도 면적의 약 50배 정도 크기의 농지가 줄어들고 있다. 계속되는 개발로 농경지가 산업단지, 주택단지, 공원, 도로 등으로 전용되고 있기 때문이다. 곡물 자급률은 24퍼센트에 불과하다. 이에 대응하여 농림축산식품부는 2014년부터 25만 헥타르의 유휴농지를 복원하기로 한 바 있다. 2011년 전체 경지 면적 170여만 헥타르의 14.7퍼센트에 해당하는 규모이다. 문제는 복원한 유휴농지에 무엇을 재배할 것인가 하는 점이다. 경제성이 떨어지는 작목을 도입하여 소득이 보전되지 않는다면 이 계획은 말잔치로 끝날 수 있다.

더군다나 1인당 쌀 소비는 계속 줄어들기만 해 연간 1인당 소비량이 61킬로그램까지 떨어졌다. 1988년 122킬로그램 대비 반 토막이 난 셈이다. 쌀값 또한 지속적으로 떨어지고 있지만 쌀값 지지 정책으로 억지로 버티고 있는 실정이다. 이에 대응하여 정부는 쌀 생산 조정제를 추진하고 있다. 논에 다른 작물을 재배토록 하여 쌀 생산 면적을 적정 수준으로 유지하려는 정책이지만 호응도가 낮아 거의 실패한 것으로 보인다. 소득이 되는 마땅한 대체 작물을 찾지 못하기 때문이다. 그나마 쌀 생산 조정제에 참여하는 농민들이 선택하는 대체 작물은 사료용 옥수수나 콩 정도이다. 옥수수와 콩은 우리나라가 가장 많이 수입하는 작물이라 어느 정도 수요가 보장되기 때문이다. 그러나 보조금과 판매 대금을 합해도 쌀농사를 지을 때와 소득 차이가 거의 없다는 데 문제가 있다.

이런 상황에서 대마를 대체 작물로 심고 정부 차원에서 지원하고 후방산업을 보완한다면 쌀보다 높은 소득을 보장할 수 있다. 종자만 보더라도 캐나다나 중국에서 수입해 시중에 유통되는 헴프씨드의 양이 엄청나다. 뿐만 아니라 앞에서 살펴보았듯이 관련 산업에 미치는 파급효과 또한 대단하다.

처벌 규정 완화

과거 사례를 보면 대마초를 개인적으로 소지하거나 사용하였다가 체포되었을 경우 처벌이 지나치게 가혹하다. 우리나라 형법상 강간죄는 3년 이상의 유기징역에 처하도록 하고 있다. 그런데 대마초를 소지하고 피우다 적발된다면 5년 이하의 징역형을 받아야 한다. 피해자에게 평생 지울 수 없는 크나큰 상처를 남기는 강간범과 다른 사람에게 피해를 거의 주지 않는 대마초 사용자에 대한 처벌을 비교해 보면 법의 형평성이 지켜진다고 보기 어렵다.

현행 '마약류 관리에 관한 법률'의 처벌 근거가 되는 모법은 1976년에 제정된 '대마관리법'이다. 50여 년 전의 아주 낡은 법이다. 강산이 수없이 변했고 세계의 대마 관련 제도 또한 급변하고 있다. 세계적 추세에 발맞추어 현재의 과도한 처벌 조항을 완화하는 방향으로 법을 개정하여야 한다. 아울러 새로운 법을 제정하기 전이라도 비범죄화를 정책적으로 고려할 필요가 있다.

유엔은 인구 10만 명당 마약 범죄자 수가 20명 미만인 나라를 마약청정국으로 분류하는데, 우리나라는 2015년도를 기점으로 그동안 유지해 오던 마약청정국 지위를 잃었다. 대검찰청이 발표한 2015년도 마약류 범죄 백서에 따르면 국내 마약 범죄자는 약 2만 명으로, 10만 명당 23명이 되었기 때문이다. 역설적이기는 하나 만일 대마초 사용에 대해 비범죄화 정책을 적용한다면 마약청정국 지위를 회복할 수 있을지도 모른다.

1일 THC 섭취량 기준 제시

대마를 강력히 규제하는 일본에서도 대마 씨를 원료로 한 식당이 운영되고 있고 대마 맥주와 대마 가공 제품이 시판되고 있다. 특히 캐나다에서는 대마 씨 기름, 대마 씨 가루, 대마 씨 단백질, 껍질 벗긴 대마 씨 등이 부가가치 높은 상품으로 출시되어 매년 판매량이 늘고 있다.

그러나 우리나라에서는 무조건 금지할 뿐 해롭지 않은 양으로 THC 섭취를 제한하는 기준이 없다. 1일 THC 섭취 기준을 규정하여 부가가치 높은 식품이나 의약품을 개발할 수 있도록 정책을 바꾸어야 한다. 캐나다의 경우 1일 섭취 허용량은 0.5밀리그램이고 대마 종자 및 가공 식품의 THC 함량 기준은 10ppm이다.

껍질에 대한 규제 철폐

현행법은 껍질이 있는 상태의 대마 씨 유통을 금지한다. 그러나 THC 성분은 대마 줄기 상단부의 아직 완전히 펴지지 않은 잎이나 암꽃봉오리를 둘러싸고 있는 포엽에 주로 함유되어 있다. 줄기나 뿌리 등에서는 전혀 검출되지 않는다. 종자 껍질에서도 발견되지 않음을 우리나라 농촌진흥청 실험에서도 확인한 바 있다. 대마 종자 껍질에 대해 규제할 이유가 없는 것이다. THC 함량이 낮은 품종을 개발하여 이 불필요한 규제를 철폐한다면 수많은 식품을 한결 쉽게 개발할 수 있다.

껍질째로 대마 종자가 유통될 경우 불법으로 대마를 심을까 우려하여 사전 차단하려는 목적이었으리라 추측할 수 있기는 하다. 그러나 국제적으로도 식품이나 다른 목적으로 대마 종자를 수출입하는 경우 일정 기준하에 열처리를 하여 발아할 수 없는 상태를 만들도록 규제할 뿐이다. 이 규제를 국내 유통에도 적용하면 어떨까? 대마 종자를 발아시켜 식용할 경우 영양이 배가 된다는 점을 감안한다면 이 같은 규제도 안타깝기는 하지만 말이다.

대마 성분 의약품 수입을 확대하자

제2장에서 보았듯이 우리나라에서도 2019년 3월부터 극히 제한적으로 대마 성분이 들어간 의약품 수입을 개방한 바 있다. 환자의 치료권을 보장하고 치료 기회를 확대하기 위한 조치이다. 그러나 허용된 네 가지 약품을 해외에서 구입하기 위해서는 환자 본인의 사용을 전제로 아주 복잡한 절차를 거쳐야 한다. 실제로 약을 구입하여 사용하기까지는 많은 시간과 인내가 필요하기 때문에 시급을 요하는 환자에게는 별로 소용되지 않는 제도이다.

따라서 시급성과 편의를 돕는 방향으로 제도를 재개정하기를 촉구한다. 현재 문호가 열린 약품은 보건 당국의 관리하에 일정 양을 수입하여 필요시 즉각 국내에서 구입하여 사용할 수 있도록 해야 한다.

또 한 가지 아쉬운 점은, 도취 성분은 전혀 없고 다양한 질병치료와 예방에 사용될 수 있으며 비교적 저렴한 CBD 성분 의약품이 구입 허용 약품에서 빠져 있다는 사실이다. 대마의 CBD 성분은 전혀 도취를 일으키지 않으면서 불안증, 통증, 염증 등을 치료하는 데 뛰어난 효능이 있다. THC가 포함되지 않은 CBD 알약과 CBD 오일은 쉽게 구입할 수 있도록 수입 개방의 문을 넓혀야 한다.

대마 관련 클러스터를 조성하자

대마는 웰빙과 친환경을 추구하는 사회 추세에 가장 적합한 작물이다. 그렇다고 무턱대고 재배를 권장하는 것만이 능사는 아니다. 대마의 기능성을 시대에 맞게 재해석하여 현대적인 상품을 생산해야 하며, 이를 중심으로 종합적인 전후방 산업을 기획하고 추진해야 한다. 연구, 생산, 가공, 유통, 판매의 전 과정을 아우르는 종합적인 계획을 통해 새로운 산업의 활로를 개척해야 하는 것이다.

지금처럼 극히 일부 지역의 노인 여성의 손에 의지해 겨우 명맥을 잇는 소규모 가내수공업 형태는 더이상 지속하기 힘들다. 안동, 보성, 정선, 당진 등 아직 대마 제품을 생산하고 있는 지방자치단체에서는 수백에서 수천 헥타르에 이르는 대규모 대마 특화 단지 조성을 고려해야 한다. 현대적인 상품을 생산하여 세계시장까지 내다보려면 생산도 규모화해야 할 뿐 아니라 파종에서 수확, 가공에 이르기까지의 과정에도 기계화, 자동화 체제를 구축해야 한다. 농기계 회사에서는 한국형 대마 재배 기계를 개발해야 할 것이다. 의료용 대마는 산업용 대마와는 완전히 다른 분야에 속하지만, 대마 산업 단지를 조성할 때는 의료용 대마를 활용한 의약품 생산까지도 고려해야 할 것이다.

정부와 지자체에 당부한다. 유럽에서는 이미 오래전부터 산업용 대마 재배에 농업 보조금을 지급하고 있고 중국의 일부 지역에서는 재배 농민에게 종자를 무상으로 지원하고 있다. 우리 정부에서도 대마 산업단지를 조성하고 차세대 농업 주자로서, 의료계 혁명을 이끌 신약의 원료로서, 대마에 대한 적극적인 지원을 아끼지 않았으면 한다.

빠를수록 좋다

2013년 10월 4일 CNBC 뉴스라인에서 미국의 금융인 짐 로저스^{Jim} Rogers는 "과거 30년에 걸쳐 금융 분야는 호황을 누려왔지만 점차 시들어질 것이고 앞으로는 농업 등 실물을 생산하는 쪽에 기회가 올 것이다. (……) 아직 진로를 택하지 않은 젊은이라면 농업 분야의 학위를 딸 것을 권고한다"고 말한 바 있다.

이미 77억을 넘어선 세계 인구는 2050년이 되면 90억에 이를 것이라고 한다. 농지는 늘지 않는 상태로 계속 늘어나는 인구를 먹여 살려야만 하기에, 로저스는 농업 분야에 새로운 기회가 온다고 본 것이다. 그는 실제 남미 쪽 농업 분야에 투자를 확대하고 있다. 우리나라에서도 이미 40여 년 전에 영동농장의 설립자 김영복 회장이 "우리 농민도 농사를 잘 지어 벤츠를 타자"고 말한 바 있다.

농업에 6차 산업이라는 말이 있다. 1차 생산, 2차 가공, 3차 유통과 서비스 산업이라는 구분이 무의미해진 시대에 1, 2, 3차 산업을 융합, 복합한 산업을 6차 산업이라고 한다. 대마는 6차 산업의 가능성이 가장 큰 작목이다. 또한 6차 산업과 에너지 산업, 6차 산업과 의약품 개발, 6차 산업과 건축업, 6차 산업과 자동차 산업, 6차 산업과 화장품 개발 등 무한 융합으로 계속 진화할 수 있는 가능성이 대마에 깃들어 있다.

빠를수록 좋다. 우리도 이제 대마를 음지에서 양지로 끌어내어 그 잠재력을 활짝 꽃피울 수 있도록 뒷받침하자. 세계의 맹주라고 할 수 있는 미국이 산업용 대마의 문호를 개방하고 대마초에 대하여도 비범죄화와 합법화 등 완화 정책을 계속 진전시켜 가고 있음을 볼 때, 우리나라에서도 산업용 대마의 재배는 어쩌면 예상보다 빨리 확산될 수 있다. 지금 필요한 것은 정책 지도자들의 의지와 결단뿐이다.

농업과 대마에 관심을

우리나라는 WTO 체제 속에서 FTA를 적극적으로 체결하면서 수많은 나라들과 세계화된 무역 관계를 넓혀 왔다. 이에 따라 각종 무역 장벽이 점진적으로 무너지고 있다. 이런 상황은 공산품 제조업 분야나 서비스 분야 등에는 유리한 점이 있겠지만 농업 분야에는 직격탄을 맞은 것과 같은 결과를 낳고 있다. 선진국 중심의 자본주의 논리 속에 만들어진 세계화라는 미명하에 우리의 농업은 벼랑 끝으로 몰리고 있다. 아무리 경쟁이 자본주의의 기본 원리라 하더라도 경쟁과 가격만을 앞세워서는 안 되는 분야가 있다. 대표적인 분야가 농업이다.

유럽연합의 예를 들어 보자. 유럽연합은 공동 농업정책Common Agricultural Policy을 통해 농업 보조금 제도를 운영하고 있다. 안정적인 농업 소득을 유지하고, 농업이 경관이자 공공재로서 계속 사회에 기여하도록 보장하는 것이 목적이다. 유럽연합 국가들은 두 가지 기준에 따라 농업 보조금을 지급한다. 첫째, 환경(경관) 보호, 자연과 생물 다양성biodiversity의 유지, 동물의 건강과 복지 증진 등의 사항을 고려하여 농업인에게 직접 보조금을 지불한다. 둘째로는 농업의 경쟁력 유지, 환경과 토지의 관리, 경제의 다양성과 삶의 질 향상, 그리고 농촌 지도 역량 등 농촌 사회의 발전 요소를 고려하여 보조금을 지급한다. 이 기준에 따라 대마 재배에도 보조금을 지급하고 있다.

우리나라도 그동안 여러 가지의 농업 분야에 보조금 정책을 수행하여 왔다. 때로는 깨진 독에 물붓기라는 비난도 없지 않았다. 농업 보조금이 제대로 사용되지 못한 이유도 있겠지만 그보다는 농업의 다양한 공익적 기능을 이해하지 못한 데서 비롯된 측면이 많았다고 생각된다. 보조금 비율만을 본다면 우리나라는 미국이나 유럽에 비해 오히려 낮은 수준이다.

이제 우리도 단순히 경쟁력을 강화해야 한다는 강박관념에서 벗어나 농업의 공익적 가치에 주목해야만 한다. 국토와 환경과 생태계 보전, 식량안보 기능 등 농업의 다원적 기능을 그 어느 때보다 존중해야만 할 때다. 생산성과 효율성, 경쟁력 중심으로만 농업을 바라본다면, 그리고 이러한 바탕 위에서 정책을 수립하고 시행한다면 국가 장래도 매우 위험해질 수 있다. 농업은 국가의 미래를 결정하는,

산업 이상의 산업이다.

따라서 농업 보조금 늘리기를 주저해서는 안 된다. 물론 WTO 체제 속에서 보조금 규모를 늘리는 데는 한계가 있겠지만 유럽연합 수준으로만 늘린다 해도 지금의 우리 농촌에는 큰 힘이 될 것이다. 그리고 농업 보조금 증액과 함께 대마 재배를 장려하여 세계 시장의 변화에 대비하자.

농업에도 큰 변화가 필요한 시점이다. 큰 변화를 이루기 위해서는 큰 도전이 따라야만 한다. 변화와 도전의 중심에 대마가 있게 되기를 소망한다.

인간의 역사에서 대마의 재배가 궁긍적으로 농업의 발견,

그리고 문명을 가져온 것은 아닐까?

– 칼 세이건

XXII, 5. 43. *Cannabinaceae.*

부록

182. Cannabis sativa L. **Hanf.**

대마 연대기

기원전(BC) 시대

10000	현대의 대만 지역에서 대마로 추정되는 식물 서식(현대에 들어 잔존물 발견)
8000	중국에서 의복을 만드는 데 대마 사용(흔적을 현대에 발견)
5500	일본 규슈 지방의 벽화에 대마 묘사
4500	중국에서 밧줄과 물고기 그물로 대마를 사용
4000	중국에서 대마 씨를 식품으로 사용
3500	이집트에서 피라미드의 거대한 돌을 운반하기 위해 대마 밧줄 사용
2800	중국에서 대마 밧줄 사용
2700	중국에서 섬유와 기름 원료, 의약품으로 대마를 사용
1200	이집트 파라오가 대마 섬유로 만든 옷 사용. 당시 대마를 염증, 녹내장 등의 치료에 사용.
1100	카르타고에서 지중해 항해를 위해 배의 밧줄과 의약품으로 사용
1000	인도에서 대마를 재배하기 시작
650	대마가 설형문자판에 기록됨
450	그리스 역사가 헤로도토스가 "대마로 만든 옷이 리넨만큼 좋다"고 기록
400	석가모니가 영양 공급을 위해 대마 씨 섭취
300	대마 씨가 실린 카르타고 전함이 시칠리아 근처에서 침몰
200	엘리데(Elide)지역에서 대마를 재배했다고 로마의 작가 포사나이우스(Posanaius)가 기록

기원후(AD) 시대

70	영국에서 최초로 대마 재배
105	중국(후한)의 채륜이 닥나무 껍질, 대마 등을 원료로 한 종이 발명
3세기경	인도에서 대마 종이를 사용해서 산스크리트어 기록
500~600	대마 재배가 전 유럽으로 확산됨
6세기경	프랑스에서 대마 줄기를 섞어서 만든 재료로 다리 건축
600	프랑크족, 바이킹족이 대마 섬유로 종이와 밧줄을 만들어 사용
7세기경	인도의 문학 작품에서 약으로 사용한 대마를 언급

716	대마 섬유로 만든 신발 사용
8세기경	아랍인들이 중국 장인을 납치하여 대마로 종이 만드는 기술을 배움 일본 신토의 사제와 황족이 대마 섬유로 만든 옷 착용
850	바이킹족이 대마 섬유로 만든 돛, 그물, 낚싯줄, 코킹재(배에 물이 들어오지 않도록 틈을 메우는 뱃밥)를 배에 사용
10세기경	시리아에서 새 잡는 그물, 새 잡는 미끼로 대마를 사용 중동 지역에서는 램프 오일과 종이의 원료, 식품, 의약품으로 대마를 사용
1000	유럽에서 대마 버터 제조
1150	무슬림이 유럽 최초의 대마 제지공장 설립. 이후 850여 년에 걸쳐 대부분의 종이는 대마 섬유로 제작
중세	기사들이 대마로 만든 맥주를 마심
1215	마그나 카르타(Magna Charta)를 대마 종이에 기록
14~15세기	르네상스의 화가들이 대마 화폭(canvas) 사용
1456	구텐베르크가 《성경》을 대마 종이에 인쇄
1492	콜럼버스가 대마 섬유로 만든 돛과 밧줄을 사용한 배를 타고 미 대륙 발견
1494	영국에서 대마 종이를 만들기 시작
1535	영국 헨리 8세가 모든 토지 소유주는 4분의 1에이커에 대마를 심도록 명령
1537	대마의 학명을 칸나비스 사티바(Canabis Sativa)로 명명
1563	영국 엘리자베스 1세가 60에이커 이상의 토지 소유자는 대마를 심도록 칙령을 내림
1564	스페인의 필립 왕이 제국의 모든 나라에서 대마를 재배하도록 명령을 내림
1600년경	갈릴레오 갈릴레이가 과학 관찰 내용을 대마 종이에 기록
16~18세기	러시아, 유럽, 북아메리카 등지에서 가장 중요한 섬유 작물로 대마 재배
1807	프랑스의 나폴레옹과 러시아가 영국과 대마를 거래하지 않겠다는 계약 체결 1812. 6 : 프랑스(나폴레옹)와 러시아 간 대마전쟁 발발

미국을 중심으로 한 연대기

1606	프랑스 출신의 식물학자 루이스 허버트(Louis Herbert)가 북아메리카에 최초로 대마를 파종
1611	영국인들이 버지니아에 대마를 재배하기 시작
1631	미국(영국식민지인 동부 13주)에서 물물교환에 대마 사용

18세기	벤저민 프랭클린(Benjamin Franklin)이 첫 대마 종이 공장을 설립 베시 로스(Betsy Ross)가 최초의 미국 국기를 대마 직물에 수놓아 제작
1715	대마 옷, 《성경》과 지도 제작 등에 소요되는 모든 종이를 자급하려는 목적으로 유럽으로부터의 대마 수입을 금지하는 법안 제정
1720~70	펜실베이니아 주 랭커스터 군에서 100개 이상의 대마 섬유 가공 공장 가동
1775	켄터키 주에서 대마 재배 시작
1776	미국 독립선언서 초안을 대마 종이에 작성
1790	미국 헌법 대마 종이에 인쇄
1791	워싱턴 대통령이 자국 산업을 위하여 대마 재배를 독려 워싱턴과 토머스 제퍼슨이 자신의 농장에서 대마 재배
19세기 초	증기기관의 출현으로 배에서 대마 장구 사용이 감소하기 시작
19세기	캐나다에서 농작물 중 최초로 대마 재배에 보조금 지급
1801	영국 왕이 캐나다 농민에게 대마 씨를 무상으로 배급
1812	미국의 전함 올드아이언사이드(Old Ironside)에 대마로 만든 로프와 돛 등 장착
1850년 후	석유화학 시대 도래로 대마 용도 급감
1870	미국의 의약품 약전에 대마 등재
1892	루돌프 디젤이 대마 기름을 연료로 사용할 수 있는 디젤 엔진을 발명
1915	캘리포니아 주가 대마초 사용을 금지
1916	미국 농림부, 목재 공급이 한계에 이르리라는 예측하에 대마 재배 확대 계획 발표
1917	조지 슐리히텐(George Schlichten)이 획기적인 대마 박피기 특허를 획득
1919	미국의 전역에 금주령 발포
1929	미국 남부와 서부의 여러 주에서 멕시코 이민자를 추출할 목적으로 대마초 사용을 법으로 금지
1930년대	연방마약국과 석유화학 기업, 삼림 재벌 등이 합세하여 대마(마리화나)를 악선전하기 시작. 《마리화나: 젊음의 살인자(Marijuana Assassin of Youth)》《악마의 풀(Devil's Weed)》《미친 마리화나(Reefer Madness)》 등의 홍보영화 제작, 유포
1931	해리 앤슬링어(Harry J. Anslinger)가 연방마약국장으로 취임
1937	미국 국회에서 '마리화나 세금법' 통과
1937~60	미국 정부가 산업용 대마와 마리화나의 차이를 인정
1938	《파퓰러 메카닉스(Popular Mechanics)》지가 대마를 "1억불의 작물"이라고 평가하고 대마로 만들 수 있는 제품 25,000개 이상의 목록을 발표 캐나다도 대마 생산 금지
1941	미국의 약전에서 대마 항목 삭제 대마 플라스틱과 대마 기름을 이용한 헨리 포드의 자동차 세부 사양을 《파퓰러 메카닉스》지가 공개

1941~45	제2차 세계대전 기간 동안 미국 정부(농림부)가 대마 재배를 독려
1945	종전 후 미국은 다시 대마 재배를 금지
1951	세계적으로 2억 이상의 사람들이 대마초를 사용한다고 유엔이 마약보고서를 통해 발표
1961	대마초의 사용과 재배를 세계적으로 금지하는 유엔 결의안 채택 산업용 대마를 인정하고 재배를 허용하는 유엔 조약 체결
1964	대마의 THC 성분 확인, 분리에 성공
1970	미국에서 통제물질법을 연방법으로 제정하고 대마는 의약품으로도 사용할 수 없는 스케줄 I 으로 분류
1990년대	세계적으로 대마의 생산이 최저 수준으로 감소

대마 부활의 전조

1991	영국에서 헴프코어(Hempcore)사에 대마 재배를 처음으로 허가
1992년 이후	프랑스, 네덜란드, 영국, 스위스, 스페인, 독일 등이 산업용 대마의 상업적 재배를 허용하는 법률 등을 제정
1994	캐나다에서 헴프라인(Hempline)사에 연구 목적 산업용 대마 재배를 허가 미국의 클린턴 대통령은 대마를 전략식품자원에 포함시키는 행정명령 발표
1996	대마의 연구와 시험재배를 요청하는 청원이 미국농민연맹(The American Farm Bureau Federation)에서 만장일치로 통과
1998	캐나다에서 상업 목적으로 대마를 재배할 수 있다는 법률 제정
1999	미국의 14개 주에서 상업 목적으로 대마를 재배할 수 있다는 법안 통과
1996	캘리포니아 주를 시작으로 의사의 처방 하에 대마초를 사용할 수 있다는 주법 제정
2014	알래스카, 콜로라도, 오리건, 워싱턴 등 4개 주에서 오락용 대마초의 소지, 거래, 판매, 재배 등을 합법화
2014	세계 최초로 우루과이가 대마초 사용을 합법화
2014	미국의 농업법 개정에 따라 미국 내에서 제한적으로 산업용 대마 재배 합법화
2016	캘리포니아 등 미국의 또 다른 4개 주가 오락용 대마초 사용을 합법화
2018	캐나다에서 오락용 대마초 사용까지도 합법화
2018	미시간 주 등이 오락용 대마초를 합법화
2020	유엔이 대마를 스케줄 IV에서 해제 치료용 문을 열다. 미국 하원이 대마를 스케줄 I 에서 해제. 치료용 문을 열다.

1) 《에덴의 용-인간 지성의 기원을 찾아서》, 칼 세이건, 임지원, 2006, 사이언스북스

2) 《The cultivation and use of hemp in anicant China》, Robert c. Clarke

3) 옷감의 곱기를 나타내는 단위. 경사 80올이 1새에 해당한다. 올 수가 많을수록 옷감의 결이 곱고 품질이 우수하다.

4) 조선시대에 편찬된 식이요법서. 세종 ~ 세조까지 전의감으로 활동한 명의 전순의가 저술했다.

5) 삼에서 실을 자아 옷감을 짜는 모든 과정을 통틀어 이르는 말.

6) 《The plants of Gods》

7) 《신화의 이미지》

8) Christian Ratrch, 《Marijuana Medicine》

9) 《Herb Museum》에서

10) 아랍어로 종교적, 도덕적, 윤리적 금기를 뜻한다.

11) <창세기> 제1장 참고.

12) "모든 것이 내게 가하나 다 유익한 것이 아니요 모든 것이 내게 가하나 내가 무엇에든지 얽매이지 아니하리라." (고린도전서 6:12).

　　"모든 것이 가하나 모든 것이 덕을 세우는 것이 아니니 누구든지 자기의 유익을 구하지 말고 남의 유익을 구하라." (고린도전서 6: 23~24)

　　"너희 몸은 너희가 하나님께로부터 받은 바 너희 가운데 계신 성령의 전(殿)인 줄 알지 못하느냐. 너희는 너희 자신의 것이 아니라 값으로 산 것이 되었으니 그런즉 너희 몸으로 하나님께 영광을 돌리라." (고린도전서 6:19~20)

13) Sula Benet 《Tracing one word through different languages》, 1936.

14) 미국의 어원학자이자 사전 편찬자. 1758~1843.

15) 대마에 함유된 의료용 신경 전달 물질.

16) 생물체가 만들어 내는 유기화합물질. 식물은 이 물질을 주로 식물 간 또는 동물을 유인하는 용도로 쓰거나, 미생물과 초식동물에 대한 방어용 또는 공격용으로 사용한다.

17) 《Hemp》, Chris Conrad

18) 해가 있는 낮 시간의 길이.

19) 식물의 생장은 잎, 줄기, 뿌리 따위의 영양 기관이 자라는 영양생장과, 번식하기 위해 꽃과 열매를 생산하는 생식생장으로 나눈다.

20) 섬유에 힘을 가하여 잡아당기면 점차로 늘어나 섬유는 가늘어지고 결국은 끊기게 된다. 이때 가해진 힘을 인장강도라 한다. 절단 시 힘에 의해 파괴되는 순간의 힘이 파괴강도이다.

21) 식물의 가지나 줄기에 잎이 붙어 있는 부분.

22) 스페인어로 '씨 없는'이라는 뜻.

23) 베틀로 직물을 짤 때에, 일정한 수의 날실을 적당한 길이로 늘여서 끊어 베틀에 거는 일.

24) 베를 짜려고 날아 놓은 실을 매는 일.

25) 《욕망하는 식물》, 황소자리, 마이클 폴란 Michael Pollan, 이경식역

26) 위의 책

27) <불법약물에 관한 보고서>

28) 미국 질병관리예방센터 자료

29) 도로교통공단

30) 국민건강보험공단 건강보험정책연구원

31) Lester Grinspoon

32) <Proceedings of the Chemical Society for 1897-8>, 《The Book of Grass(An Anthology on Indian Hemp)》, George Andrew

33) 《Nature Medicine》

34) 미국의 David Schubert 박사

35) 미국 국립약물중독연구소

36) 과학잡지 《High Times》에서 인용.

37) 《AIDS Reserch and Human Retroviruses》, 2014

38) 《The Emperor Wears No Clothes》, Jack Herer

39) 매장에서 각 매대 끝 코너에 위치한 매대. 고객의 시선을 끌고 구매를 유발하는 역할을 한다.

40) 《Medical News》, USDA

41) 중국 위난 대마공사

42) 핀란드 국립농업연구소

43) Timeline 중에서

44) World Centric

45) 같은 보고서.

46) 《USDA Bulletin》 404, 1916년

47) 《생태적 경제 기적》, 프란츠 알트, 박진희, 양문

48) 에너지를 부담 없이 사용할 수 있는 계층과 그렇지 못한 계층 사이에 경제적 사회적 격차가 벌어지는 현상.

49) 미국에 본사가 있는, 시장조사와 컨설팅을 주로 하는 회사.

50) 일반적으로 칸나비스 사티바 엘이라는 학명의 식물을 대마, 칸나비노이드를 함유하고 있는 대마의 잎과 꽃송이를 따서 가공한 물질을 대마초라고 한다. 그러나 우리나라 법조문에서는 반대로 식물의 이름을 대마초, 흡연 등 오락을 위해 쓰는 물질을 대마라고 지칭하고 있다. 따라서 이후 법조문을 인용한 부분에서 용어를 잘못 이해하지 않도록 주의하기를 부탁드린다.

51) 《Social and Legal Response to Pleasure Giving Drugs》, Joel Fort, Athaton Press, 1964.

52) 《Drug and Prejudice 79》, 1965

53) 《Drug and Alcohol Dependance》

54) 《World Drug Report 2011》

55) 《The Economic Effects of The Marijuana Industry in Colorado》,Federal Reserve Bank of Kansas City, 2018. *경제컨설팅그룹인 Marijuana Policy Group

56) 《Commom Myths about Marijuana Legalization》, CATO Institute, 2016.

57) 《Popular Mechanic Magazin》

58) 《The Times of India》《The Evolution of Hempcreate and Hemp Construction》, True Hemp Clothing International Inc., 2016.

59) 《The Evolution of Hempcreate and Hemp Construction》

60) 지방산은 탄소의 결합 상태에 따라서 포화 지방산과 불포화 지방산으로 나눈다. 탄소 원자에 수소 원자가 모두 붙어 있는 경우 포화 지방산, 탄소 원자에 수소 원자가 부족하여 불포화되어 있는 경우 불포화 지방산이라 한다. 불포화 지방산은 다시, 수소가 하나 부족한 단일 불포화 지방산과, 여러 개 부족한 다중 불포화 지방산으로 나눈다. 포화 지방산과 불포화 지방산의 영양 가치는 앞의 제6장 <대마의 영양> 참고.

61) 자료집 '중국의 대마산업 현황과 미래'(중국어 원문)

62) 《Cannabis For -Everything? 23 Industries Seizing the $32B market Opportunity》, CB Insights.

참고 문헌

《Hemp: Lifeline to The Future》, Chris Conrad, 1993, Creative Expression.
《Hemp: What the World Needs Now》, John McCabe, 2010, Carmania Book(s?).
《Industrial Hemp》, John Roulac, 1995, Hemptech.
《The Emperor Wears No Clothes》, Jack Herer, 2010, AH HA Publishing.
《How to Build a Hemp House》, Klara Marosszeky & Paul Benhaim, 2011,
    CreativeSpace(CreateSpace?) Independent Publishing Platform.
《The Great Book of Hemp》, Rowan Robinson, 1995, Park Street Press.
《The Hemp Manifesto》, Rowan Robinson, 1997, Park Street Press.
《Hemp for Health》, Chris Conrad, 1997, Healing Arts Press.
《Marijuana Gold: Trash to Stash》, Ed Rosenthal, 2002, Quick American Archives.
《Cultivation Exceptional Cannabis》, DJ Short, 2004, Quick American Archives.
《Grass》, Jack Herer & Al Emmanuel, 1973, Primo Publication(s?).
《The Book of Grass: An Anthology on Indian Hemp》, George Andrews & Simon Vinkenoog.
    1967, Peter Owen(출판사 확인!!!)
《욕망하는 식물》, 마이클 폴란 지음, 이경식 옮김, 2007, 황소자리.
《삶과 사람》(상.하), 문성호, 2006, 한국학술정보.
《대마초는 죄가 없다》, 정현우, 2006, 동방미디어.
《대마를 위한 변명》, 유현, 2004, 실천문학사.
《대마! 신이 주신 마지막 선물》, 이 병수, 2011, 동양자연의학연구소.
《신과 나눈 이야기》(1.2.3), 닐 도널드 월쉬 지음, 조경숙 옮김, 2011, 아름드리미디어.
《생태적 경제 기적》, 프란츠 알트 지음, 박진희 옮김, 2004, 양문.
《마약-사용설명서》, 마이크 해스킨스 지음, 이민아 옮김, 2005, 뿌리와이파리.
《식품정치》, 매리언 네슬 지음, 김정희 옮김, 2011, 고려대학교출판부.
《위기의 환경》, 김정욱, 2006, 푸른미디어.
《우리는 마약을 모른다》, 오후, 2018, 동아시아.
《담배의 사회문화사》, 강준만, 2011, 인물과사상사.
《삼척의 삼베문화》, 이한길, 2010, 삼척시립박물관(민속원?).
《안동삼베연구》, 김명자, 2002, 안동대학교박물관.
《에너지와 기후 변화》, 최기련, 2018, 자유아카데미.
《漢麻綜合利用技術》, 張建春 外, 2006, 長城出版社.

논문 및 자료

<대마에 대한 법적 규제에 관한 연구>, 정용범.
<대마의 성질과 그에 관한 현행법상의 규제>, 이은모.
<우리나라 대마 재배 및 연구 역사>, 정병훈, 문윤호.
<헴프 재료의 응용>, 곽영제, 숭실대학교.
<대마 재배와 이용>, 문윤호.
<웰빙 헴프 특화 산업>, 2008, 동해시, 한중대학교.
<삼베 브랜드산업 타당성 조사 및 기본설계 요약본> 2007, 동해시.
<국내 헴프산업의 현황과 발전방안 세미나>, 2009, 한중대학교.

<동해시 헴프 신산업 기반 구축 사업>, 2008, 한중대학교.
<보성 대마 산업 발전을 위한 토론회 자료>, 2007, 보성군.
<한국대마 개발 방안>, 김경석.
<제2회 아시아 대마 산업 국제회의 자료>, 2008, 한중대학교.
<한국 대마 산업의 활성화 방안 자료>, 2018, 국회정책토론회.
<평양 대마 방직 소개>, 2009, (주)안동대마방직.
<평양과 묘향산을 가다>, 2005, 김경석 북한방문 기행문.
<Brief Introduction & Comprehensive Application Hemp in China>
<Medical Cannabis 101: Choosing Medicine>, Don Duncan.
《Hemp News》
<Medical Cannabis Dispensing Collectives and Local Regulation>, American for Safe Access.
<Recent Trends in Global Production and Utilization of Biofuel>

참고한 대마초 관련 주요 기관

한국마약퇴치운동본부, 한국섬유기술연구소, 대검찰청
NORM(National Organization for the Marijuana Laws)
The Naked Truth
HIA(Hemp Industrial Association)
EIHA(The European Industrial Hemp Association)
Wikepeadia
42Magazine
CRRH(Campaign for the Restoration& Regulation of Hemp)
Natural News.Com
Marijuana & The Bible-Ethiopian Zion Coptic Church
iMarijuana.Com
Vote Hemp
SeedCX Ltd.
NIDA(National Institue On Drug Abuse)
Hemp Business Journal
Medical Hemp Association
National Hemp Association
Hemp Industris(Industry's? Industries?) Association
Hemp Industry Daily

주요 기관과 웹사이트

1. 한국마약퇴치운동본부
2. 한국섬유기술연구소
3. NORML(National Organization for the Reform of Marijuana Laws)
4. The Naked Truth
5. Recent Trends in Global Production and Utillization of Biofuel
6. HIA(Hemp Industrial Association_

7. EIHA(The European Industrial Hemp Association)

8. Wikipeadia / 9. 42Magazine

10. CRRH(Campaign for the Restoration and Regulation of Hemp

11. Natural News .com

12. Marijuana and the Bible -Ethiopean Zion Coptic Church

13. iMarijuana.com

14. Vote Hemp / 15. SeedCX Ltd.

16. NIDA(National Institute On Drug Abuse)

17. Hemp Business Journal

18. Medical Hemp Association

19. National Hemp Association

20. Hemp Industries Association

21. Hemp Industry Daily

이미지 출처

4~5쪽 © Nastasic. www.istockphoto.com

1장 Leonhart Fuchs, 《Das Kräuterbuch》(1543). 채색본은 www.esty.com "FrenchFrouFrou"

2장 〈Nine sadhus eating, bathing, sleeping, being groomed, smoking, mixing bhang〉 The San Diego Museum of Art, Edwin Binney 3rd Collection, 29 cm x 22.5 cm. https://commons.wikimedia.org/wiki/File:Nine_sadhus_eating,_bathing,_sleeping,_being_groomed,_smoking,_mixing_bhang,_in_(6124560621).jpg

3장 Nordisk familjebok, 《Beklädnadsväxter》(1904) vol.2 https://commons.wikimedia.org/wiki/Cannabis_sativa#/media/File:Bekl%C3%A4dnadsv%C3%A4xter,_Cannabis_sativa,_Nordisk_familjebok.png

대마의 식물학적 분류. www.istockphoto.com"captainsecret"

대마의 뿌리Lore Kutschera, 〈Wurzelatlas mitteleuropäischer Ackerunkräuter und Kulturpflanzen〉, 1960, DLG-Verl.-Ges.

5장 Wellcome Collection (2018-03-28) : https://wellcomecollection.org/works/fevczv94

6장 ©fcafotodigital. www.istockphoto.com

7장 ©Aleks. https://upload.wikimedia.org/wikipedia/commons/a/a8/Industrialhemp.jpg

8장 ©Evan-Amos. https://upload.wikimedia.org/wikipedia/commons/2/23/Marijuana-Cannabis-Weed-Bud-Gram.jpg

9장 https://commons.wikimedia.org/wiki/File:Map-of-world-medical-cannabis-laws.svg

10장 ©Natrij. https://commons.wikimedia.org/wiki/File:Hanfstengel.jpg

https://commons.wikimedia.org/wiki/Cannabis_sativa#/media/File:Hennepvezel_Cannabis_sativa_fibre.jpg

11장 https://commons.wikimedia.org/wiki/File:Cannabissati vadior.jpg Vienna Dioscurides의 삽화 Pedanius Dioscurides - 《Der Wiener Dioskurides. Codex medicus Graecus 1 der Österreichischen Nationalbibliothek》, Graz

표지 © paseven. www.istockphoto.com